Crise et sortie de crise
Ordre et désordres néolibéraux

자본의 반격
신자유주의 혁명의 기원

Crise et sortie de crise
Ordre et désordres néolibéraux

자본의 반격
신자유주의 혁명의 기원

제라르 뒤메닐 · 도미니크 레비 | 지음   이강국 · 장시복 | 옮김

필맥

Crise et sortie de crise: Ordre et désordres néolibéraux
by Dominique Lévy and Gérard Duménil
Copyright ⓒ Presses Universitaires de France, 2000
All rights reserved.

Korean translation copyright ⓒ 2006 by Philmac Publishing Co.
This Korean edition published by arrangement
with Presses Universitaires de France, Paris
through KCC(Korea Copyright Center Inc.), Seoul.

이 책의 한국어판 저작권은 KCC를 통한
Presses Universitaires de France와의 독점계약으로 필맥이 소유합니다.
저작권법에 의해 한국 내에서 보호를 받는 저작물이므로
무단전재와 복제를 금합니다.

한국어판 머리말

이 책의 초판은 2000년 프랑스에서 출판되었다. 이번 한국어판 번역에는 하버드대학교 출판사에서 2004년에 출판한 업데이트 된 영문판을 위주로 사용했다. 다만 영문판에서 짧게 요약된 마지막 장은 불어판의 원본을 사용했다.

이 책은 '신자유주의neoliberalism'로 알려진, 1980년대 초반 이후 나타난 자본주의의 새로운 국면을 해석하는 데 초점을 맞추고 있다. 우리의 해석은 많은 면에서 칼 마르크스Karl Marx의 연구에 의존하고 있다. 신자유주의는 자본가 계급의 권력과 소득을 회복시킨 계급투쟁의 결과로 전 세계적으로 나타났으며, 이 과정을 진행시킨 자본주의의 동학에서는 이윤율이 핵심적인 변수로 작용했다. 우리는 여러 면에서 역사적 관점을 취한다. 우선, 자본주의의 이러한 새로운 국면은 1970년대 세계 자본주의를 강타한 구조적 위기Structural Crisis와 분리해서는 이해할 수 없다. 이 책의 전반부에서 이 위기를 분석할 것이다.

그러나 더욱 포괄적인 역사적 관점 없이는 20세기 후반부에 발생한 전환의 본질에 대해 이해하는 것이 불가능하기 때문에 4부와 5부에서 이것에 대해 다룰 것이다.

이 책은 이윤율의 장기적 변화로 발현되는 기술변화의 내재적인 동학과, 계급관계와 계급권력이 핵심적인 역할을 하는 '역사적인 사회구성historical social configuration'의 연속적인 전환에 대해 분석한다. 이러한 관점에서 볼 때 1980년대 초반 이후에 나타난 최초의 국면의 특징들은 2000년대 초반에도 여전히 존재한다. 자본주의는 자본생산성(자본스톡 대 산출의 비율)이 상승하는 새로운 국면으로 들어섰는데, 이는 자본생산성이 하락했던 이전 시기와는 크게 대비되는 것이다. 1997년 이후 최근에 미국에서 나타난 이윤율 하락은 이러한 새로운 경향을 일시적으로만 멈추게 했다. 이 책에서 지적하는 것처럼 이윤율의 내재적인 회복과 투자율의 정체 사이의 모순이 신자유주의의 기본적인 특징이다. 권력과 소득의 측면에서 보면, 소득을 더 부유한 이들에게 집중시키고 노동자와 경영자에게 새로운 규율을 부과하는 신자유주의 사회구성은 여전히 2000년대 초 자본주의 체제의 특징을 이루고 있다.

그러나 자본주의는 변화하고 있으며 2000년대 초의 새로운 경향은 또한 상당한 불확실성으로 가득 찬 새로운 전개를 예고하고 있다. 25년 뒤에 우리는 신자유주의의 새로운 국면을 만나게 될까? 아니면 신자유주의를 넘어선 새로운 단계를 맞이하게 될까?

이러한 새로운 경향은 주변부와 중심부 모두에서 나타나게 될 것이며, 우리가 '중심부의 중심'이라고 부르는 미국의 자본가 계급 상층부에서도 나타나게 될 것이다.

신자유주의와 관련된 문제의 본질은 한국 독자들에게도 중요하다고 생각한다. 1990년대에 나타난 신자유주의적 위기 이후, 이제 한국이나 남미의 대다수 국가들이 올라탄 새로운 신자유주의 궤도를 어떻게 평가해야 할까? 경제성장률과 자본축적률이 저하할 것인가? 거시적 불안정이 증대할 것인가? 자본이 자유롭게 이동하는 세계에서 단기외채로 자금을 조달하는 주변부 나라들에서 거시경제의 안정화, 즉 불황의 빈도와 심도를 최소화시키는 것이 가능할 것인가? 상대적으로 낙후된 산업분야가 보호받지 못하고, 발전과정이 중앙기구에 의해 조절될 수 없으며, 연구, 교육, 보건 지출이 축소되어야만 하는 세계에서 발전전략이 추진될 수 있을까? 끔찍한 환경의 조립공장들에 불안정한 직접투자를 유치하기 위해 중국처럼 헐값으로 노동력을 팔아야 하는가? 세계 전체에 대한 우리의 분석에 따르면 이러한 신자유주의 궤적은 지속가능하지 않으며, 특히 남미에서 새로운 위기의 징후가 심화되고 있다.

거시경제가 안정될 수 있고 '적정' 성장률이 달성될 수 있다는 지나치게 낙관적인 가정 아래서 현재 세계경제에 강요되는 국제분업의 본질은 무엇인가? 그것은 다름 아닌 현재의 위계질서를 공고히 하는 것에 지나지 않는다. 중심부 경제는 구상과 지휘 기능에 집중하고 주변부 경제는 자신의 미래, 자신의 경제적, 정치적, 사회적 선택을 결정할 수 있는 능력을 박탈당한 채 국제분업의 거대한 사슬의 '연관' 속에서 성장해가는 전문화의 과정에 통합되고 있다. 즉 이는 영속적인 지배와 종속의 세계이다.

그러나 세계는 변화하고 있으며, 중심부, 특히 미국도 변화하고 있다. 25년간 신자유주의 시대를 살며 미국의 부유층은 광적으로 소비에 몰두하고 있다. 1980년대 이전에는 전통적으로 부유한 가정이 전체 가구소득의 8퍼센트에 이르는 저축의 대부분을 담당해 왔지만, 이제 이들은 그들의 소득을 비생산적으로 써 버리고 있다. 평균 저축률은 이제 약 2퍼센트 정도로 떨어져 있다. 그 결과로 미국의 대외수지 적자는 이제 구조적인 문제가 되었다. 2000년 초 미국경제에서는 다른 나라들이 보유하고 있는 자산이 차지하는 비중이 미국의 1년 생산의 70퍼센트에 이르며, 이는 미국이 해외에 보유하고 있는 자산의 두 배에 이르는 액수이다! 그리고 외국인이 보유한 대출금과 주식에 대해서는 이자와 배당이 지불되어야 하므로 그 비용이 점점 증가하고 있다. 태환성과 달러의 고평가라고 하는 신자유주의의 원칙 덕분에 많은 주변부 나라들의 지배계급은 그들의 부를 그들 자신의 나라가 아니라 미국경제에 투자하고 있다. 결국 혼란스러운 제국주의의 상황이 새로운 모습으로 나타난 것이다. 새로운 체제에서는 전 세계가 제국주의 헤게모니 국가의 상당한 부를 보유하고 있다. 장기적으로는 이러한 새로운 양극화의 심화가 미국의 헤게모니를 약화시킬지도 모른다. 그렇다. 분명히 새로운 국면이 등장하게 될 것이다! 우리가 원하든 원하지 않든 간에.

2006년 2월

제라르 뒤메닐, 도미니크 레비

━━━━━━━━━━━━━━━━━━━━━━━━━━━ 차 례

한국어판 머리말 · 5

들어가는 글 · 12

1부 위기와 신자유주의 · 17

    1장 이상한 변화의 동학 · 19

    2장 경제위기와 사회질서 · 25

2부 위기와 실업 · 37

    3장 1970년대와 1980년대의 구조적 위기 · 41

    4장 기술진보는 가속화되고 있는가 정체되고 있는가? · 51

    5장 일자리를 창출하는 미국, 실업을 창출하는 유럽 · 63

    6장 노동비용의 억제와 복지국가에 대한 고삐 죄기 · 70

    7장 실업은 피할 수 없는 일이었나? · 78

    8장 위기는 끝났는가? · 88

3부 금융의 지배 · 97

9장 금리충격과 배당의 부담 · 102

10장 케인스주의 국가의 부채와 가계부채 · 113

11장 세계 각국으로 번진 금융위기 · 123

12장 세계화와 미국금융의 헤게모니 · 137

13장 금융화, 신화인가 현실인가? · 152

14장 금융이 경제에 자금을 조달하는가? · 163

15장 범죄로부터 이득을 얻는 사람들 · 173

4부 역사의 교훈 · 189

16장 역사적 선례, 19세기 말의 위기 · 193

17장 구조적 위기 이후, 20세기와 19세기의 유사성 · 201

18장 금융 헤게모니의 두 시기, 20세기 초와 20세기 말 · 209

19장 1929년 위기가 남긴 교훈 · 223

20장 자본이동과 주식시장 열풍 · 232

21장 금융 헤게모니의 두 시기 사이의 간기, 번영의 30년 · 244

5부 전진하는 역사 · 257

　　22장 케인스주의 해석 · 262

　　23장 자본의 동학을 넘어서 · 272

보론 A. 저자들의 다른 연구 · 296

보론 B. 출처와 계산 · 299

역자 후기 · 303

주석 · 321

찾아보기 · 336

들어가는 글

 오늘날 '신자유주의'는 1970년대와 1980년대의 전환기에 자본주의가 겪었던 변화를 설명하는 데 사용되는 용어이다. 이 시기에 일어난 눈에 띄는 사건은 미국 연방준비제도이사회Federal Reserve Board(이하 연준)에서 금리를 대폭 인상한 것이었다. 당시 인상폭이 얼마나 컸던지 결국에는 인플레이션과 한판 전쟁을 벌여야 했을 정도였다. 그러나 전 세계의 많은 사람들에게 심각한 영향을 준 이 상징적인 행위는, 자본주의가 가장 폭력적인 모습들을 드러내고 원래의 적나라한 자본주의로 되돌아가는 것을 주요 특징으로 하는 변화의 한 구성요소로 볼 때만 제대로 이해될 수 있다.
 2차 세계대전에서 1970년대 후반까지, 즉 케인스식 타협이 이루어졌던 이 시기에는 완전고용, 사회복지 혜택, 교육과 의료에 대한 보편적 접근이 선진사회의 중요한 특징으로 인식되었다. 자본주의 질서가 제기하는 문제를 해결하려는 열망과 공산주의와 싸워야 하는 현실이 경제개발 정책을 긴급히 수립하게 만들었다. 이 정책들은 엄격한 자본주의의 근본 규칙에서 완전히는 아니지만 어느 정도는 벗어난 제도적 구조를 확립했다. 이 구조는 비금융 경제부문에 보다 유리한 금융조건, 산업정책을 통한 강력한 국가개입, 경제발전에 유리한 국제통화제도로 이루어졌는데, 이것들은 자본소유자의 자유로운 결정권을 어느 정도 제한하는 것이었다.

신자유주의는 국내적으로, 그리고 국제적인 차원에서 이렇게 만들어진 사회질서를 파괴했고, 가장 냉혹한 자본주의의 규칙을 복원시켰다.

일반적으로 자본주의의 동학은 주도 계층의 통제를 벗어나 작동하지만, 집단적인 정치적 의지가 어떠한 형태로 표출되든, 그것의 영향이 과소평가되어서는 안 된다. 이 책의 중심 주제는 신자유주의란 우리가 '금융'이라 통칭해서 부르는 것, 즉 자본소유자 계급과 그들의 권력이 집중된 기관들이 대공황과 2차 세계대전 이후 감소 추세에 있던 자본소유자 계급의 수입과 권력을, 대중투쟁이 전반적으로 약화된 틈을 타 회복하려는 열망의 표출이라는 것이다. 이것은 불가피한 과정이었던 것이 아니라 정치적 행위였다.

신자유주의를 특징짓는 규칙들은 자본이란 말을 쓰는 것을 피해 보통 완곡하게 '시장'의 규칙이라는 표현을 사용한다. '시장'이라는 용어를 이렇게 사용한다면 다양한 유형의 메커니즘이 쟁점이 된다. 노동시장은 고용, 해고, 임금, 노동조건에 관한 규칙의 강화와 관련이 있다. 노동시장은 신자유주의의 주요 표적이 되었다. 문제가 되는 또 하나의 시장은 자본시장이다. 신자유주의는 자본시장의 환경을 완벽하게 변화시켰다. 이러한 변화에는 주식시장과 총체적 자본이 중심 역할을 맡게 된 것, 국제 자본이 자유롭게 이동하게 된 것 등 여러 가지가 있다. 결국 신자유주의는 사회관계의 전면적인 상품화 과정을 낳았는데, 이것이 가장 충격적인 측면이다. 이러한 전 과정을 확장하고 지배하는 것은 자본주의적 관계의 논리이며 자본주의적 관계는 자신의 규칙에 따라 이러한 변화를 추동한다.

이러한 전환은 보통 물질적, 기술적 필요성이라는 외피를 두르거나 경제의 국제화, 시장의 세계화의 필요성을 위장하고 진행된다. 이른바 세계시장의 규칙은 자본의 규칙에 지나지 않는다. 분명히 세계화가 맞기는 하지만 자본주의의 신자유주의 세계화이며 더 정확하게 말해 신자유주의 사회질서의 세계화를 의미한다. 그런데 만일 누군가가 세계화가 아니라 국제화라고 하더라도 그 중심에는 여전히 미국이 자리 잡고 있다.

진정한 세계화를 위해서는 물질적, 지적, 문화적, 감정적 교류가 지구 곳곳으로 확대되어야만 할 것이다. 사람과 자원은 전 세계의 모두에게 가장 큰 후생을 가져다 줄 수 있도록 순환되어야만 한다. 그러나 신자유주의 세계화는 이와 같은 목표를 달성하는 수단이 아니다.

이 책에서 중요하게 다루는 현재의 과정들은 역사적 관점에서 보게 되면 더욱 분명하게 파악될 수 있다. 역사는 그대로 반복되지는 않지만 과거에 일어난 19세기 말의 불황과 1929년 공황이 극복된 방식을 관찰하는 것은 우리의 가설에 대한 가상실험이 될 것이다.

이러한 연구를 통해 우리는 자본주의 생산양식의 역사적 동학에 핵심이 되는 생산관계와 계급구조의 전환을 파악할 수 있다. 우리 사회가 근본적으로 자본주의적인 성격을 갖고 있음을 다시 한번 선언하는 것이 신자유주의 질서의 목표이기 때문이다. 자본소유자의 권력이 다시 강화되었음에도 불구하고 역사는 여전히 전진하고 있다. 신자유주의를 우회할 수 있는 방법을 찾는 것은 가능한가? 또 그것은 우리가 바라는 길인가?

1부 | 위기와 신자유주의

1장

이상한 변화의 동학

세계경제의 주요한 발전을 어떻게 파악할 수 있을까? 세계경제의 변화들은 어떻게 발생했으며, 미국금융이 헤게모니를 잡고 있는 상황에서 신자유주의 질서와 이를 표현하는 금융 헤게모니의 조건들은 어떻게 형성되었을까?

 세계사가 어떻게 굴러가는지에 관한 논의에서 상식적인 과정이 전개된다고 전제하는 것은 옳지 않다. 순진한 사람은 일반적으로 보편적인 문제가 무엇인지 찾아내는 것에서 시작해서 해결법을 찾아나가는 식으로 일이 진행되리라고 상상할 것이다. 말하자면 우선 잘못된 것이 무엇인지를 찾아내고, 다음에 전략을 짜고, 그 다음에 전략을 현실에 적용한다는 것이다. 그렇지만 인류는 이러한 삼 단계 해법에 따라 일을 풀어가지 않는다.

 만일 세계가 이러한 방식으로 작동한다면, 평가의 첫 번째 단계는 오늘날의 주변부 상황에 관한 강도 높은 자기비판과 미국을 비롯한 주요 선진 자본주의 나라들의 일부 계급의 자기만족을 표현하는 찬양으로 구성될 것이다. 2000년의 경기침체와 주식시장의 하락에도 불구하고 신자유주의는 오만함을 버리지 않았다. 기묘할 정도로 부조화한 현실이다.

국제적인 기구에서는 매년 세계경제에 관해 종합적인 평가를 작성하는데 내용이 지극히 비관적이다. 국제연합UN이 발간한 1997년도 《인간개발보고서Human Development Report》에는 다음과 같이 쓰여 있다. "개발도상국 인구의 4분의 1 이상은 여전히 가난하게 살고 있다.(…) 약 3분의 1인 13억 명은 하루에 1달러 미만의 소득으로 살아간다.(…)그리고 산업화된 나라에서도 1억 명 이상의 인구가 빈곤선 아래에서 생활한다."[1]

1999년 《인간개발보고서》에 서술된 빈부격차의 현황과 증가추세를 보면 더욱더 충격적이다. "전 세계에서 소득이 상위 20퍼센트 안에 드는 부자 나라의 사람들과 하위 20퍼센트 안에 드는 가난한 나라의 사람들 사이의 소득격차는 1960년에 30 대 1, 1990년에 60 대 1이었던 것이 1997년에 74 대 1로 증가했다. (…) 1990년대 후반에는 소득이 상위 20퍼센트 안에 드는 나라에 사는 사람들은 세계 GDP의 86퍼센트를 차지했지만 하위 20퍼센트 안에 드는 나라의 사람들은 겨우 1퍼센트를 차지했다."[2]

이들 보고서는 누구도 바라지 않았을 여러 가지 현상들을 지적했다. 예를 들어 경제발전을 추구한 나라들 중 반 이상이 외국인투자자들을 끌어들이지 못했다. 이들 나라들에서 수출할 수 있는 상품들은 1980년대부터 이미 가격이 거의 붕괴되었다. 높은 관세는 수출잠재력에 큰 부담이 되고 있다. 선진국의 농업생산자들은 해마다 엄청난 보조금을 받는다. 최빈국은 과도한 외채로 압사할 지경이다.[3] 우리는 모든 문제에 아무 대응도 못하고 방관할 수밖에 없는 무기력한 세계에 내던져진 것일까?

이 책의 목적은 자본주의의 새로운 전개방향의 기원과 내용을 밝히는 것이다. 여기서 이끌어내어질 최종 결론은 빈곤이나 빈부격차의 문제와 깊은 관련이 있다. 심각한 인류의 고통에도 불구하고 우리가 순진하게 기대했던 반응이 어떤 형태로도 나타나지 않았다면, 그것은 최근 수십 년간 진행된 경제사회적 변형 때문이다. 그러한 변형은 대중의 이익을 위해 생긴 것이 아니라 특권적인 소수의 이익을 위해 일어난 일이며 그들은 결국 그 덕에 더욱 부유하게 되었다.

대중의 관점이 아니라 이들 소수의 관점에서 생각해보면, 문제의 발생으로부터 해결책을 찾는 상식적인 분석이 들어맞게 된다. 다시 한번 체제가 변화를 일으키는 능력을 회복한 것이며, 그동안의 일의 신행과정이 이해가 간다. 지난 20년간의 변형은 사실 특권적인 소수에 영향을 미친 어떤 문제가 발생하면서 촉진되었다. 비록 많은 시행착오를 거치고 집단행위를 통해 수많은 우회로를 찾으면서도, 실제로 이루어진 조정들은 특권적인 소수가 직면한 어려움을 해결하는 것이었다.

이것을 이해하는 데는 분석모형을 살펴보고 여기에 관련된 사람들만 확인하기만 하면 된다. 인류가 극빈자들의 곤궁한 상황이나 실업자와 부랑자들의 곤경을 생각해서 사태를 바로잡아 보자고 나서는 일은 거의 없다.[4] 소수 특권층은 오히려 그들을 고통스럽게 했던 패배와 그들을 위협하는 위험을 알아채고 지배적인 위치를 이용하여 이러한 쇠퇴를 개선하는데 필요한 모든 수단을 동원했다. 이 과정에서 특권적인 소수들은 중심부 나라들(미국, 유럽, 일본)이든 주변부든 어디에서나 빈곤을 경감시키는 데 어떠한 기여도 하지 않았다. 그것은 그들이 빈곤에 관심이 없었기 때문이다. 이러한 견해는 과장된 것이라고 생각될지도 모른다. 부자나 지배계급을 나쁜 사람으로 만드는 것은 터무니없는 짓으로 보일지도 모른다. 그럼에도 불구하고 이것은 사실이다.

이 같은 연구를 하다보면 우리는 자본주의의 심장부인 중심부로 되돌아가게 된다. 혹자는 여기에 중심부의 중심이라는 말을 추가하고 싶어질지도 모르겠다. 이곳은 끊임없이 재편되는 세력관계 속에서 지배계급과 주요 나라들의 투쟁에 따라 일이 이루어지는 곳이다. 그곳에서는 선의가 행동을 지배하지 않는다.

여기에 몇 가지 의문이 제기된다. 변화를 일으킨 문제가 무엇이었는가? 이 중심부의 중심이 지닌 본질은 무엇인가? 일어난 변화의 내용은 무엇이고 그 결과는 무엇인가?

변화의 배후에 숨어있는 문제를 밝혀내는 첫 번째 질문에 대한 해답은 바로 지배계급의 수입과 관련이 있다. 답은 아주 명확하고 간단하다. 그것은 1970년대에 자본수익성이 크게 하락했다는 것이다. 이 명제에서 단어 하나하나에 주의를 기울여보자. 사건의 본질은? 바로 자본수익률의 하락이다. 언제 어디서? 1970년대 대부분의 선진국에서 일어난 일이다. 왜 이 현상이 그렇게 중요한가? 이것이 그 뒤 수십 년 동안 지배계급의 행동양식을 결정지었기 때문이다. 왜 충격적인가? 지배계급이 문제에 대응하는 과정에서 실업극복, 사회적 배제의 해결, 빈곤의 퇴치는 조금도 염두에 두지 않았기 때문이다. 그들은 이런 상황에서 실제로는 실업을 이용해먹고 있었던 것이다.

중심부의 중심의 본질을 묻는 두 번째 질문에 대한 해답은 중심부의 중심이 지배계급 내에서 금융이익을 가장 중시하는 특정 분파로 구성되어 있다는 것이다. 그들은 1970년대에 자신들의 수입이 줄고 권력이 약화되는 것을 깨달았다. 그들은 신자유주의로 이행하는 과정에서 가장 선두에 선 선동자들이었으며 이 이행의 큰 수혜자였다. 그들이 되찾은 부와 권력의 양은 상상하기 어려울 정도이다.

세 번째 질문은 변화의 내용에 관한 것이다. 자본거래와 자본운동이 세계화되고 자유화됐다는 점이 가장 근본적인 요소들이다. 그러나 그것들은 자본소유자들이 권력을 다시 회복했다는 변화의 주요 국면과 분리해서 생각해서는 안 된다. 금융은 노동자, 경영주, 정부의 경제정책과 사회정책의 담당자, 국내외 공공, 준공공 기관에 넘겨주었던 권력과 이익을 다시 회복했다. 인플레이션 퇴치를 최우선 과제로 하는 이 새로운 과정에서는 경제활동을 채권자와 주주에 대한 배당과 자본의 수익성에 다시 집중시키고 있다. 이들의 권력은 생산수단 소유자의 이익에 부합하는 세계화의 과정을 통해 회복되었다. 이것은 변화의 또 다른 주요한 특징이다. 그러나 금융수입과 헤게모니라는 그들의 목적과 세계화라는 수단을 혼동해서는 안 된다. 이러한 변화들의 결과는 빈곤, 효율성, 풍요로움이라는 세 단어로 요약될 수 있다. 즉 자본주의 중심부까지 퍼진 지속적으로 악화되는 빈곤, 명확한 기준에 따라 자본이 이끌어가는 거대집단의 효율성과 자본소유자의 이윤율과 배당을 극대화하는 데 필요한 효율성, 지배계급의 선도 분파의 풍요로움, 이 세 가지이다.

그러므로 변화의 결정요인들이 복잡하다고 지레 겁먹을 필요가 조금도 없다. 경제는 자연적 요소의 영향과 같은 운명에 의해 지배되는 것이 아니라 인간이 만드는 것이다. 그 속에서 집단행동이 나타나고 때로는 피해지기도 하는 일련의 제약조건들을 과소평가하고 무시하는 것은 잘못된 것이지만, 이러한 행동들은 주체들 나름대로의 동기로부터 나온 것이다. 선진 자본주의 나라들의 경험으로부터 출발해서 2, 3부는 가장 뚜렷한 문제점들과 시스템의 전환을 주도하는 사람들의 목표 사이의 차이를 설명한다. 서론 부분 다음에 이어지는 2부는 우선 20세기 후반의 구조적 위기와 실업에 대해 분석한다. 여기서는 위기 자체에 대해 자세히 살펴보고 위기 시에 나타나는 실업을 설명하고, 왜 유럽이 미국보다 더 높은 실업률을 경험했는지에 대한 이유를 밝힌다. 실업은 피할 수 있었는가? 그리고 실업 문제는 이제 해결되었는가? 위기가 끝났다고 말할 수 있을까? 3부는 위기에 대한 금융의 대응을 설명한다. 즉 금융이 어떻게 위기를 그들의 이익에 이용했고 그들의 지위와 수입을 회복하고 새로운 자본주의 질서를 통해 헤게모니를 재정립했는가를 설명한다. 4, 5부는 역사적이고 이론적인 시각에서 이를 분석한다.

  출처와 계산에 관한 정보는 부록B에 있다.

2장

경제위기와 사회질서

이번과 같은 체제의 전환은 선진 자본주의 경제에서 처음 있었던 일이 아니다. 그러나 1970년대에 시작된 구조적 위기, 그 이후 뚜렷이 나타나고 있는 새로운 경향과 사회질서의 등장과 같이 우리가 겪고 있는 사건들이 처음 발생한 일이 아니라고 해서 그것들이 중요하지 않은 것은 아니다. 역사는 똑같이 반복되지는 않지만 모든 역사적 사실은 선례를 가지고 있다. 현재의 문제들은 과거에 관심을 갖지 않는 사람들에게는 언제나 거대한 것처럼 보인다.

자본주의의 최근 전환이 구조적 위기에 뒤이어 나타난 것은 우연이 아니다. 이것은 변화의 일반법칙으로 이해되어야만 한다. 주요한 위기의 시기들이 가진 공통점은 그 위기의 시기들이 커다란 변화를 결정한다는 것이다. 우리는 역사의 산파 역할을 하는 폭력이라는 오래된 학설을 여기서 다시 발견하게 된다. 이 이론에 의하면 위기는 전쟁과 함께 전환을 추동하는 기능을 한다.

과거에 있었던 구조적 위기의 중요성을 적절하게 평가하기 위해서는 1929년보다는 19세기 후반에 일어난 사건을 언급해야 할 것이다. 1875~1893년 사이에 유럽, 특히 프랑스에서 주요한 위기가 발생했다는 데 대해 경제사학자들은 대체로 동의한다. 위기의 지리적 확산과 특징에 관해서는 견해가 서로 엇갈리지만 위기가 발생했다는 사실만은 누구나 인정한다. 그 무렵 미국은 남북전쟁Civil War이 끝난 1865년과 세기 전환기 사이에 심각하게 불안정한 시기를 경험했다. 유럽과 미국의 위기는 이들 나라들의 자본주의에 심각한 전환을 가져왔다. 당시에 나타난 경제, 사회, 정치에 나타난 긴장은 이전의 자본주의 질서를 흔드는 조건을 창출했다. 19세기 후반의 구조적 위기 이후 자본주의는 위기 이전의 자본주의와는 완전히 달라졌다.

이것은 지금까지도 우리 사회를 지배하고 있는, 즉 현재 자본주의의 전체 사회구조를 지배하고 있는 현대 금융과 거대 기업이 이 격변 속에서 탄생했다는 것을 상기하면 충분히 이해할 수 있다. 이 전환의 근본적인 특징 중 하나는 자본소유와 경영의 분리였다. 거대 기업의 발전은 회사경영에 직접적으로 참여하지 않는 주식소유자, 채권자, 금융업자 계급을 만들어냈다. 금융과 자금조달 메커니즘이 실제로 붕괴하는 과정에서 금융제도의 복잡한 시스템이 등장했다. 많은 관리직 직원들이 생겨났고 이들은 사무직의 도움을 받았다. 공장에서 노동자들의 노동조건도 또한 급격하게 변했다. 자주 언급되는 것처럼 직접적인 생산자는 더욱더 기계의 부속물이 되었다.

자본주의 사회가 급격하게 붕괴할 것이라는 마르크스주의자들의 예상은 완전히 빗나갔지만 마르크스주의자, 그중에서도 특히 레닌은 위기와 관련된 문제들의 중요성을 인식하고 있었다. 문제는 기업의 규모와 독점에만 있었던 아니라 자본주의가 과연 기술과 경영을 혁신시킬 수 있느냐 하는 점에도 있었고 이것이 시스템의 효율성과 사회적 타협의 가능성을 결정짓는다. 어떻든 제국주의 전쟁에도 불구하고 자본주의는 살아남았다.

대공황과 2차 세계대전의 잇따른 충격은 자본주의의 기능을 다시 한번 흔들어 놓았다. 이 충격은 오래지 않아 자본주의의 변화를 촉진했고 새로운 차원의 변화를 만들어냈다. 새롭게 변화한 제도와 정책에는 영국의 경제학자이자 외교관이었던 존 메이너드 케인스John Maynard Keynes의 이름이 붙었다. 그러나 2차 세계대전 이후 30년간 나타난 번영의 모든 국면들을 모두 케인스의 공으로 돌리는 것은 좀 지나치다. 당시에 나왔던 '제3의 길'이나 '혼합경제'와 같은 다른 용어들은 지금은 구식이 되었지만 당시에는 적절한 용어였다.

이 시기에 나타난 타협의 조건과 수단은 무엇이었을까? 케인스주의 국가는 투자와 기업경영에 관한 개인의 자유로운 결정은 인정하면서도, 신용, 통화, 금융기관의 감독과 관련한 다양한 규제와 정책을 통해 경제활동과 경제성장의 수준을 통제하고, 경제상황에 따라 정부지출을 조절하는 방식으로 총수요와 총생산에 영향력을 행사했다. 이렇게 거시경제적 책임을 떠맡는 국가는 노동자가 일자리를 얻을 권리를 사실상 인정하는 경향이 있었다. 따라서 장기실업이나 위장된 형태의 장기실업은 용인될 수 없는 것으로 여겨졌다. '성장의 열매는 분배되어야' 하며, 따라서 임금이 올라야 한다는 사고가 자리를 잡았다. 국가는 교육, 연구, 산업정책에 관여하기 시작했고 심지어 특정 경제부문을 직접 떠맡기까지 했다. 또한 건강, 가족, 퇴직, 실업과 관련된 사회보호 시스템이 확대되었다. 결국 (1) 사적 결정권과 자본주의의 기본규칙에 대한 폭넓은 존중, (2) 거시경제적 상황, 경제성장, 기술진보를 통제하는 국가개입(여기서 경제성장을 통제한다는 것은 금융과 일부의 산업에 대한 사적 결정권을 어느 정도 제한하게 되었다는 것을 의미한다), (3) 구매력 향상과 사회보장의 강화, 나아가 일자리와 근로조건의 보장, 이렇게 세 가지 요소가 함께 결합되었다.

두 번의 주요한 위기 이후에 나타난 이들 변화의 중요성은 아무리 강조해도 지나치지 않을 정도이다. 20세기 초의 금융제도와 거대기업의 배후에서, 전후 케인스주의 국가의 배후에서, 자본주의적 생산관계, 생산수단의 소유, 경영을 통한 생산의 통제, 임금노동에 중대한 전환이 일어났다(임금노동자의 노동력은 갈수록 일반 상품으로서의 성격이 약화됐다). 이러한 생산관계의 변화, 특히 경영자와 사무직과 같은 중간계급의 성장에 조응하여 새로운 계급구조가 형성되었고, 중간계층이 없이 자본소유자와 무산자가 적대적으로 대치하는 관계는 끝이 나게 되었다.

마르크스의 역사이론에서 묘사된 생산력과 생산관계의 위대한 변증법이 이 운동의 중심에 있었다. 잘 알려진 대로 그 일반적인 원칙은 생산력의 발전과 생산관계의 변화는 상호의존적이고, 계급구조는 각 시스템의 생산관계에 상응하며, 계급투쟁은 역사적 동학의 중요한 동력이라는 것이다. 이러한 분석구조는 상이한 생산양식뿐만 아니라 동일한 생산양식 내에서 형성되는 상이한 국면을 설명해준다.

이 책의 중심주제는 이 역사적 동학이 여전히 작동하고 있다는 것이다. 처음부터 자본주의의 변화를 지배했고 19세기 후반과 20세기 전반에도 기능했던 메커니즘이 여전히 20세기 후반의 동학을 지배해

왔다. 따라서 일반적 접근이 필요하며, 분석방법이 동일해야만 한다. 이런 관점에서 보면, 1970년대에 시작된 위기는 다시 한번 중대한 전환의 조건을 만들었고 이들 전환은 점진적으로 새로운 사회질서를 형성했으며 생산관계와 계급구조는 위기에 처했다.

1970년대의 위기는 여러 측면에서 19세기 말의 위기와 유사하다. 1970년대의 위기는, 약간은 경솔하게 첫 번째 석유위기에 의해 발생했다고 주장되었던 1974~75년 불황과 같은 일회적인 사건에 한정되지 않는다. 그것은 심각하고 오래 지속되는 현상인 구조적 위기였으며, 첫 번째 징후는 이미 1960년대 미국에서 나타났다. 여기에는 다양한 요소들이 있다. 경제성장과 기술진보가 위기의 영향을 받았으며 기록적인 인플레이션 증가율이 1970년대에 선진 자본주의 나라들에서 나타났고 임금은 거의 정체되었으며 이윤율이 하락했고 무엇보다도 완전고용이 사라지고 심각한 대량실업이 등장했다.

전환이 일어난 근본적인 이유는 자본수익성의 하락과 이 하락이 지배계급의 수익에 미친 영향이라는 이 위기의 특징에서 찾아야 한다.

위기의 첫 십 년 동안 지배계급의 수익은 크게 감소했다. 이윤이 감소했고 배당형태로 주주에게 지불되는 몫도 감소했다. 또한 인플레이션은 보유된 채권의 가치를 감소시켰다. 기업경영주와 정책변화를 담당하는 공적인 경제기구의 관리들은 케인스주의 타협을 통해 자본소유자로부터 어느 정도 자율성을 획득했다. 위기에 대한 대응으로 관리들은 우선 경제성장과 고용을 촉진하는 정책을 수립하는 데 주력했는데, 이것은 금융수익에는 사실상 불리한 것이었다. 이러한 일이 발생하자 지배계급은 자신의 이해에 맞게 이 운동의 방향을 바꾸었다.

이와 같은 전환의 가장 널리 알려진 전환점은 어떤 대가를 치르든 인플레이션을 저지하기 위해 급격하게 금리를 인상한 1979년의 쿠데타였다. 이 정책은 사회와 경제 전체에 널리 확산되었던 수많은 조치들을 촉발시켰다. 새로운 사회질서에 조응하고 지배계급 내에서 자본주의적 소유를 구현하고 있는 분파의 권력과 소득에 직접적인 도움이 되도록 사회와 경제가 재조직되었다. 이러한 새로운 질서는 전 세계로, 적어도 이를 통해 이윤이 증가할 수 있을 것으로 예상되는 나라들로 급속하게 전파되었다.

자본주의의 구조적 위기 이후 나타난 이러한 자본주의의 새로운 경로는 이전에 확립되었던 것을 해체시켰고 이전 시기의 노동조건의 개선은 종말을 고했다. 임금의 증가는 정체하거나 크게 둔화됐고 사회보호 시스템을 해체하려는 시도가 등장했으며 고용불안이 광범위하게 확산되었다. 영국과 미국에서 나타난, 최초의 압력에 대항하려는 주요한 투쟁들은 단호하게 분쇄되었다. 사회주의 국가들, 그리고 보다 좌파적인 자본주의 국가들이나 주변부 국가들의 혁명적 전략이든 경기부양이나 국유화와 같은 좌파의 정책들에서 보이는 개량주의적 전략이든 대중전략들은 모두 신뢰를 잃었거나 잃는 과정에 있었다.[1]

1970년대 공황에 의해 시작된 사회질서는 어떤 특징을 가지는가? 그리고 무엇보다도 이것을 어떤 명칭으로 불러야 하는가? '신자유주의'라는 용어가 서서히 사용되기 시작했다. 위기로 인해 우리는 신자유주의 사회에 진입하게 되었다.

그러나 '신자유주의'라는 용어는 많은 문제를 가지고 있다. 미국에서 '자유'는 좌파(보수주의와 대립하는 자유주의)를 연상시키는 경향이 있기 때문에 미국 독자들에게는 이 의미가 잘못 전달될 우려가 있다. 그런 사실을 제쳐두고 자유의 이념에 관해서 말하더라도, 이 용어는 프랑스 혁명이 가진 애매함을 상기시킨다. 프랑스 혁명에서 부르짖은 자유는 한편으로는 급진주의자의 자유, 평등, 형제애, 다른 한편으로는 산업의 자유(고용과 특히 해고의 자유)와 무역의 자유를 의미한다. 산업과 무역의 자유는 물론 신자유주의가 지지하는 것이다.

18세기에는 이러한 산업과 상업의 자유를 요구하는 것이 봉건질서를 공격하는 것이었다. 반면 우리 시대에는 이러한 요구가 특정한 국가개입, 신자유주의자들에 따르면 사회질서와 생산관계를 유지하고 부자의 이익을 증진시키는 데 필요한 건전한 제약을 넘어서는 국가가 가진 특권에 대한 공격을 의미한다. 케인스주의 시기에 등장한 국가는 과거의 계급타협의 보증인 역할을 현재에도 부분적으로나마 하고 있으며 신자유주의자들의 반대를 야기할 정도까지 관여하고 있다. 그러나 국가는 또한 신자유주의를 국내에서 강화하고 국제적으로 확산시키는 대리인 역할도 하고 있다. 가장 강력한 선진국들은 그들의 법(그들의 상품, 자본, 규율)을 강요하고 동시에 다른 국가들이 이를 방해하지 못하도록 한다. 여기서 자유는 가장 강한 자의 자유이다.

'신neo'이라는 접두사는 자유보다는 덜 문제가 된다. 새로운 자유주의에 관해 말하는 것은 낡은 자유주의가 있다는 것을 의미한다. 낡은 자유주의는 무엇을 의미하는가? 이것은 역사가들이 논의할 문제이다.[2]

일반적으로 말해, 이러한 권력의 회복은 대체로 자본가계급의 복귀를 의미하며, 이것은 생산수단의 소유권을 폭력적으로 획득한다는 개념과 상응한다. 그러나 이러한 언급은 너무 일반적이다. 신자유주의에는 명백하게 금융이라는 요소가 존재하는데, 이를 통해 우리는 자본주의적 관계의 핵심, 지배계급의 다양한 분파, 그리고 그들의 권력이 발휘되는 제도적 구조 등을 분석할 수 있다. 우리는 '금융'이라는 개념을 이러한 구성을 설명하는 데 사용하겠지만, 사실 이를 정의하는 것은 쉬운 일이 아니다(23장). '금융'은 단순히 경제의 금융부문만을 의미하는 것이 아니라 증권의 보유(주식, 채권, 재무성 채권 등)와 금융기관(중앙은행, 은행, 기금 등)에 기초하여 물질화된 소유권을 가진 지배계급의 복합체를 의미한다.

신자유주의로의 전환은 두 가지 중요한 결과를 가져왔다. 우선 무엇보다도 금융은 그들의 이익에 맞게 위기를 관리하고 지연시켰다. 둘째, 이러한 위기의 지연은 금융이 자신의 이익에 따라 역사의 경로를 좌지우지하는 것을 가능하게 했다. 두 요소, 즉 위기관리와 대안적인 사회의 형성은 매우 밀접한 관계가 있다. 위기가 바로 낡은 질서를 파괴하는 조건을 만들어내는 것이다.

'특정한 사회집단의 이익에 따라 위기를 관리하는 것'은 어떻게 이해할 수 있을까? 그 대답은 이중적인 기준에 따라 결정된다. 다른 사회집단이나 나라에 미치는 영향이 무엇이든 특정 사회집단의 수입을 유지하기 위해 가능한 모든 것을 다하는 것, 또는 전통적으로 수익을 얻던 방식이 약화될 때 다른 새로운 수단을 이용해 수익을 얻는 것이다. 금융의 이해에 따라 위기를 관리하는 것은 위기의 기간 동안이나 그 이후에 나타나는 실업 문제에는 무관심하며, 심지어 위기에 대응하기 위해 임금요구의 억제, 사회적 보호 수준의 저하, 그리고 일자리 보장의 축소에 의존하는 것을 의미한다. 전 세계에 신자유주의 질서를 전면화하려는 이러한 시도는 파괴적이었으며 현재도 그렇다.

'자신의 이익에 따라 역사의 경로를 변화시키는 것'은 금융의 권력을 위한 제도적 구조를 세우는 것을 의미하는데, 이때 권력은 대다수의 경영자 집단을 지배하는 소유자의 권력이다. 이것은 경영 엘리트들과의 동맹 또는 연합을 다시 강화하는 것을, 그리고 고용, 해고, 합병에 관해 갖고 있는 경제계의 자의적인 권한을 제한하는 법률을 파기하는 것을, 그리고 과거의 사회적 연합을 보장하는 수단을 국가로부터 탈취하는 것을 의미한다. 이것은 또한 중앙은행을 물가안정과 채권자의 자산 보호라는 독점적인 서비스를 수행하는 기관으로 되돌려놓는 것을 의미하며, 퇴직이나 사회적 보호를 퇴직연금이나 사적인 보험회사들이 이윤 추구하는 영역으로 만들어주는 것을 의미한다. 특히 의료와 관련된 분야를 보면 그것은 명백하다. 이것은 "모든 사람이 자본가다"라는 주장에 근거하여 소위 임금노동자와 자본소유자 사이의 협력관계를 앞세워 임금소득자들의 연대를 파괴하는 것을 의미하며, 노동자도 쉽게 빠져들어갈 수 있는 실업자와 사회적 추방자의 풀을 만들어내는 것을 의미하며, 노동비용의 증가를 통제하는 것을 의미한다. 노동자에 대한 이와 같은 금융의 정복은, 비용절감과 신축적인 적응능력을 나타내는 우아한 용어인 '유연화'라는 이름을 얻었다.

정치적 위험이 분명히 있긴 하지만, 국내에서, 그리고 국제적 수준에서 질서를 유지할 만한 어느 정도의 재원이 있는 자만이 자본주의 세계에서 최고의 자리에 오를 수 있다.

금융은 또한 1970년대 위기를 이용하여 이데올로기적, 정치적 측면에서 자신들의 모습이 투영되고 자신들의 이익에 봉사하는 사회를 세우기 시작했다. 금융은 자본주의를 곤경에서 구해낼 수 있는 유일한 세력이자 구세주로 자처하며, 여론을 냉소주의로 몰아가, 실제로는 위기관리를 통해 자기 이익만 관철시켰고, 그들의 반대자들은 기가 죽어 침묵을 지키고 있었으므로 이러한 일은 아주 순조롭게 진행되었다.

금융이 채택한 전반적인 대응이 위기의 처방전으로 제시되었다. 신자유주의 사회의 등장이 위기의 종언과 동의어로 간주되었다. 유럽보다 더 신자유주의적인 미국이 1990년대 높은 경제성장을 경험했다는 사실이 증거가 됐다. 이러한 처방에서 부작용이 계속 나오는 것은 단지 일시적인 현상이며 이행기에 나타나는 어쩔 수 없는 현상이라는 주장도 나왔다. 그러나 이런 주장들은 미국이든 다른 나라에서든 2000년 경기침체로 인해 깨지고 말았다.

다른 길은 가능한가에 대한 질문은 아직 해결되지 않은 과제로 남아있다. 이 질문은 이 책에서 시도하는 기술적 차원의 분석과 정치적 분석이라는 이중적인 관점에서 파악될 수 있다. 호기심이 없는 사람들은 의외라고 생각하겠지만, 기술적인 수준에서만 볼 때 실업에 관한 연구를 살펴보면 우리 경제가 경험한 대량실업이 오랫동안 지속되지 않았다는 확고한 결론을 도출할 수 있다. 주요 경제변수가 약간 다른 경로를 거쳤다면 고용상태를 크게 변화시킬 수 있을 것이었다는 사실은 기존에 시행된 경제정책들에 의문을 제기하게 만든다. 높은 인플레이션은 금융이 용서할 수 없는 것이었고 실업과 사회적 배제는 다른 사회계층들이 견딜 수 없는 것이었다. 명확하게 금융의 승리였다.

2차 세계대전 이후의 타협은 왜 위기를 관리하는데 무능력했을까? 그 타협의 붕괴는 내재적인 취약성 때문이었을까, 아니면 금융의 세력강화 때문이었을까? 위기에 약한 케인스식 체제의 문제와 금융의 호전성이 되살아난 결과가 결합하여 나타난 현상이었을까? 미국식 모델과는 거리가 먼 유럽과 일본의 경제사회적 구조가 왜 신자유주의의 확장에 그렇게 쉽게 굴복하고 말았는가? 이 금융권력은 어떻게 새롭게 강화되었는가? 이 모든 질문들은 매우 중요하다. 이러한 정치적인 갈등에 대한 분석을 통해 발전의 주요 결정인자들을 찾아내야만 하기 때문이다. 기술적인 관점에서는 이러한 변화의 우연적인 요소에 관해 분명한 설명을 하는 것이 가능하다. 반면 사회세력 간의 갈등과 관련된 정치적인 관점에서는 명확한 결론을 내리기가 다소 어렵다. 하지만 대중투쟁의 약화가 이 변화에 중요한 역할을 했다는 주장이 가능할지 모른다.

이 장에서 간략하게 제시된 역사는 우리에게 많은 것을 깨닫게 해준다. 이 교훈들은 4, 5부에서 주로 다룰 것이다. 4부의 첫 부분에서는 위기의 종언과 위기의 현재적 위험의 가능성을 토론하면서 역사의 교훈들에 대해 살펴본다. 우리는 19세기가 낳은 공황 속에서 만들어진 사회와 동일한 방식으로 1970년대 위기를 해결했는가? 이러한 비교는 어느 정도까지 가능한가? 1970년대 위기의 종언은 20세기 초의 호황 이후 뒤이어 나타난 대공황과 같은 다른 위기로 우리를 위협하고 있는가? 그렇다면 2차 세계대전 이후 전개된 30여 년의 정책 경험은 정치적 대안과 관련해 우리에게 어떤 교훈을 주는가? 당시의 제도적 형태를 확장하여 사용할 수 있는가? 5부에서는 이러한 역사적 전망을 더욱 넓은 시야로 조망한다. 케인스주의 이론과 실천이 기여한 것은 무엇이었는가? 다시 말해, 금융이 헤게모니를 갖지 않는 자본주의를 고안하는 것은 가능한가? 마르크스주의 분석은 자본주의 역사적 동학과 현재의 전환에 어떠한 시각을 제공해 주는가? 생산관계는 어떻게 전환되었는가? 그리고 새로운 계급구조는 무엇인가?

2부 | 위기와 실업

2부와 3부는 내용과 방법에서 1부와 큰 차이가 난다. 1부의 2장에서 금융이 승리하는 모습을 지켜보았다. 이제 냉엄한 현실의 또 다른 면들, 즉 실업과 위기를 파악해야만 한다. 이제 역사에 대한 장대한 묘사는 그만두고 지금부터는 메커니즘에 대한 분석, 즉 기술, 분배, 성장, 고용을 설명하는 변수들 사이의 관계에 대한 분석에 들어갈 것이다. 그것은 매우 지루한 작업이 되겠지만 이와 연관된 논점은 아주 중요한 것이다. 1960년대 후반에 첫 징후를 보인 구조적 위기의 기원은 무엇인가? 유럽과 미국의 경제발전을 어떻게 일관된 분석틀로 설명할 수 있는가?

3, 4장에서는 유럽과 미국이 동시에 경험한 1970년대 자본수익성 하락의 일반적 모습을 보여줄 것이다. 이어 5장에서 이에 대한 비교분석을 할 것이다. 5장의 분석에서는 2차 세계대전 이후 등장한 미국 경제보다 상대적으로 뒤처진 유럽 경제의 현황과 점진적인 회복과정

이 중요한 비중을 차지할 것이다. 이러한 분석의 목표는 사람들의 이해를 돕고 역사의 실상을 알리는 것이다. 사실 유럽연합의 심각한 실업과 높은 실업률이 항구화 되는 특성은 구조적 차이를 반영하는 것이지만 신자유주의자들이 주장하는 것과는 다르다.

위기와 실업에 대한 이러한 분석은 6, 7장에서 두 개의 질문과 함께 결론을 맺는다. 1970, 80년대 대량실업은 필연적이었는가? 이제 구조적 위기를 벗어났는가? 여기서는 이 질문에 대한 시론적 성격의 해답을 제시하고자 한다. 만일 통화와 금융의 변천에 관한 연구가 보완을 해준다면 이 견해는 더욱 완벽해질 것이다. 기술과 분배의 일반적 경향을 보여주는 2부에서 사용하는 개념들은 의미상 무척 중요하며 가장 설득력 있는 용어이기는 하지만 한계도 지니고 있다. 기술과 분배의 경향에 대한 분석의 기초를 알기 위해서는 그 필수적인 출발점으로 마르크스의 논의를 고려해야 한다.

3장

1970년대와 1980년대의 구조적 위기

1960년대 후반에서 1980년대 초반까지 선진 자본주의 나라들은 심각한 위기를 경험했다. 실업의 증가가 가장 주목할 만한 특징의 하나였다. 실업의 증가는 특히 유럽에서 심각했다. 그러나 실업 외에도, 이 위기는 경제성장과 기술진보의 둔화, 경기과열과 경기침체의 잦은 발생, 끝없이 치솟는 인플레이션, 통화위기와 금융위기와 같은 여러 가지 징후들로 뚜렷하게 나타났다. 이 위기에 나타난 징후들의 목록은 끝이 없다. 이렇게 위기가 다양한 차원으로 나타났다는 것은 그것이 구조적인 위기였음을 잘 보여준다.

그것이 구조적 위기였다는 것에 대해 지금까지도 명확하게 지적한 사람이 없었다. 많은 사람들이 특정한 사건을 지목하긴 했지만, 한시적인 일이라고 보면서 무엇인가 잘못되었다는 사실만은 누구도 인정하지 않을 수 없었다. 미국에서는 1960년대 후반부터 상황이 악화되었다. 이 시기는 일반적으로 경제활동의 둔화와 지속적인 인플레이션이 동시에 발생한(따라서 스태그플레이션stagflation이라고 부를 수 있는) 최초의 경기침체기였다. 유럽에서는 위기가 1974~75년의 심각한 경기침체로 나타났다. 이 시기는 석유가격이 오른 시기와 일치한다. '석유위기 이전'과 '석유위기 이후'라는 표현은 기원이 어디에 있든 유럽에서 위기의 시작에 관한 많은 분석에서 중요한 위치를 차지하고 있다. 그러나 석유위기만으로 지속적이고 다면적인 위기를 설명하기는 어렵다. 설득력 있는 결론을 내릴 수 있는 길은 오직 핵심이 되는 지표들, 예를 들어 고용이나 주식시장과 같은 지표들에 달려 있다.

구조적 위기의 분석에서 우리는 급격한 변화를 낳은 촉발요인들과 기본적인 추세들이 야기한 상황의 심각한 악화를 주의 깊게 분리해서 보아야 한다. 이 기본적인 추세들은 기술과 분배의 특징을 결정짓는 주요 변수들(노동생산성, 자본생산성, 실질임금, 이윤율)의 역사적 추세를 반영하는 것이다. 이 변수들의 변화과정이 3장과 4장에서 주로 다룰 내용이다. 1970년대, 80년대 미국과 유럽에서 이 변수들은 매우 일반적인 의미에서 그 이전의 20년과는 무척 다르게 변화했다. 그렇다면 그 변화의 본질은 무엇이었을까?

이 복잡한 과정의 진상을 명확히 파악하기는 어렵다. 인과관계와 상호의존 관계가 복잡하게 얽혀있기 때문이다. 그러나 이윤율로 측정된 자본수익성이라는 개념은 매우 중요하다. 이윤율은 연간 획득한 이윤을 사용된 자본으로 나눈 비율이다. 이것은 자본의 투자가 얼마만큼 성공적이었나를 나타낸다(《상자 3.1》). 이윤율은 모든 현상의 근본적인 원인은 아니지만 분석에서 중요한 위치를 차지한다. 위기의 다양한 측면은 바로 이윤율이 하락했기 때문에 나타난 것이다. 이

⟨상자 3.1⟩
이윤율: 노동생산성, 자본생산성, 임금증가율

이윤율은 자본수익성의 지표이다. 이것은 특정 기간, 예를 들어 일 년 동안 실현된 이윤량과 기업, 산업부문이나 경제 전체에 투자된 총자본량의 관계를 나타낸다. 이미 투자된 자본스톡의 문제이든 이윤의 문제이든 이윤율을 측정하는 것은 복잡한 과정이다. 이윤은 산출에서 모든 비용(원료, 감가상각, 용역비용, 임금)을 뺀 금액이다. 그러나 이윤은 이자를 지불했는가, 또는 세금이 공제되었는가에 따라 여러 가지 방법으로 계산된다. 따라서 이자 지불 이전 이윤인지 이후 이윤인지, 세전 이윤인지 혹은 세후 이윤인지 밝히는 것처럼 그 명확한 정의를 명시해야 한다. 투하된 총자본량을 측정하는 것은 훨씬 더 어렵다. 총자본량은 회사가 존재해 있는 동안 여러 해에 걸쳐 만들어지기 때문이다. 특정 시점에서 이들 투자는 건물과 기계(넓은 의미에서, 자동차, 컴퓨터 등을 포함한다)와 같은 고정자본, 원료의 재고나 아직 팔리지 않은 상품재고, 금융자산, 총가치에서 제외되어야만 하는 회사의 부채를 포함하는 유동자산 등 다양한 형태로 존재한다.

자본주의 기업의 이윤율은 영업활동에서 발생하는 총수입 중 (임금몫에 대비되는) 이윤몫이 차지하는 비중으로 측정하지는 않는다. 자본가의 관심은 백만 달러의 이윤을 얻기 위해 임금을 백만 달러를 지출해야 하는지, 천만 달러의 임금을 지출해야 하는지에 있는 것이 아니라 그만한 이윤을 얻기 위해 그들이 투자해야만 하는 총자본량이 얼마인가 하는 데 있다. 이것이 이윤율을 측정하는 방법이다. 이윤을 낼 수 있는 사업인지를 평가하는 데 이러한 이윤율 개념이 중요하다는 것을 이해하기는 어렵지 않다. 금리에 대해서는, 이것은 대부수익으로 보는 것이지 생산이나 상업 활동의 수익으로 보지 않는다.

근본적으로 이윤율을 결정하는 요인은 기술과 임금이다. 따라서 이윤율과 동등하게 노동생산성과 자본생산성,[i] 임금률과 같은 주요 변수들에 대해서도 특별한 중요성을 부여해야 한다. 여기서 임금은 고용과 관련한 모든 비용(사회적 세금)을 포함하여 광범위하게 정의되는 임금을 말한다. 이 세 변수들에 기초하여 이자지불이나 세금을 고려하지 않고 처음에 정의한 고정자본과 관련한 이윤율을 계산할 수 있다.

$$\text{이윤율} = \frac{\text{이윤}}{\text{고정자본}} = \frac{\text{이윤}}{\text{산출량}} \times \frac{\text{산출량}}{\text{고정자본}}$$

$$\text{이윤율} = \text{이윤몫} \times \text{자본생산성}$$

$$\text{이윤몫} = 1 - \frac{\text{실질임금률}}{\text{노동생산성}}$$

i. 각각 산출 대 고용지표(예를 들어 총노동시간), 산출 대 자본량(일반적으로 고정자본 스톡)의 비율을 의미한다. 자본생산성의 개념은 자본이 마르크스주의 가치이론에서 의미하는 가치를 창조한다는 것을 뜻하지는 않는다. 이것은 단지 비율을 의미할 뿐이다.

장의 중심 주제는 20세기 말의 구조적 위기와 실업이 1960년대부터 시작된 이윤율의 하락 때문에 발생했다는 것이다. 이윤율은 1980년대에 하락이 잠시 주춤했다가 그 후에 새로 증가 경향을 보였다.

이윤율이 하락했다는 사실은 실증적으로 잘 입증되어 있다. 〈그림 3.1〉은 1960년에서 20세기 말까지 대략 40년 동안, 유럽(독일, 프랑스, 영국에 한정하여)[1]과 미국의 이윤율의 변화를 보여준다.[2] 이 수치

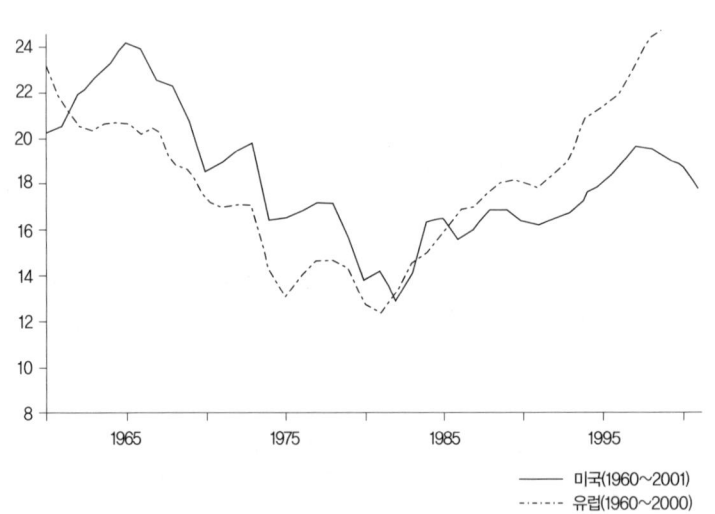

그림 3.1 이윤율(퍼센트) : 미국과 유럽(독일, 프랑스, 영국). 분석단위는 모든 기업이다. 이윤율은 감가상각을 뺀 고정자본 순스톡에 대한 넓은 의미의 이윤(순산출에서 노동비용을 뺀 값)의 비율이다(〈상자 3.1〉). 따라서 이윤에 세금, 이자, 주식배당이 포함되어 있다.

는 세금과 금리의 비중을 고려하지 않았다(3부에서는 이윤율을 계산할 때 세금과 금리비중을 고려하여 분석할 것이다). 1997년 이후 미국의 이윤율 하락을 예외로 한다면, 미국과 유럽에서 이윤율의 움직임이 비슷하다는 것은 놀랄 만한 일이다. 이윤율의 하락은 1960년대부터 1980년대 초까지 뚜렷하게 나타났다. 이 기간 이후에는 이윤율의 상승추세를 확인할 수 있다. 유럽의 이윤율은 1990년대 말이 되어서야 1960년의 수준을 회복했다.

이윤율 하락 양상은 유럽과 미국에서 완전히 동일하게 진행되지는 않았다. 유럽에서 이윤율은 1970년대 초에 일시적으로 하락이 중단되었던 것 외에는 매우 지속적으로 하락했다. 이윤의 하락이 잠시 주춤한 이유는 석유위기가 일어나기 바로 직전인 1973년에 절정을 이룬 강력한 경제활동 때문이었다. 이 시기에는 강력한 케인스주의 경기부양 정책들이 실시되었다. 그 이후 이윤율의 하락이 갑작스럽게 발생했는데, 이것을 보면 경제악화 추세가 이미 그 전에 시작되었는데도 1973년의 첫 번째 석유위기를 유럽의 경제악화의 출발점으로 보는 사람들이 많은 이유를 알 수 있다. 이러한 단절은 미국에서는 심각하게 일어나지 않았다. 가장 두드러진 차이는 미국에서 1965년 이윤율이 최고점에 도달한 것과 관련된 것이다. 1960년대 미국경제는 1960년의 경기침체 이후에 나타난 강력한 경기상승 및 베트남전쟁과 관련된 재정지출로 특징지어진다. 미국에서는 이 사건들이 유럽과 같은 이윤율 하락을 잠정적으로 지연시켰다. 그러한 정책들에 더하여, 나중에 살펴보듯이, 인플레이션 증가율이 일정한 상황에서 금리비용도 감소했다. 그러나 이는 단지 위기의 발생을 지연시켰을 뿐이다. 이러한 정책들은 이윤율의 하락을 장기적 토대에서 해결할 수 없었다. 당시 사람들은 심지어 이윤율이 하락하고 있다는 사실도, 하락의 원인도 깨닫고 있지 못했다. 이러한 방식으로 미국경제가 위기를 지연시킨 것을, 우리는 시간상의 제약과 특수한 정책적 특성을 강조해 '케인스주의(와 인플레이션을 이용한) 유예Keynesian (inflationary) reprieve'라고 부른다.

이윤율의 하락에 관해 언급한다고 해서 위기에 관한 분석이 끝난 것은 아니다. 왜냐하면 그 하락이 일어난 원인을 설명해야 하기 때문이다. 어떠한 반작용 메커니즘을 일단 무시한다면, 이윤율은 다음과 같이 원인과 결과로 분리할 수 있다.

이윤율 하락의 원인 → 이윤율의 하락 → 결과로서의 위기

여기에서는 이윤율 하락의 원인이 아니라 하락이 끼친 영향(도식의 첫 번째 부분이 아니라 도식의 두 번째 부분)만을 분석할 것이다. 그리고 여러 가지 영향 중에서도 특히 자본축적의 둔화와 실업 두 가지에 한정시켜 다룰 것이다.

이윤율과 위기의 일반적인 관계는 간단한 견해로 요약될 수 있다. 이윤율은 자본주의 생산의 동력이고 이윤율이 낮거나 낮아지는 추세를 보이면 기업은 어려움을 겪고 경제 전체가 제 기능을 수행하지 못한다(《상자 3.2》). 이 명제는 《자본론Capital》에서 마르크스가 분석한 핵심내용이다.

경제는 이윤율의 하락에 어느 정도 적응할 수는 있지만 이러한 적응은 복잡하고 시간이 많이 걸린다. 기업들은 훨씬 어려운 조건에서 다르게 행동하는 법을 익혀야만 한다. 기업들은 유동성을 더 잘 관리

〈상자 3.2〉
이윤율 하락의 결과

낮은 수준의 이윤율로 인해 기업은 현금흐름의 문제, 유동성의 부족 현상, 부채상환과 자금조달의 어려움에 직면하는데, 이는 경영을 위축시키고, 특히 투자와 생산의 결정을 어렵게 한다.

이윤율의 수준은 또한 투자율이나 자본축적률에 영향을 준다. 회수된 이윤은 투자를 더욱 증가시킨다. 기업은 직접적으로 투자자금을 충당하거나, 주식발행을 통해 좀 더 유리한 조건으로 자금을 충당하거나, 대부를 통해 투자자금을 충당한다. 이윤율이 낮으면 투자율은 하락한다. 투자의 하락은 또한 위기의 두 본질적인 특징인 산출과 고용의 하락을 낳는다.

경기침체는 산출의 점진적인 위축에 대한 분석을 통해 이해될 수 있다. 산출과 수요의 하락은 밀접하게 관련되어 있어 하나가 다른 하나의 원인이 된다. 산출이 줄어든다는 것은 자본재의 구매가 줄어들고 지불해야 하는 봉급이 줄어들고, 즉 수요가 감소하고 이에 따라 기업이 산출을 더 줄여야 한다는 것을 의미한다. 불황의 강도는 기업의 대응정도, 상품 판매의 어려움에 대해 기업이 얼마나 민감하게 반응하느냐에 달려 있다. 이는 또한 단기적으로 이윤율에 영향을 미친다. 회사가 판매부진을 겪고 재고가 쌓이는데도 과도하게 생산을 지속한다면, 판매로부터 얻는 소득으로 비용을 충당하지 못하기 때문에 자금은 계속해서 고갈된다. 따라서 기업의 이윤율이 하락하여 낮은 수준에 머물게 되면 기업들은 판매의 어려움을 생산에 전가하여 산출을 수요 수준에 맞게 조정한다. 이와 같은 행동이 경제 전체로 전면화 되면 불안정이 증가하며 경제에 미치는 충격은 점점 커지게 된다. 이러한 순환은 구조적 위기 동안에 나타나는 주기적 변동을 설명해 주며 특히 경기침체의 심화와 발생의 증가를 설명해준다.

해야만 하고 새롭게 자금을 조달해야만 한다. 더욱이 금융 시스템의 기능(자본을 조달하고 보상하는 방법)을 변화시키는 것이 요구되며 이러한 어려움이나 축적의 둔화에 대응할 수 있는 거시경제적 정책들이 수행되어야만 한다. 이 조정은 가능하기는 하지만 자동적으로 이루어지지는 않는다.

위기와 실업의 관계도 마찬가지로 정립된다. 이 점에 관해서 우리는 명확한 답을 제시할 수 있다. 1975~1985년에 증가한 대량실업의 주요한 원인은 낮은 투자수준과 불충분한 자본축적이었다.

이윤율의 하락 → 축적의 둔화 → 실업

기술진보가 고용에 미치는 영향에 관해 말하자면, 위기로 인해 기술진보의 둔화가 나타났는데, 이는 나중에 다시 다루겠지만 이윤율의 하락이 고용에 미친 영향과는 달리 직접적으로 고용을 개선시켰다. 기술진보가 더욱 둔화될수록 노동절약 추세는 완화되며, 따라서 상대적으로 더 많은 고용이 이루어진다.

〈그림 3.1〉에 설명된 이윤율의 하락은 축적률의 둔화와 일치한다. 축적률의 뚜렷한 하락은 〈그림 3.2〉에서 확인할 수 있다.[3] 축적률의 하락으로 인해 고용증가율은 감소했다. 〈표 3.1〉은 1974년의 이전과 이후 20년간 미국과 유럽 3개 나라들의 이윤율, 축적률, 실업의 평균

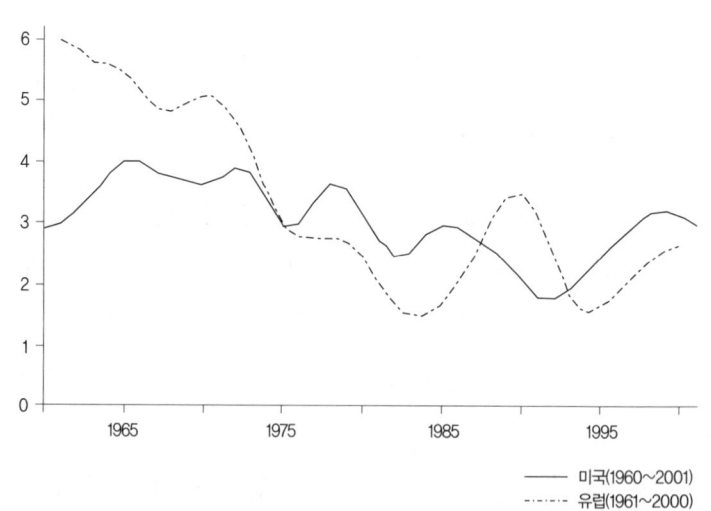

그림 3.2 축적률(퍼센트) : 미국과 유럽(독일, 프랑스, 영국). 분석단위는 모든 기업이다. 축적률은 고정자본 순스톡의 성장률이다. 자료는 단기변동을 제거하기 위해 약간 조정되었다.

값을 보여준다.

축적의 둔화와 이윤율의 하락은 시기상 명백히 일치한다. 1980년대 초에 이윤율이 최저수준에 도달했다. 그 이후 축적은 유럽에서 훨씬 빠르고 급격하게 회복되었고 얼마 지나지 않아 미국에서도 회복되었다.

축적의 둔화는 실업의 확대를 매우 직관적으로 설명해 준다. 경제가 성장함에 따라 일자리는 증가한다. 자본증가의 둔화는 생산에 참여하는 사람 수의 증가의 둔화와 일치한다. 대체로 1970년대 중반 이후 경제성장의 속도가 둔화되었고. 이에 따라 경제는 노동 가능인구와 비교할 때 충분한 일자리를 만들어내지 못했다. 이 불충분함이 실업의 증가를 가져왔다. 다른 변수들이 이들의 관계를 아무리 복잡하게 만들어도 축적과 성장이 고용문제를 다루는 데에 핵심적인 요소임은 틀림없는 사실이다.

위기가 오랫동안 지속되자 경기침체 이론stagnation theory이 다시 고개를 들기 시작했지만 1990년대의 성장회복과 함께 이제 낡은 이론이 되었다. 1980년대에는 경제성장이 느려지는 것은 수요가 더 이상 전처럼 증가하지 않는 새로운 시대의 특징인 것처럼 해석되기도 했다. 인류는, 아니 적어도 특권적 소수는 그들의 욕구가 포화상태에

〈표 3.1〉 이윤율 하락의 결과(퍼센트)

	미국		유럽	
	1965~74	1975~84	1965~74	1975~84
이윤율	20.6	15.4	18.1	13.8
축적률	3.8	3.0	4.8	2.3
실업률	4.6	7.7	1.8	6.1

이를 정도의 경제성장이나 풍요로움에 도취해 있었다. 그러나 수요의 증가가 끝이 나자 고용의 증가도 끝났다. 여기서 우리는 한때 유행했던 다른 주제, 즉 지나친 기술진보가 노동의 종말을 가져올 것이라는 주장을 접하게 된다. 실업과 기술진보의 관계를 다루는 다음 두 장에서 이들 이론의 문제점이 지적될 것이다.

지금까지의 분석을 정리하며 이 장을 끝맺도록 하자. 이윤율은 위기와 축적의 하락, 실업의 증가를 설명하는 데 중요하다. 기술, 경제성장, 혹은 인플레이션과 관련된 다른 변수들은 이러한 일반적 특징을 잘 보여준다. 동일한 원인과 동일한 방식으로 유럽과 미국을 강타한 구조적 위기는 동일한 결과를 가져왔다.

이미 지적한 것처럼, 이윤율은 1980년대 초에 저점에 도달했고 그 이후로 상승했다. 여기서는 모순 되는 현상을 관찰한 사실만을 언급하고 넘어가자. 위기의 시기에는 이윤율 하락으로 축적이 감소했지만, 그 이후에는 1990년대 후반 축적률의 회복에도 불구하고 이윤율의 상승경향이 자본축적의 회복과 일치하지 않는다. 여기에는 드러나지 않은 금융과 관련된 문제가 자리 잡고 있다. 이것들은 9장에서 분석할 것이다.

4장
기술진보는 가속화되고 있는가 정체되고 있는가?

기술진보가 실업에 어느 정도의 책임이 있을까? 이 질문은 주의 깊게 연구해야 할 주제이다. 흔히 기술진보의 가속화로 인해 실업이 증가한다고 생각하지만, 이러한 설명은 완전히 잘못된 것이다. 물론 위기와 실업을 설명하는 데 기술진보와 그것의 변화속도가 중요하지 않다는 것은 아니다. 기술진보가 중요하기는 하지만 그것은 다른 차원의 문제이다. 위기가 발생하고 대량실업이 나타난 것은 기술진보가 가속화되었기 때문이 아니다. 대량실업이 발생한 것은 오히려 기술진보 과정에서 무엇인가 잘못되었기 때문이다.

기술진보가 실업을 유발한다는 논리는 단순하다. 기계화는 노동을 불필요하게 만들고 노동자를 대체한다. 다른 관심분야, 특히 환경분야의 우려와 결합된 이 분석은 진보에 대한 회의주의라 불리는 견해와 잘 어울린다.

그러나 이러한 해석은 사실과 부합하지는 않는다. 어떤 경우에도 기술진보의 가속화로 실업을 설명할 수는 없다. 도리어 실업이 증가하는 시기에 기술진보의 증가율은 하락했다. 생산이 더욱 더 기계화되었고 더 적은 노동을 필요로 했다는 것은 분명하다. 그러나 기술진보의 속도는 1960년대 중반 이후부터 하락세를 멈추지 않았다. 대량실업은 앞 장에서 말한 것처럼 다른 원인, 즉 경제성장의 둔화, 다시 말해 산출증가의 둔화와 자본축적의 둔화로 인해 발생했다.

기술진보의 명확한 지표는 노동생산성의 변화이다(〈표 4.1〉). 노동생산성은 평균 노동산출량의 시간당 변화로 측정한다. 완전고용에 거의 다다른 1960년대에 노동생산성은 비교적 빠르게 증가했다. 이와는 달리 구조적 실업의 시기에는 노동생산성이 더 느리게 증가했다. 같은 생산량에 필요한 노동은 매년 줄어들었지만 하락세는 꾸준히 완화되었다. 이러한 현실은 완전고용과 강력한 기술진보가 관련되어 있는 것이지 더 빠른 기술진보와 실업의 증가는 아무 관련이 없음을 보여준다.

이러한 결과는 놀랍기는 하지만 잘 생각해보면 당연한 것이다. 기술진보의 속도는 경제의 활력과 역동성을 표시하며 이는 완전고용의 표시이기도 하다. 기술진보가 잘 이루어지면 경제도 잘 돌아가는 것이다.[1]

위기의 시기에 기술진보가 둔화된다는 것은 전문가들 사이에서는

〈표 4.1〉 노동생산성과 실업(퍼센트)

	미국		유럽	
	1965~74	1975~84	1965~74	1975~84
노동생산성 증가율	2.1	0.9	4.8	2.9
실업률	4.6	7.7	1.8	6.1

잘 알려져 있는 사실이며 이것은 다방면의 논쟁을 불러 일으켰다. 논쟁은 유럽보다는 미국에서 훨씬 치열했다. 세계의 다른 나라들보다 오랫동안 훨씬 더 빠르게 기술진보를 해온 미국이 일본에 뒤쳐지고 있는 것은 아닌가 하는 우려가 제기되었기 때문이다.

〈그림 4.1〉은 2차 세계대전 이후 미국과 유럽의 노동생산성 추이를 보여준다. 이 그래프에서 곡선이 수평을 이룬 부분은 노동생산성 증가율이 하락했음을 나타낸다. 전체적인 기술진보의 속도는 분명히 감소했다. 미국에서는 1946~1970년에 시간당 평균 노동생산성의 연평균 증가율이 3.3퍼센트였지만 그 이후에는 1.5퍼센트를 넘어서지 못했다.

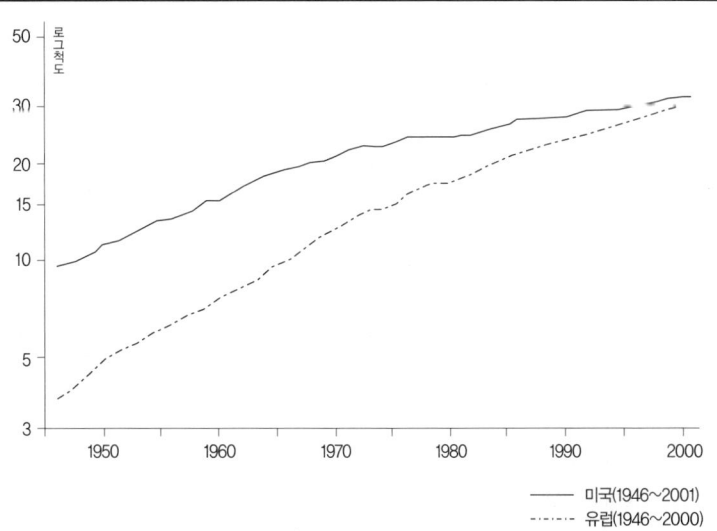

그림 4.1 시간당 달러(1990년 기준)로 나타낸 노동생산성 : 미국과 유럽(독일, 프랑스, 영국), 모든 기업. 노동생산성은 인플레이션으로 조정한 순산출을 노동시간으로 나눈 값이다. 이 수치는 이 책에서 처음으로 로그척도를 이용해서 작성했다. 곡선의 기울기는 변수의 증가율에 비례한다. 이 그림에서 미세한 변동이 보이는 것은 경기과열과 경기침체의 영향이다.

미국에서 노동생산성의 증가율이 최근에 상승했는지를 관찰할 수 있는가? 20세기의 마지막 5년 동안 연평균 노동생산성 증가율 평균은 1.6퍼센트에 이르렀다. 회복이 실제로 있기는 했지만 미미한 수준이었다.[2]

이러한 관찰들은 사람들의 의식에 굳건히 뿌리내린 새로운 재화와 용역의 끊임없는 등장으로 인해 뒷받침된 기술진보의 이미지(예를 들어 컴퓨터의 성능과 통신기술의 향상은 항상 감탄을 불러일으켰다)와 모순이 된다.

여기서 두 가지 사항에 대해 언급해야 할 것 같다. 첫째 사람들이 이러한 견해를 충분히 신뢰하지 못하고 있다는 점이다. 최근의 기술 혁신을 이전 시기의 혁신들과 비교해보자. 산업혁명기나 19세기 말, 20세기 초, 전후 10년간과 비교해보면 그 시기에도 기술진보가 대규모로 이루어지지 않았는가? 전기와 라디오는 어떤가? 2차 세계대전 이전에 일어난 혁신들 중 많은 것이 전후 유럽에서 광범위하게 확산되었다. 자동차와 같이 훨씬 전에 이루어진 혁신도 있었다. 가정용품의 개발이나 플라스틱의 발명으로 가능해진 가사업무의 기계화도 마찬가지였다. 휴대전화, 가정용 컴퓨터, 인터넷 등은 분명 대단한 발전이지만, 지난 수십 년간의 기술발전이 없었다면 불가능한 일이었다.

둘째, 혁신이 보여주는 이러한 흐름은 노동생산성의 변화와는 다른 또 하나의 현상을 표출시킨다. 이 두 과정이 어떤 측면에서는 서로 연관되어 있기는 하지만 노동생산성의 증가로 측정되는, 재화와 용역을 생산하는 데 필요한 자원을 보다 경제적으로 사용하는 능력은 새로운 소비재의 등장이라는 의미의 혁신과는 구별된다. 실업에 관해 분석할 때, 우리가 쓰는 '기술진보'라는 용어는 재화의 생산이나 용역을 제공하는 데 드는 자원을 경제적으로 사용하는 능력이라는 엄밀한 관점에서 기계화와 조직화가 결합된 '생산기술의 진보'로 이해되어야만 한다. 경제를 전체적으로 고려할 때 수익성과 고용에 중요한 것은 이러한 형태의 기술진보이다.

기술진보의 가속화가 실업의 원인이 아니라면, 기술진보와 실업의 관계를 어떻게 설명할 수 있을까? 이 연관은 간접적이지만 매우 단순하다. 문제는 오히려 기술진보의 둔화이다. 이를 이해하기 위해서 이윤율 하락의 요인들로부터 이윤율 하락의 결과를 설명한 3장의 첫 번째 도식을 다시 보자. 우리는 다음과 같은 결론을 내릴 수 있다. 이윤율의 변화가 실업에 영향을 주기 때문에 실업의 분석에 기술진보가 문제로 되는 것이다. 따라서 앞의 도식에서 이윤율의 결정요소 중 하나로 기술진보를 추가해야 할 것이다.

기술진보 하락 → 이윤율 감소 → 축적 하락 → 실업

기술진보는 이처럼 간접적인 경로를 통해 실업과 연관되어 있다. 이윤율을 결정하는 하나의 요인인 기술진보는 이윤율 하락의 원인이 된다. 이윤율이 하락하면 축적이 둔화된다. 축적의 둔화는 일자리 증가를 불충분하게 만들며 일자리가 충분히 증가되지 못하는 것이 실업으로 나타난다.

이러한 연쇄의 첫 번째 고리인 기술진보와 이윤율 증감의 관계를 살펴보자. 자본수익성의 하락을 설명할 수 있는 기술진보는 과연 어떻게 변화되었는가?

기술진보에 문제가 있다는 것과 관련된 첫 번째 증거는 〈그림 4.1〉에 묘사된 노동생산성 증가속도가 둔화되었다는 점이다. 1950년대와 1960년대 동안 재화나 용역의 생산에 필요한 노동량은 크게 절감되었지만 그 이후에는 그 감소율이 낮아졌던 것이다.

감소율이 낮아진 이유를 이해하기 위해서는 노동을 절감하는 주요한 방법인 기계화를 고려해야 한다. 기계화로 인해 상대적으로 적은 노동이 사용되었는데, 이는 더 많은 고정자본(혹은 더 비싼 상품)이 사용되었기 때문이다. '기계화'라는 용어는 제한적인 의미에서 사용되었다. 엄밀히 말해서 기계화란 생산에 사용되는 기계들의 이용이 늘어난 것을 의미하지만 고정자본은 건물과 같은 다른 항목을 포함해 일반적으로 넓은 의미의 개념으로 사용되기 때문이다. 따라서 기술진보에 관해 말하려면 생산에 소비된 노동과 획득된 생산물만을 비교해서는 안 되며 생산에 필요한 고정자본량, 즉 노동절감에 따라 요구되는 자본량의 증가에 관해서도 검토해야 한다.

노동생산성이 노동시간당 생산되는 생산물로 측정되는 것과 같이 자본생산성은 자본 단위당 생산물, 즉 1달러의 고정자본으로 생산되는 생산물로 측정된다(〈상자 3.1〉). 매년 1달러의 건물, 기계, 차량이 생산하는 생산물의 달러가치는 얼마인가? 이것이 자본생산성에 관한 질문이다. 자본생산성의 변화는 1970년대에 발생한 변화의 중요한 요인이다.

〈그림 4.2〉에 제시된 미국의 자본생산성 추이는 매우 놀라운 결과를 보여준다. 미국에서는 자본생산성은 2차 세계대전 이후 분명한 추세가 나타나지 않은 상태로 변동했지만, 위기가 있기 직전인 1960대 중후반에 크게 하락하기 시작했다. 또한 이와 유사하면서도 훨씬 규

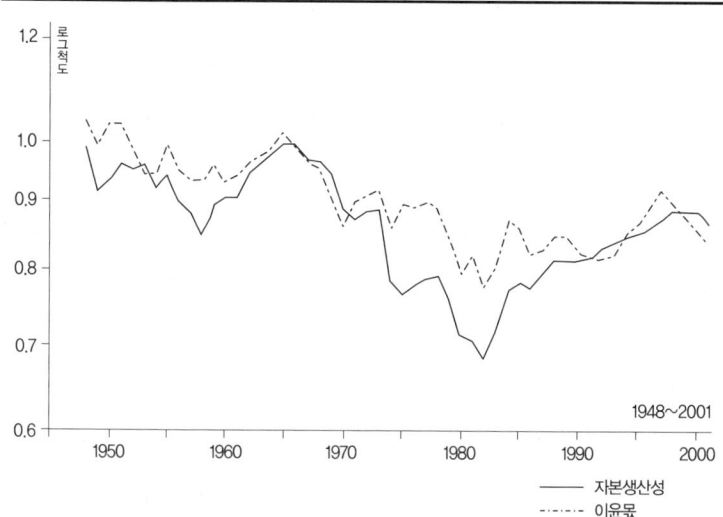

그림 4.2 자본생산성과 이윤몫(1966=1) : 미국, 모든 기업. 자본생산성은 고정자본 스톡 대비 순생산이다(〈상자 3.1〉). 이윤몫은 (세금, 투자, 배당을 지불하지 않은) 광의로 정의된 이윤 대비 순산출 비율이다. 〈그림 4.2〉와 〈그림 4.3〉의 수치들은 1966년을 1로 잡았을 때의 상대적인 값으로 나타냈다. 〈그림 4.2〉와 〈그림 4.3〉의 수직, 수평 간격은 동일하다.

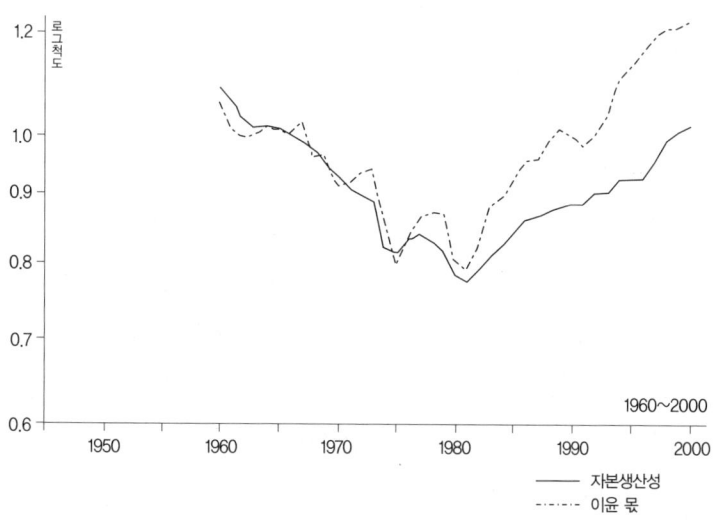

그림 4.3 자본생산성과 이윤몫(1966=1) : 유럽(독일, 프랑스, 영국), 모든 기업.

칙적인 변화가 적어도 통계가 작성되기 시작된 1960년 이후 유럽에서도 나타났다(〈그림 4.3〉).

이러한 자본생산성의 추세는 우리가 어쩔 수 없이 사용하고 있는 표현인 '기술진보'라는 개념을 더 신뢰할 수 없게 만든다. 생산에서 노동은 절약했지만 자본증가의 필요라는 대가를 치렀다. 즉 한쪽에서는 더 적게, 다른 한쪽에서는 더 많이, 어떤 의미에서는 한쪽에서는 진보가, 다른 한쪽에서는 퇴보가 나타났던 것이다.

고정자본의 사용(기계화)이 증가했다는 것은 널리 알려진 사실이지만 그 특징에 대해 자세히 검토할 필요가 있다. 자본생산성의 하락이 보여주듯이 고정자본의 사용이 계속 증가하여 생산된 재화와 용역의 총가격에서 고정자본의 총가격이 차지하는 비중이 1980년대 초까지 계속 상승했다. 기계화가 노동생산성을 증가시키기는 했지만 기계화의 비용은 수익성이라는 측면에서 노동생산성의 효과를 제한했다. 기계화는 노동을 절감하는 데는 효과적이었을지 모르지만 비용이 많이 드는 것이었다.

자본량의 증가라는 부담과 함께 나타나는 기술진보의 이러한 특수한 경로를 19세기 중반에 마르크스는 이해하고 있었다. 그는 《자본론》 3권의 이윤율 하락 추세에 관한 분석에서 이 경로를 중점적으로 분석했다(〈상자 4.1〉). 이러한 이유로 우리는 사용된 노동과의 관계에서뿐만 아니라 산출물과 비교해서 자본이 증가하는 것, 즉 더욱 더 적은 노동이 필요하고 상대적으로 더욱 더 많은 기계가 필요하게 되는 것을 '마르크스가 분석한 기술진보technological progress à la Marx'라고 부른다. 따라서 〈그림 4.2〉와 〈그림 4.3〉에 제시된 자본생산성 하락의 시기는 '마르크스의 시기period à la Marx'로 명명할 수 있다. 이

〈상자 4.1〉
이윤율 저하의 경향

《자본론》 3권에서 마르크스는 자본주의 생산을 특징짓는 '역사적 경향'의 특징을 자세하게 설명했다. 여기서 경향이라는 개념은 기술과 분배의 장기적인 변화를 의미하는데 이는 주기적 변동(경기과열과 경기침체의 반복)과는 관계없이 독립적으로 나타나는 광범위한 움직임이다. 마르크스가 지적한 가장 유명한 경향은 이윤율 저하이지만 그 외에도 노동생산성의 증가, 자본의 유기적 구성(자본 대 노동의 비율)의 상승, 자본스톡의 증가율이 떨어지더라도 증가된 자본량의 지속적인 축적, 고용증가 등의 경향도 있다. 따라서 이윤율이 하락하는 와중에도 노동생산성이 향상되고 성장하는 경로가 문제로 된다. 마르크스는 노동생산성의 증대가 일반적으로 값비싼 기계화를 필요로 한다는 것을 간파했다. 우리는 이러한 기계화의 내용을 표현하기 위해 자본의 유기적 구성의 상승 대신, 자본생산성의 하락이라는 용어를 사용한다. 우리는 이를 '마르크스가 분석한 궤적trajectories à la Marx'이라고 부른다.

이전의 연구에서 우리는 마르크스의 직관을 '혁신의 어려움'이라는 용어로 해석했었다. 이 어려움은 새로운 기술을 연구·개발하는 데 따르는 개인적 이해관계와 집단적 이해관계 사이의 갈등을 가리킨다. 기술개발은 비용이 많이 들고 그 결과를 보호하기 어렵지만 폭넓게 사용될 수 있다. 게다가 특허를 보호하는 엄격한 규제는 기술진보를 확산하는 데 지장을 준다.

이러한 분석에서 흥미로운 점은 자본주의 체제가 실제로 그러한 궤적을 따라가는 경향이 있다는 점이다. 반대 경향의 영향을 받거나 기능상에 다소간 전환이 나타나 잠시 동안 피해가는 경우가 있기는 해도 결국에는 그 궤적을 따라가는 것이다.

이윤율이 하락하는 시기는 심각한 구조적 위기로 이어지는데, 이는 지금까지 자본주의가 피할 수는 없었지만 극복해 온 것이다. 비록 저절로 일어나는 일은 아니지만, 변화의 조건, 즉 구조적 위기 이후에 반대경향이 나타나는 것은 경향 그 자체에서 비롯된다.

러한 특징은 이와 같은 기술진보가 이윤율의 하락과 일반적으로 동시에 일어나기 때문에 무척 중요하다(〈그림 3.1〉).

이러한 기술진보의 정체가 오래 지속되지는 않는다. 과거를 더 거슬러 올라가 역사적으로 검토해보면 미국이 기술진보의 속도와 형태와 관련해 상당히 유리한 지위에 오른 것은 1차 세계대전에서 연유한다는 것을 알 수 있다(16장). 당시 진정한 기술진보가 모든 측면에서 명백하게 나타났다. 해를 거듭할수록 단위당 생산에는 더 적은 노동과 자본이 필요했다. 실질임금이 특히 빠른 속도로 증가했지만 이윤율이 상승했다. 그러므로 이윤율이 하락하고, 이에 따라 자본축적이 둔화되며, 그로 인해 일자리가 부족해지고, 실업이 발생하는 것은 기술진보의 이러한 이득이 사라진 탓이라고 보아야 한다.

이윤율은 기술뿐만 아니라 임금에 의해 결정된다. 따라서 많은 사람들은 이윤율의 하락이 과도한 임금증가로 인해 발생했다고 보았다. 사실 임금의 관점에서 보면 실제로 상당한 변화가 있었다. 〈표 4.2〉에 나타난 것처럼 임금상승이 둔화되었던 것이다. 그러나 이러한 변화가 임금상승으로 인해 이윤율이 하락했음을 의미하는 것은 아니며 사실은 그 반대였다.

정확하게 일치하지는 않지만, 위기의 시기 동안 임금과 사회적 조세의 증가는 처음부터 철저하게 억제되었다. 위기에 따른 대량실업이 임금과 사회적 조세의 증가를 둔화시키는 데 큰 역할을 했다. 임금상승률은 위기 내내 하락하여 실제로 제로가 될 때까지 감소했다(6장). 나중에 논의하겠지만, 미국의 경우 임금상승률은 1990년대 후반에야 겨우 회복되었다.

기술진보의 둔화에 직면해 고용주들은 모든 부담을 노동자들에게 전가시키려고 했다. 이 점에서 그들은 다소 뒤늦게 성공했다. 그러나

〈표 4.2〉 임금증가율과 이윤율(퍼센트)

	미국		유럽	
	1965~74	1975~84	1965~74	1975~84
임금비용 증가율	2.4	1.1	5.5	2.7
이윤율	20.6	15.4	18.1	13.8

이러한 사건들의 순서가 거꾸로 해석되면 안 된다. 임금의 급속한 상승이 평화롭고 안정적인 자본축적을 혼란스럽게 한 것은 아니었다. 새로운 경제궤도를 출현시킨 것은 기술진보 과정의 중단이었으며, 임금은 그로 인해 조정되었을 뿐이다.

임금상승의 정체에도 불구하고 노동비용은 점차 자본수익성에 부담을 주기 시작했다. 미국의 경우, 이 부담은 노동생산성 증가의 둔화가 미미했으므로 1970년대 중반까지는 그리 크지 않았다. 따라서 〈그림 4.2〉에서 보는 것처럼, 총소득에서 차지하는 이윤몫은 1970년대 중반까지 서서히 감소했다.[3] 노동생산성의 급격한 하락으로 인한 이윤몫의 하락은 1970년대 이윤율의 하락에 중요한 요인이었다. 유럽에서도 이와 비슷한 변화가 나타났다(〈그림 4.3〉).

이윤율이 떨어진 책임을 임금에 지우려는 사람들은 실제로 자본수익성을 유지하기 위해서는 기술진보가 급속하지 않은 상황에서는 임금이 즉각적이고 전면적으로 조정되어야만 한다고 생각했다. 하지만 이에 대한 다른 사회집단의 태도는 어떠했는가? 이에 대해서는 나중에 살펴볼 것이다.

간단히 말해, 일이 진행된 순서는 다음과 같다. 1960년대나 그보다 훨씬 전에 기술진보에 불리한 조건들이 나타났다. 임금상승율의 점진적인 하락세에도 불구하고 자본수익성은 하락했고 경제성장(자본축적률)은 유럽과 미국에서 모두 영향을 받았다. 특히 유럽경제는 일하고자 하는 인구에게 돌아갈 일자리를 창출할 수 없었고 따라서 대량의 구조적 실업이 나타났다. 연쇄반응은 기술진보로부터 수익성과 자본축적을 거쳐 실업으로 이어졌다. 기술진보가 너무 잘 되었던 것이 문제가 아니라 너무 안 되었던 것이 문제였던 것이다.

뒤에서 상술하겠지만, 〈그림 4.2〉와 〈그림 4.3〉를 보면 누구나 1980년대 초 이래 몇십 년간의 특징을 금방 눈치 챌 것이다. 이 시기에 이윤율의 상승(〈그림 3.1〉)과 관련된 자본생산성과 이윤몫의 증가추세를 한 눈에 알아볼 수 있다. 이는 새로운 단계의 진입을 의미하는 자본주의 경로 변화의 본질적 요인이다.[4] 그러나 노동생산성에서는 그다지 눈에 띄는 개선이 없었다(〈그림 4.1.〉). 1998년부터 시작해 근래에 미국에서 이윤몫과 이윤율이 하락한 것(〈그림 4.2〉)은 또한 노동비용의 증가율이 상승했기 때문이다(〈그림 6.1〉).

5장
일자리를 창출하는 미국, 실업을 창출하는 유럽

1970년대에 시작된 구조적 위기는 미국과 유럽에서 동시에 발생했지만 일자리와 실업의 문제는 두 경제지역에서 동일하게 전개되지는 않았다. 1975년과 1985년 사이 증가한 유럽의 대규모 구조적 실업이 훨씬 광범위한 것이었고 그것은 현재까지도 영향을 미치고 있다. 유럽과 달리 미국에서는 실업률이 2000년 경기침체 이전까지 정상고용이나 과잉고용이라고 표현해도 좋을 정도로 뚜렷이 감소했다. 임시직이 증가하고 노동조건이 변화했기 때문에, 미국에서 완전고용이 새롭게 나타났다는 견해는 전적으로 믿을 만한 것은 못 된다. 그럼에도 불구하고 공식적인 통계에 나타난 미국의 실업 감소는 1990년대 후반 유럽에서 실업이 줄지 않거나 약간만 하락한 것과 크게 대비된다. 이제 이 수수께끼를 탐구할 시간이다.

왜 이러한 상이한 발전이 일어났는가? 미국의 실업 감소는 놀랄만한 유연화 때문인가? 신자유주의 옹호자들이 그렇게 주장했다. 그들에 따르면, 미국은 성가신 사회적 제약들로 인해 유럽이 취할 수 없었던 새로운 경로를 따라 발전할 수 있었다. 미국은 다시 새로운 모델, 정확하게 유럽이 수입해야만 하는 신자유주의의 모델이 되었다. 흔히 대서양을 가운데 두고 활력 있는 미국과 경직된 유럽을 대비시키거나, 한편에서는 미국과 영국을 통틀어 신자유주의 길에 확실하게 참여한 세계 일부 지역의 활력과 다른 한편으로는 유럽 대륙 나라들에서의 경직을 대비시키곤 한다. 이 장의 목적은 이러한 주장들을 반박하는 것이다.

실업에서 나타난 이러한 차이는 단순하게 설명될 수 있다. 즉 거의 동일한 성장률과 축적률이 미국에서는 고용을 늘리고 유럽에서는 고용을 정체시켰는데, 이는 미국에 비해 유럽의 기술진보가 훨씬 빨랐기 때문이다. 여기서의 논점은 유연화의 장점이 아니라 오히려 상대적으로 느린 미국의 기술진보, 즉 노동생산성 증가의 둔화이다. 더 정확하게 말하자면, 문제는 유럽에서 노동이 자본에 비해 훨씬 빠르게 대체된 것이다(자본 대 노동 비율의 훨씬 빠른 증가, 다시 말해 노동자 한 사람당 고정자본량, 기계량이 빠른 증가를 보였던 것이다). 2차 세계대전 이후 유럽경제는 미국경제에 비해 발전이 늦었지만 기술진보의 속도는 훨씬 빨랐다. 현재는 유럽의 기술진보가 더디게 증가하고 있지만 여전히 미국보다는 빠르다.

2차 세계대전이 끝났을 때 유럽은 미국에 비해 경제성장이 훨씬 뒤처져 있었다. 이것은 잘 알려진 사실로, 하나의 통계만 보아도 충분히 알 수 있다. 〈그림 5.1〉은 유럽의 세 나라와 미국의 자본 대 노동 비율의 추정치를 제시하고 있다. 이 그림은 이들 세 나라의 미국 따라잡기 현상을 잘 보여준다. 단순히 기계화의 수준에서 볼 때 자본

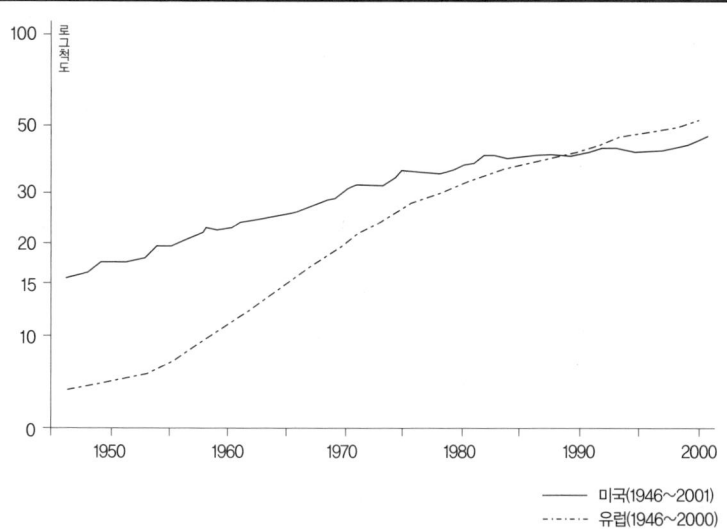

그림 5.1 자본 대 노동 비율 : 유럽(독일, 프랑스, 영국)과 미국, 모든 기업. 단위는 시간당 천 달러(1990년 기준). 자본은 인플레이션을 조정한 고정자본의 순스톡이다. 자본 대 노동 비율은 자본을 노동시간으로 나눈 것이다.

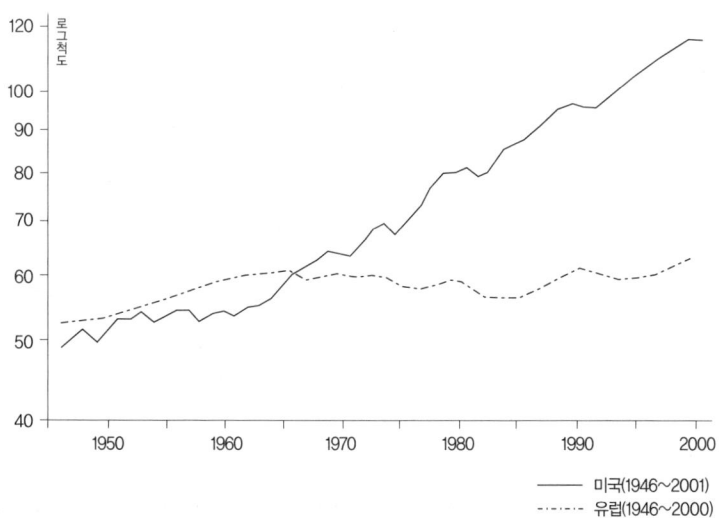

그림 5.2 민간부문 총고용(백만 명) : 미국과 유럽(독일, 프랑스, 영국).

대 노동 비율은 주요 유럽 나라들이 미국에 비해 거의 세 배나 낮다. 세 배 더 적은 고정자본, 예를 들면, 세 배나 적은 기계 혹은 세 배나 싼 기계들이 전쟁이 끝났을 때 미국에 비해 유럽이 가진 특징이었다. 30년이 지난 이후 이들 나라의 경제는 훨씬 더 빠른 기술진보와 조직 발전의 덕택으로 그들의 후진성을 만회했다.[1] 물론 이것은 모든 산업 분야에 공통으로 나타나는 현상은 아니며 평균적인 수치이다.

현대화 경쟁이 고용에 미친 결과는 쉽게 상상할 수 있다. 한편에서는 고용증가, 다른 한편에서는 고용정체가 나타났다. 그 차이는 명백하다. 〈그림 5.2〉를 살펴보면 쉽게 이해할 수 있다. 〈그림 5.2〉에는 1946년부터 20세기 말까지 미국과 유럽 세 나라의 민간고용을 나타내는 두 개의 곡선이 그려져 있다. 미국에서는 민간부문에 고용된 인구가 2차 세계대전 이후 연평균 1.6퍼센트로 지속적으로 증가했다. 유럽에서는 1970년대 이후 안정적인 노동력 수준에서 오르내리거나 거의 증가하지 않았다.[2]

이 그림에서 볼 수 있는 고용수준에는 공공부문의 고용이 포함되어 있지 않다. 미국에서는 민간고용에 대한 공무원의 비율이 전 기간에 걸쳐 상당히 안정적이지만 유럽에서는 이 비율이 증가했다.[3] 따라서 유럽의 세 나라와 미국의 일자리 추세에서 나타나는 차이는 〈그림 5.2〉에서 민간고용만을 고려할 때보다는 공공고용까지 고려할 때 더 작다. 그러나 이 차이가 일반적인 결과를 바꾸지는 못한다. 미국의 일자리 증가가 훨씬 높으며 이는 자본 대 노동 비율의 성장률이 낮은 것으로 설명된다.[4]

기술변화의 속도 차이가 고용에 미친 결과는 전 기간 동안 놀랄만한 것이었다. 유럽의 경우 1970년대 이전에는 빠른 경제성장(자본축적)이 기술변화의 영향을 상쇄했지만 위기의 기간에는 고용이 큰 영향을 받았다. 1974년 이후, 즉 위기가 덮친 후, 자본 대 노동 비율은 미국에서 매년 1.0퍼센트씩 증가했고 유럽의 세 나라에서는 2.7퍼센트씩 증가해 미국에 비해 두 배 이상 높은 증가율을 보였다. 이들 나라들이 1974년 이후 따라잡기를 지속하지 못했다면, 즉 기계화가 매년 1.0퍼센트를 기록한 미국과 동일하게 발전했다면, 민간고용은, 다른 사정이 모두 일정하고 특히 축적률과 노동시간 감소가 일정하다고 가정할 때, 2000년 실제의 고용보다 더 많은 약 3,600만 명을 기록했을 것이다. 당시 공식 통계상 실업자는 900만 명에 불과했다. 기계화 증가율이 매년 2.2퍼센트였거나 미국보다 두 배만큼만 빨랐다면 유럽에서 실업은 충분히 피할 수 있었을 것이다.[5]

이렇게 강력한 유럽의 기술진보를 고려하면 유럽이 미국보다 더 좋은 노하우를 가지고 있었다고 추론해야만 할까? 물론 그렇지는 않다. 이러한 견해는 이미 '따라잡기'라는 관념에 내재돼 있다. 미국은 유럽보다 더 발전해 있었으며 유럽은 미국의 기술과 경영을 수입했다. 물론 미국이 모든 것을 발명한 것은 아니며 모든 나라들은 기술개발에 어느 정도 기여했다. 다국적기업이 지배하는 세계에서 연구와 혁신은 더 이상 국경 내에 머물지 않는다. 그럼에도 불구하고 미국의 모델이 선진국들에 매우 광범위하게 보급되었다는 것은 잘 알려진 사실이다. 유럽이나 일본의 특수한 조직형태가 미국 모델의 뒤를 잇는 대안으로 인식되었지만 최근의 발전은 이러한 분석이 유효하지 않음을 보여주고 있다.

부문들과 나라들 사이의 광범위한 이질성을 상당히 단순화하고 무시한다면, 미국은 1980년대까지 최첨단 기술과 경영을 가진 나라로 여겨졌다. 미국에서는 혁신이 중시되었는데 이는 혁신이 미지의 영역에 대한 개척을 의미했기 때문이다. 미국에서는 기술변화가 내재적으로 분석될 수 있는 고유한 법칙에 따라 수행되었다. 이와는 달리 다른 나라들은 이러한 영역에서 뒤쳐져 있었다. 다른 나라들에서는 기술변화가 다른 메커니즘과 법칙에 의해 지배되었다. 그러나 이것은 기술혁신이 쉽게 이루어지거나 보장된다는 것을 의미하지는 않는다. 이는 따라잡기와 관련한 복잡한 문제를 보여준다. 발달이 뒤늦은 나라는 다른 곳에서 실현된 기술진보로부터 잠재적인 편익을 얻기는 하지만 세계시장에 의해 지배를 받게 되는데, 이 지배는 한 나라를 정체시키거나 뒷걸음치게 할 수도 있다. 갑작스럽게 해외의 경쟁에 노출된다면 기업들은 파산할지도 모른다. 그들은 해외투자의 유입을 기다려야만 하는가? 해외투자의 유입이 없으면 어떻게 될까? 그리고 해외투자가들의 즉각적인 이윤 추구와 위험에 대한 두려움으로 인해 견딜 수 없는 불안정이 야기되면 어떻게 될까?

2차 세계대전 이후 후발 국가들(유럽과 일본)이 이룩해낸 기적의 실제 내용은 여러 어려움에도 불구하고 경제성장을 하고 따라잡기를 하면서 여전히 일자리를 보호할 수 있었다는 점이다. 이 성공은 경쟁에 대한 개방과 국내경제 보호의 주의 깊은 혼합에 기초한 것이었다. 이는 전후 설립된 국내통화기구와 국제통화기구로 인해 가능했다. 국가는 거시정책과 산업정책을 이용해 기초분야를 보호하고 연구와 훈련에 재정을 지원함으로써 이러한 발전에 개입했다. 과도한 통화규율이 부과되지 않았고 인플레이션은 없애야 할 악으로 간주되지 않았다. 국내투자와 국제투자의 동학은 지속적인 화폐조정을 통해 조절되었다(21장).

유럽의 따라잡기가 제시하는 교훈은 단순하다. 기술에 관해 말하자면 최대한 빠른 따라잡기와 구조적 위기의 시기에 생산능력을 현대화하는 것이 좋은 것만은 아니다. 정책에 관해 말하자면 그 과제가 완결되지 않은 상황에서 수단을 포기하는 것은 시기상조이다.

이 장에서 제시된 두 경제지역 사이의 차이에 대한 설명은 4장의 설명과는 크게 대비된다. 우리는 4장에서 기술진보가 위기 이후 정체되었기 때문에 1975~1985년의 대량실업은 빠른 기술진보로 설명될 수 없다고 주장했다. 이전의 완전고용은 훨씬 빠른 기술진보와 동시에 일어났다. 그러나 지금 고려하는 것은 1970년대 이후 발생한 위기로 인한 구조적 실업의 형성이 아니라, 미국과 유럽의 차이이다. 세계적인 현상에 대한 설명은 다양한 지역 간의 차이를 설명하는 것과는 다르다. 기술진보의 가속화가 위기로 인한 실업을 설명할 수는 없는데, 이는 기술진보가 모든 지역에서 정체했기 때문이다. 그러나 실업문제가 미국보다 유럽에서 훨씬 심각한 이유만은 이해할 수 있다. 이는 매년 미국이 유럽보다 노동절약을 훨씬 적게 했기 때문이다.

6장
노동비용의 억제와 복지국가에 대한 고삐 죄기

완전고용은 임금을 증가시키고, 전체적으로 보아 고용주들의 필요에 따라 고용규모를 조정하기 어렵게 만들기 때문에 자본의 이윤획득에 장애가 된다. 만약 노동비용이 너무 높아지면 이윤율은 악영향을 받는다. 노동자들이 노동시간이나 노동조건의 조정을 거부하는 것도 이윤율에 영향을 미친다. 실업과 고용불안은 임금노동자가 실제로 해고를 당하든 해고의 위협에만 직면하든 노동자를 규율하는 최선의 수단이다. 일자리가 없거나 더 많은 일을 하려는 예비인력들, 마르크스가 '산업예비군'이라고 부른 사람들의 유지를 영구적으로 보장하는 것은 자본주의의 기본적인 특징이다.

1950년대와 1960년대는 세계적으로 완전고용에 가까운 상태였으므로 각국은 대규모 이민에 크게 의존할 필요가 있었다. 빠른 기술진보와 함께, 노동자들의 투쟁으로 노동자들의 상대적인 구매력은 지속적으로 개선되었고 사회보장과 일할 권리가 점진적으로 쟁취되었다.

따라서 1970년대 중후반에 확대된 대량실업은 노동비용을 통제하는 강력한 압력수단이 됐다. 회사소유자들과 관리자들이 이윤을 늘리는 가장 직접적인 방법은 노동자의 양보를 얻는 것이다. 간단하게 구매력을 감소시켰다면 자본소유자나 관리자들이 쌍수를 들고 환영했을 것이다. 더구나 몇몇 나라에서 일부 노동자들에게는 실제로 그런 일이 일어났다. 하지만 노동자들은 그들의 생활수준이 이런 식으로 도전받는 데 대해 저항했다. 사회적 조세를 낮추는 것도 이윤율에 동일한 효과를 가져왔겠지만 제도적, 문화적으로 확고하게 뿌리내리고 있는 이러한 사회적 성과를 공격하는 것은 간단한 일이 아니었다.[1]

고용주들은 구매력과 사회급부금을 낮추지는 못하고 대신에 더 이상의 증가를 막기 위해 노력했다. 기술진보 조건의 악화가 이윤율의 하락을 낳고 이윤율의 하락이 구조적 위기를 낳았듯이 구조적 위기가 직간접적인 노동비용에 대한 공격을 낳았다. 이를 입증하는 가장 단순한 방법은 사회적 세금을 포함한, 고용주의 입장에서 본 노동시간당 총평균비용(임금비용)의 변화를 살펴보는 것이다.

위기의 기간에 실업률의 상승에 조응하여 노동비용 증가율이 둔화된 것이 두 지역 모두에서 두드러진다(〈표 6.1〉과 〈그림 6. 1〉). 그림에서 보는 것처럼, 유럽의 임금비용은 증가율의 차이가 있기는 했지

〈표 6.1〉 실업과 임금(퍼센트)

	미국		유럽	
	1965~74	1975~84	1965~74	1975~84
실업률	4.6	7.7	1.8	6.1
임금비용 증가율	2.4	1.1	5.5	2.7

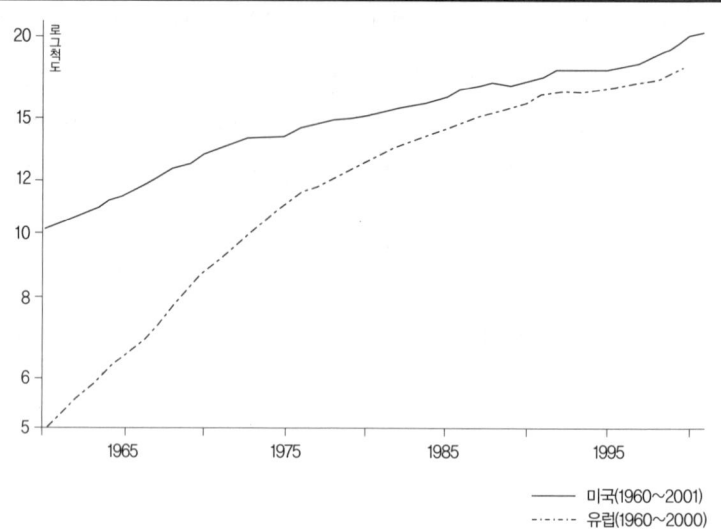

그림 6.1 시간당 노동비용(1990년 달러) : 미국과 유럽(독일, 프랑스, 영국), 모든 기업. 이 그래프의 수치들은 인플레이션을 조정하고 구매력의 공통단위로 표현해서 증가율뿐만 아니라 절대치도 비교할 수 있게 했다.

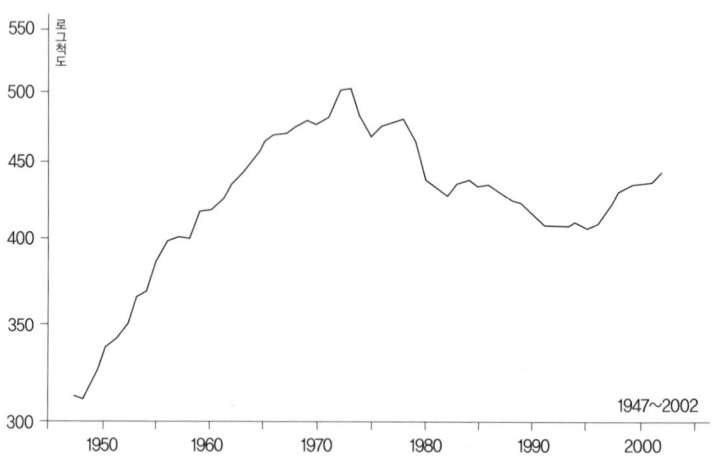

그림 6.2 생산직 노동자의 주당임금(1996년 달러) : 미국.

만 미국보다 낮은 수준이었다(1960년, 유럽의 세 나라의 시간당 평균 노동비용은 미국의 50퍼센트 수준이었다. 이것은 2000년에는 미국의 91퍼센트가 되었다).[2]

임금비용은 여러 가지 이유에서 노동자의 구매력을 직접 측정하지는 못한다. 임금비용은 사회적 세금을 포함하지만 급부금을 포함하지 않는다. 비용은 고용주의 입장에서 본 것이고 인플레이션의 영향은 노동자들이 구매한 재화의 가격지수가 아니라 총 생산물의 가격지수에 따라 조정되며 총노동시간은 감소했지만 여기서는 시간당 비용만을 고려하기 때문이다. 전체적으로 구매력 증가율의 감소는 〈그림 6.1〉에 제시된 것보다 훨씬 더 컸다.

뿐만 아니라 임금노동자 계층은 매우 이질적이다. 프랑스와 같은 나라보다 미국에서 훨씬 더 이질적이다. 미국에서는 생산직 노동자 집단(노동력의 80퍼센트)과 이들 노동자의 주당임금(즉 노동자들의 노동시간)을 보여주는 통계가 존재한다. 이 주당임금은 〈그림 6.2〉에 제시되어 있다. 1970년대 초에 발생해서 1980년대에 심화된 주당임금의 변화는 무척이나 놀랍다. 1990년대 생산직 노동자의 주당임금은 1950년대 후반 수준으로 떨어졌다. 가장 최근 몇 년 동안 약간의 증가에도 불구하고 2002년 생산직 노동자의 주당임금은 1972년 최고 수준보다 12퍼센트나 낮은 수준이다. 이것은 임금비용을 통제하는 것이 무슨 의미인지를 보여주는 좋은 예이다.

프랑스에서 고용주들이 불평하는 것은 사회적 세금, 따라서 고용주들이 충당하는 급부금이다. 여기에서는 프랑스의 사례만을 제시하는데 이는 급부금 체계의 차이가 분석을 매우 복잡하게 만들기 때문이다.

경제가 성장하고 임금이 증가한 1970년대 중반까지, 급부금(퇴직연금, 건강보험, 가족수당, 실업수당)은 큰 문제없이 일정하게 증가할 수 있었다. 1960년 급부금은 프랑스 총생산의 약 11퍼센트를 기록했다. 이 비율은 서서히 증가했는데(1974년 15퍼센트), 이는 건강보험 비용의 상승과 노년인구의 증가가 반영된 것이었다. 이러한 상황 전개는 사회가 진보하고 있으며 더 좋은 의료보험을 제공하여 평균수명이 늘어났다는 증거였다. 지출을 충당하는 데 필요한 고용주와 노동자의 총사회적 세금의 액수는 1970년대 초 노동자들이 받는 실제 봉급의 42퍼센트를 약간 넘는 수준에서 안정화되었고 다르게 표현하면 총임금 비용의 29퍼센트를 넘지 않았다.[3]

그러나 구조적 위기가 비용과 수입 사이의 균형을 깨뜨리고 말았다. 구조적 위기는 실업과 관련된 지출과 같은 특정한 지출을 증가시켰고 총임금과 연계된 수입을 감소시켰다. 임금과 고용 증가의 둔화는 스스로의 동학을 통해 점점 늘어난 의료비용이나 연금과 같은 지출에 새로운 문제를 야기했다.

실업수당 분담과 관련한 지출이 위기의 기간에 증가했다는 것은 놀라운 일은 아니다. 그러나 이러한 지출은 다시 급속히 조정되었다. 인플레이션을 감안하여 프랑화로 계산하면, 실업자의 평균비용은 1960년대부터 상당히 변동했지만 분명한 증가나 하락 추세가 나타나지는 않았다. 이 비용이 증가하기 시작하자[4] 지출을 낮추기 위해 법령이 개정되었다. 느리기는 했지만 임금이 상승했기 때문에 실업자들의 상태는 상대적으로 더욱 악화되었다.

그 밖의 지출과 수입의 전반적 동학은 꽤나 단순하다. 사회적 세금의 주요 토대는 총임금이다.[5] 총실질임금의 상승률은 위기로 인해 크게 하락했다. 1959년에서 1974년까지 총임금의 평균증가율은 6.6퍼센트를 기록했지만, 1974년 이후에는 겨우 1.9퍼센트에 지나지 않았다. 소득이 갑자기 줄어들더라도, 누구나 쉽게 상상할 수 있는 것처럼 지출은 증가세를 계속 유지했다. 실업급여뿐 아니라, 평균수명의 증가로 인해 연금수령자의 수가 증가했는데, 이는 실업자 수를 감소시키려는 의도를 가진 조기퇴직으로 인해 훨씬 더 높은 비율로 증가했다. 의료체계는 소비형태의 변화와 의료기술의 발전에 따른 자신의 내적 동학에 따라 작동되었다.[6] 결국 위기의 결과로 나타난 총임금의 낮은 증가와 사회적 지출의 증가 사이의 불일치가 문제를 불러일으켰다.

급부금의 증가를 멈추기 위해서는 지속적이면서도 강력한 압력이 필요했다. 〈그림 6.3〉은 급부금 총액과 임금 총액의 증가율을 보여준다. 두 변수는 대체로 상당히 동일한 움직임을 보여주며 뚜렷하게 하락했고 실제로 급부금의 증가율의 감소가 분명히 확인된다. 그러나 그림에서 보는 것처럼 급부금의 증가율은 특히 1975년과 1986년 사이에 총임금 증가율보다는 약간 덜 빠르게 감소했다. 그 결과는 쉽게 상상할 수 있다. 급부금을 충당하는 데 필요한 조세가 지난 십 년 이상 산출과 임금보다 훨씬 더 빨리 증가했다.

〈그림 6.3〉에서는 차이가 그다지 커 보이지 않지만 지난 10년간 누적된 효과는 매우 큰 것이었다. 조세와 급부금이 점진적으로 증가하여 격차를 더 크게 벌려 놓았다. 국내 산출에서 급부금이 차지하는 비중은 1974년에서 1982년 사이에 약 5.7퍼센트 증가했는데, 이 중 1.7퍼센트는 실업급여였고 4.0퍼센트는 다른 급부금이었다. 그 이후에는 이 비중이 이전 수준으로 되돌아갔다. 1975년에서 1986년 사이

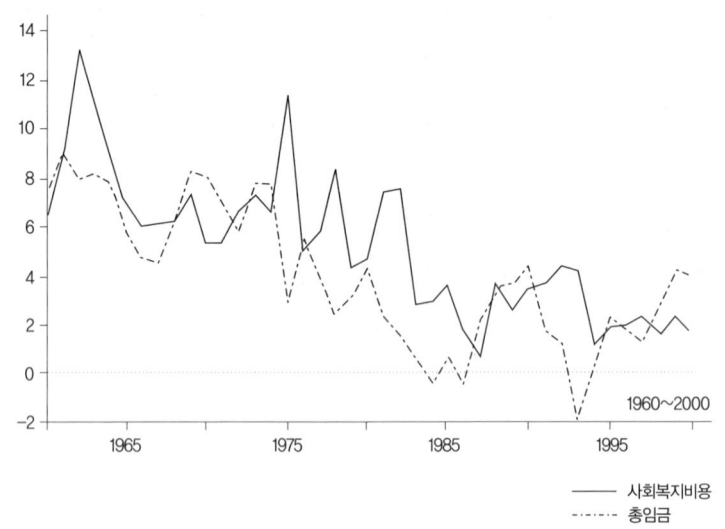

그림 6.3 사회복지비용과 총임금의 증가율(퍼센트) : 프랑스.

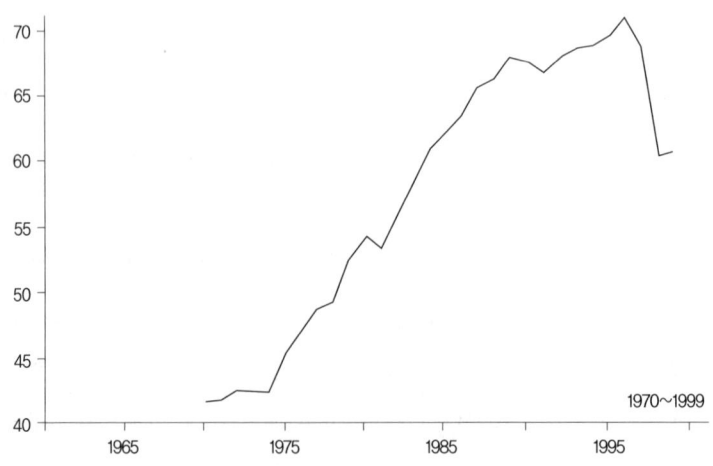

그림 6.4 순임금 대비 (고용주와 노동자) 사회적 세금의 비율(퍼센트) : 프랑스.

에는 총임금의 증가가 아주 뚜렷하게 둔화되었으며, 비용억제에도 불구하고 사회적 세금은 직접임금의 42퍼센트에서 69퍼센트로 증가했다. 이 비율은 1996년까지 대체로 안정적으로 유지되었다가 이후 크게 하락했다(〈그림 6.4〉).

따라서 위기의 기간에 산출과 관련해서, 또 임금과 관련해서 사회적 세금과 사회적 지출의 증가율이 높았다는 말을 거꾸로 이해해서는 안 된다. 임금비용은 직접비용이든, 간접비용이든 모두 비교적 느리게 상승했으므로, 총임금비용이 감당하기 어려울 정도로 높아진 이유가, 프랑스에서 특히 심했던 사회적 지출의 증가에 있었던 것이 아니었다. 급부금은 일부 사람들이 주장했던 것처럼 폭발적으로 증가한 것이 아니라 느린 속도로 증가했다. 급부금은 느리게 증가했지만 직접임금 증가속도보다는 아주 조금 더 빨랐기 때문에 문제가 발생한 것이었다.

임금 대 비용의 동학에 대한 통제권을 되찾은 결과는 무엇이었는가? 임금비용이 느리게 증가하는 여건에서 기술진보가 위기의 시기 동안 처음에는 느렸지만 후에는 빨라짐으로써 발생한 노동절약의 이득을 기업과 금융이 모두 가져갔다. 이윤율 하락이 중단되었고 수익성도 어느 정도 회복되었다. 노동생산성의 정체(〈그림 4.2〉와 〈그림 4.3〉)에도 불구하고 이처럼 이윤율이 하락을 멈추고 수익성이 회복된 데는 이윤몫의 증가가 중요한 역할을 했다. 유럽에서는 그 역할이 압도적인 비중을 차지했고, 미국에서는 그 정도로 핵심적인 역할은 아니었지만 그래도 중요한 역할을 했다.

7장
실업은 피할 수 없는 일이었나?

어떤 일이 원하지 않는 방향으로 간 다음에 '더 잘 할 수 있었는데' 라고 말하며 뒤늦게 후회하는 것은 쉬운 일이지만 역사를 다시 쓰기는 어려운 일이다. 또한 모든 행동과 실천이 회고적으로 정당화되는 것은 아니다. 하지만 1970년대와 그 이후의 실업을 피할 수 있었다거나 초기에 해결할 수 있었을 것이라고 주장하는 일이 터무니없는 것일까?

이 장에서 우리는 이 시기에 대량실업을 피할 수도 있었다고 주장할 것이다. 대량실업의 문제는 주로 기술적인 문제가 아니라 정치적인 문제였다. 당시 제시된 정치적인 목표가 애초에 선언되었던 것과는 달리 실제로는 실업을 해결하는 데 있었던 것이 아니었기 때문에 실업은 경제에 아주 오랫동안 무척 심각한 충격을 주었다. 어떠한 나라도 이러한 동학을 멈출 수 없었다. 자본의 신자유주의 세계화를 통해 신자유주의 정책들이 이미 실시되고 일반화되었기 때문이다. 그것이 의미하는 것은 아주 명확하다. 그 규칙에 따라 움직일 것, 그렇게 하지 않으면 배제당하리라는 것이며, 이제 제3의 길은 없다는 것이었다.

우선 실업이 필연적이었다는 주장을 반박하는 데 도움이 되는 통계들이 있다. 대량실업의 규모는 어느 정도였을까? 1975~1995년에 유럽의 실업은 매년 고용증가가 단지 0.5퍼센트 정도 부족했기 때문에 일어난 일이었다. 다시 말해, 연평균 일자리 증가율이 이 기간에 나타난 증가율보다 0.5퍼센트만 더 높았다면, 유럽에서 대량실업은 없었을지도 모른다.[1] 자세한 계산에 들어가기에 앞서, 우선 대량실업을 만들어낸 주요 측면들을 살펴보자.

유럽과 미국은 구조적 위기의 시기에 자본축적의 상당한 둔화를 겪었다. 그러나 고용문제는 두 나라에서 동일한 성격을 갖지는 않았다. 5장에서 언급한 것처럼, 미국은 2차 세계대전 이후 지속적으로 많은 일자리를 창출했는데, 이는 기술진보의 속도가 낮았기 때문이다. 유럽에서는 노동을 자본으로 대체하는 속도가 더 빨랐기 때문에 유럽의 자본축적의 둔화를 살펴보는 것은 훨씬 더 어려운 일이다.

〈그림 7.1〉의 곡선은 여전히 세 나라로 한정된 유럽의 실업증가의 주요 특징을 보여준다. 이 곡선은 〈상자 7.1〉에서 언급한 가장 일반적인 지표를 이용하여 작성한 것이다. 존재하는 모든 자료를 이용한다면 우리는 1970년대 중반까지 실업률은 1퍼센트와 2퍼센트 사이에서 변동했다고 기술적으로 말할 수 있다. 1975년을 기점으로 실업률은 빠르게 상승하기 시작해 1985년 9.9퍼센트로 정점에 이르렀다. 1985년에서 1990년 사이에 이 증가율은 크게 하락했지만 이후 하락이 지속되지는 않았고 1994년의 실업률은 1985년의 수준과 거의 같았다.

〈상자 7.1〉
실업의 측정

실업을 정의하고 측정하는 것은 골치 아픈 일이다. 단순한 실업지표만으로는 한 나라의 실업 상황의 특징을 파악하기 어렵기 때문이다.[i] 특정한 비교를 하는 데 사용되는 7가지 공식 지표가 있다. 이 공식 지표들은 13주 이상의 장기실업자를 추정하는 것부터 실망실업자와 대부분의 파트타임 노동자를 조사한 폭넓은 측정까지 다양하다. 〈그림 7.1〉은 가장 일반적인 지표를 이용했다. 즉 경제활동인구(취업자 및 실업자) 중에서 조사시점 직전의 4주 동안 일자리가 없고, 일할 준비가 되어 있고, 일자리를 찾고 있는 사람들이 차지하는 비율이다. 다양한 지표들은 거의 동일한 전개 양상을 보이며 공식통계는 일반적으로 시간에 따른 변화를 반영한다.

그러나 이 지표들은 일자리의 상황을 제한적으로만 보여준다.[ii] 예를 들어 국제노동기구 ILO의 정의에 따르면, 1996년 프랑스의 실업자는 35만 명의 직업훈련 프로그램에 있는 노동자를 포함해 300만 명이었다. 만일 파트타임으로 일하면서 더 많은 일을 원하는 사람을 추가한다면 이 숫자는 500만 명에 이른다. 일자리를 찾을 수 없거나 실망실업의 상태에 있는 사람은 50만 명인데, 이를 합하면 실업자는 총 550만 명이 된다. 강제적으로 혹은 자발적으로 조기퇴직을 한 사람들을 고려한다면, 이 숫자는 670만 명에 이른다.

프랑스의 고용상황은 또한 이들 여러 범주와 관련된 다른 지표의 도움으로 파악할 수 있다. 노동할 나이에 있고 실제로 고용된 프랑스 국민의 비중은 1975년 이후 약 65퍼센트에서 60퍼센트로 하락했다. 같은 기간 동안 55세에서 65세의 남성 중에서 일을 하지 않는 사람의 비율은 30퍼센트에서 60퍼센트로 증가했고 임시직 일자리에 있는 비중은 3퍼센트에서 14퍼센트로 증가했다.

이와 같은 복잡한 상황이 양해할 만한 형태로 조작되는 방식은 쉽게 파악할 수 있다. 영국에서 최근의 공식 실업률의 하락은 전문가들을 어리둥절하게 했다.[iii] 통계의 작성방식을 변경하여 실업수당을 받고 있는 실업자들만 계산되었던 것이다(현재 실업수당은 12개월이 아니라 6개월이다). 1992년과 1996년 사이에 영국에서 창출된 일자리의 40퍼센트 이상은 파트타임 노동자였다. 프랑스에서는 그 비율이 15퍼센트였다.

i. Cerc-Association, Chiffrer le Chômage, Les dossiers de Cerc-Association, no. 1, 1997.
ii. Commissariat Général du Plan, Chômage: le cas français, Paris: La documentation française, 1997.

iii. "마가렛 대처가 1979년 첫 선거에서 승리했을 때, 영국에는 공식적으로 130만 명의 실업자가 있었다. 만일 계산방법이 변하지 않았다면, 지금은 대략 300만 명의 실업자가 있을 것이다. 최근에 발간된 미들랜드은행 보고서는 그 수를 400만 명 혹은 경제활동 인구의 14퍼센트로 추정했다. 이 수치는 프랑스나 독일보다 많다." (S. Milne, "런던이 통계를 조작하는 방식 How London manipulates the statistics," Le Monde diplomatique, May 1997)

따라서 대량실업의 발생은 암흑의 시기라 부를 만한 1975~1985년의 기간에 이루어졌을 것이다. 그 이후 실업률은 8~9퍼센트 내에서 변동했다. 대량실업이 발생하는 데는 10년이 걸렸고 15년이 넘게 지속되었다. 2001년 실업률 하락은 미미한 수준이었다.

〈그림 7.1〉과 〈그림 7.2〉의 점선은 이러한 변화의 일반적 추세, 즉 실업의 '구조적' 요인을 보여준다. 추세 주위를 오르락내리락하는 변동은 일반적으로 경제활동의 변동에 따른 '주기적' 운동을 나타내는 것이다(경기과열 시기의 산출증가와 침체기의 산출하락은 실업률의 증감으로 이어진다).

위기 초기에 구조적 실업이 유럽과 미국 모두에서 증가했음에도 불구하고 두 지역에서 관찰된 상황은 상당히 다르다. 대규모 구조적 실업은 미국에서는 덜 심각했다(〈그림 7.2〉). 미국에서 실업률은 9.5퍼센트 이상을 기록했지만, 이는 단지 일시적인 것이었으며(1982년 침체가 가장 심각했다), 실업이 증가하기 이전에도 실업률은 이미 5퍼센트 정도로 높은 수준이었다.

이와 같은 서로 다른 상황은 근본적인 차이에 기인하는데, 이 근본적인 차이는 추세(구조적 실업)와 변동(주기적 실업)의 특징이 서로 다른 데서 나타난다. 대규모의 구조적 실업이 미국보다 유럽이 더 컸다는 사실은 이전에 언급한 것처럼, 두 지역의 완전히 상이한 고용증

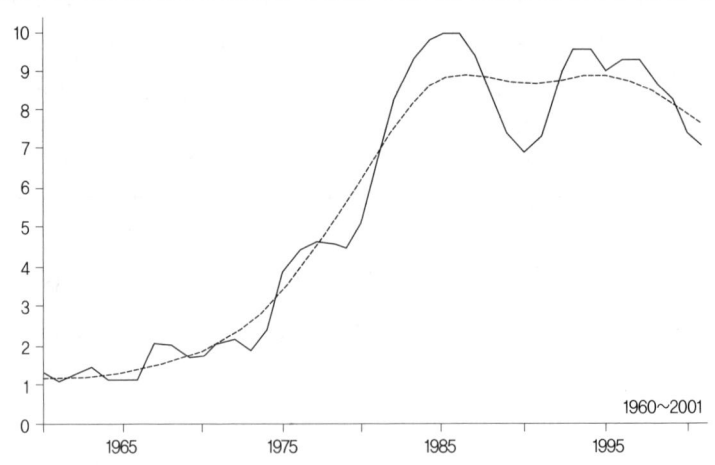

그림 7.1 실업률과 실업률의 일반추세(퍼센트) : 유럽(독일, 프랑스, 영국).

그림 7.2 실업률과 실업률의 일반추세(퍼센트) : 미국.

가율로 설명될 수 있다. 즉 유럽에서는 일자리가 정체하거나 일자리가 덜 만들어졌지만, 미국에서는 일자리가 지속적으로 증가했다. 이러한 특징은 미국에 비해 유럽의 기술진보 속도가 훨씬 빨랐던 것과 관련되어 있다. 여기서 유연화는 별로 영향을 주지 못했다. 이와는 달리 실업의 주기적 요인은 미국에서 더 중요했는데, 이는 미국에서 경제활동의 변동에 따라 고용이 훨씬 더 활력 있게 반응했기 때문이다. 다시 말해 미국의 고용주들은 활발한 경제활동의 기간 동안에는 유럽보다 더 많이 노동자를 고용했고 침체기에는 유럽보다 더 많이 해고했다. 이것이 유연화의 실체이다.

이제 유럽에서 발생한 실업의 구조적 요인을 살펴보자. 실업을 피하기 위한 서로 다른 전략이 얼마나 효과적인지를 평가하는 것은 이 장의 첫 부분에서 언급한 0.5퍼센트 더 많은 고용증가에, 즉 고용증가율이 1년에 0.5퍼센트만큼만 더 증가했더라면 실업문제를 피할 수 있었으리라는 사실에 전적으로 기초하고 있다. 이것은 너무 높은 수치인가? 정말로 달성하기 힘든 것이었을까? 이 질문들에 답하려면 이 수치를 경제성장률, 기술진보의 속도와 비교할 필요가 있다. 우선 실업은 충분하지 못한 경제성장에 기인한다고 할 수 있다. 유럽 세 나라의 경우 1960~70년 사이, 즉 위기 이전에는 연간 경제성장률이 4.3퍼센트이었지만, 1975년 이후 이 증가율은 2.3퍼센트로 감소했다 (〈그림 7.3〉). 모든 문제는 이와 관련되어 있다. 일자리를 유지하기 위해서는 경제성장률이 떨어지더라도 2.3퍼센트에 0.5퍼센트를 더한 2.8퍼센트로까지 떨어져서는 안 되었다. 고용수준을 유지하기 위해서 위기 동안 유럽의 경제성장률이 더 상승했어야 한다거나 떨어지지 않아야 한다는 것은 아니다. 문제는 하락의 수준이다. 경제성장

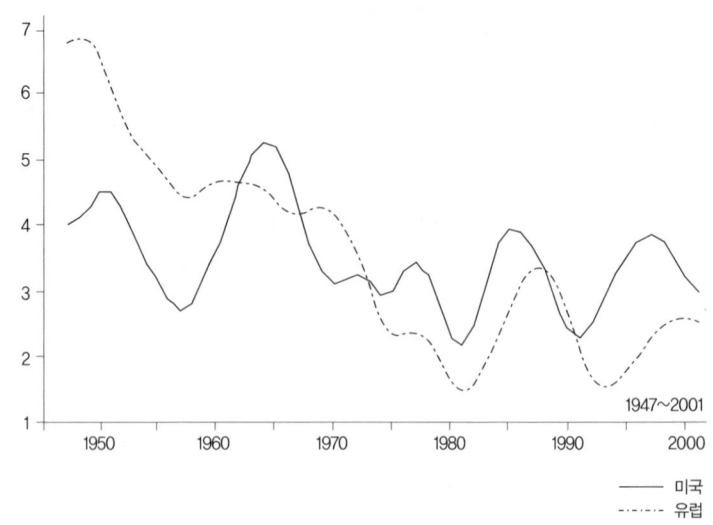

그림 7.3 산출성장률(퍼센트) : 미국과 유럽(독일, 프랑스, 영국). 이 그림은 산출성장률이 아니라 고정자본 스톡의 증가율을 묘사한 〈그림 3.2〉와 유사한 모양을 보여 준다. 이 통계는 단기변동을 제거하기 위해 잡음효과를 약간 줄였다.

률은 연 4.3퍼센트에서 2.3퍼센트, 즉 2퍼센트 하락하는 대신 단지 1.5퍼센트만 하락했어야만 했다. 이것은 기적을 필요로 하는 것이 아니라 약간의 개선 혹은 덜 악화되는 것만으로도 달성될 수 있는 것이었다.

경제성장률에 대한 고용의 민감도는 경제성장이 상당히 두드러지게 상승한 두 시기를 통해 잘 입증할 수 있다. 첫 번째 시기는 (비록 1960년대에 비해 여전히 미미하지만) 1980년대 후반 경제성장이 회복된 시기이다. 1980년대에는 상대적으로 높은 경제성장을 기록했는데, 이는 오래지 않아 고용을 늘렸다. 〈그림 7.1〉을 다시 보면 이를 충분히 이해할 수 있다. 이 기간 동안 유럽에서 실업률은 빠르게 하락했다. 두 번째 시기의 성장회복, 즉 1990년대 후반도 유사한 결과를 가져왔다.

이러한 추론은 기술진보 속도가 일정하다고 가정하고 있기 때문에 유럽이 따라잡기를 수행한 속도에 대해서는 논의하지 않는 것이다. 기술진보의 효과를 평가하기 위해서는 5장의 논의로 돌아갈 필요가 있다. 기계화로 측정되는 자본 대 노동 비율은 1960~1974년 유럽에서 연평균 6퍼센트로 빠르게 증가했다(〈그림 5.1〉). 기계화의 속도는 위기 동안 상당히 둔화되어 위기 이전의 6퍼센트에서 1974년 이후 2.7퍼센트로 하락했다. 다른 모든 사정이 일정할 때, 일자리를 보호하기 위해서는 기계화율이 2.7퍼센트 대신 (1974년 이후 연평균 1.0퍼센트를 기록한 미국보다 여전히 높은 비율인) 2.2퍼센트로 조금 더 줄어들어야만 했다. 이것은 유럽의 따라잡기를 지연시켰겠지만 단지 몇 년 동안만 지연시켰을 것이다.

산출과 고용 사이의 관계에는 기술뿐만 아니라 노동시간도 영향을 미친다. 우리가 검토하고 있는 이 기간 동안 노동시간은 감소했는데, 이는 훨씬 더 떨어질 수도 있었을 것이다.

성장, 기술진보, 노동시간과 같은 변수들은 서로 배타적인 것이 아니다. 우리는 이 변수들을 함께 조합시킬 수도 있다. 예를 들어 다음과 같은 조합을 구성할 수 있었을 것이다. 0.2퍼센트 더 높은 성장률, 0.2퍼센트 더 낮은 기계화율, 0.1퍼센트 더 적은 노동시간.

왜 이러한 조합이 쉽지 않았을까? 우선 이 과정이 얼마나 서로 독립적인지를 질문해 보아야 한다. 예를 들어, 경제성장률이 증가하기 위해서는 기술진보가 더 빨라질 필요가 있으며(그 역도 성립한다), 이는 고용에 긍정적인 영향을 미치기 어렵다. 한편이 증가하게 되면 다른 한편에서는 부분적으로 감소하게 된다. 이와 동일한 방식으로 낮은 기술진보의 속도는 위기를 더 심화시키고 성장을 늦추고 고용을 지체시킨다.

그러나 이것은 이전에는 문제가 되지 않았다. 1970년대까지 유럽은 높은 기술진보의 증가율과 경제성장률을 기록했다. 이러한 성과는 어느 정도의 보호와 상대적인 자율성을 보장하는 제도와 정책들이 있었기 때문에 가능했다. 1980년대 지속된 따라잡기 과정은 상당히 다른 조건에서 수행되었다. 환율이 덜 유리한 결과로 나타난 강력한 대외적 제약에 적응해야 하는 동시에 인플레이션 퇴치에 우선순위를 둔 신자유주의 내의 긴축정책에 적응할 필요가 있었다. 이 시스템은 '경쟁적인 디스인플레이션competitive disinflation'이라는 매력적인 이름으로 알려져 있다.

디스인플레이션이라는 것은 확실하지만 왜 경쟁적인가? 어떤 사람들은 이러한 정책들을 따라잡기 과정을 가속화하려는 시도로 보았다. 일반적인 생각은 긴축정책이 유럽경제에 압력을 가해 비효율적인 기업을 제거하고 현대화가 덜 된 기업을 퇴출시킬 수 있다는 것이었다. 긴축정책이 수행된 방식으로 인해 긴축정책은 고용에 두 가지 부정적인 영향을 미쳤다. 즉 경제성장이 둔화되고, (비록 이전보다는 완만하기는 했지만) 기술진보가 지속되어 고용에 부정적인 영향을 미쳤다. 따라서 위기 동안 채택된 정책은 실업을 증가시켰다. 유럽의 일자리는 경제성장과 기술진보 간의 선택으로 인해, 즉 적어도 하나의 영역을 포기함으로써 희생된 것이 아니었다. 경제성장의 둔화와 기술진보의 지속이라는 두 변화가 동시에 일자리의 손실을 가져왔던 것이다.

여러 가지 다른 이유들이 실업의 감소를 어렵게 만들었다. 일하기를 희망한다고 해도 장기실업자를 작업장에 재투입하는 것은 어려운 일이다. 기술변화를 고려할 때 오랜 시간이 지난 이후 축적이 다시 시작될 때 요구되는 노동의 질을 실업자가 유지할 수 있을지는 의문이다. 이러한 설명은 특정한 범주의 인력을 고용할 때 기업들이 직면하는 어려움을 설명해 준다. 이것은 경기회복기 동안 나타나는 고용의 선별적인 특징을 통해 확인될 수 있다. 즉 가장 우수한 노동자들은 고용상황의 개선으로부터 가장 먼저 이득을 얻는다. 필요한 자격조건을 갖추지 못한 것(혹은 기업이 원하는 노동력에 맞는 임금을 제공하는 것의 실패) 때문에 장기적인 실업이나 배제에 관해서 가장 우수하지는 못한 노동자들을 비난해야 하는가? 적어도 프랑스와 같은 나라에서 지속된 실업은 그 수준을 생각하면 이러한 방식으로 해석될 수는 없다. 실업이 지속되면 장기실업자가 되는 경향이 있다.

  최근 몇십 년의 실업이 아무리 심각했다 할지라도 그 나라의 고용의 미래는 성장의 전망에 달려 있다. 유럽은 구조적 위기로부터 탈출할 것인가? 실업을 감소시키려는 정치적 의지가 없는 상황에서 모든 것은 이 문제의 해결 여하에 달려있을 것이다.

8장

위기는 끝났는가?

1970년대에 시작된 구조적 위기를 자본주의는 극복했는가? 최근 몇 년 동안, 경기침체의 가능성에도 불구하고 일본을 제외한 중심부 나라들은, 적어도 2000년 경기침체까지는 미국이 좋은 본보기가 되었고 또한 미국이 그 동력이라고 흔히 여겨지던, 경제성장의 국면에 들어섰는가? 이것은 전례 없는 성과인가? 신경제인가? 기술진보, 임금, 실업의 상황은 어떠한가? 앞 장들에서 우리는 이미 1990년대에 이 회복된 활력의 분명한 특징을 밝혔다. 이제는 흩어져 있던 요소를 모아서 그것들을 완성시킬 차례다.

우선 산출과 자본스톡의 증가에 대해 살펴보자. 이에 대해서 우리는 이미 유럽 세 나라와 미국을 비교했다. 유럽의 경우, '영광의 30년'이라는 표현은 특히 경제성장이라는 측면에서 2차 세계대전 이후 1970년대 중반까지의 첫 시기를 잘 설명해준다(〈그림 7.3〉). 1980년대 후반의 경제활동의 회복도 1950년대, 1960년대에 비해서는 초라

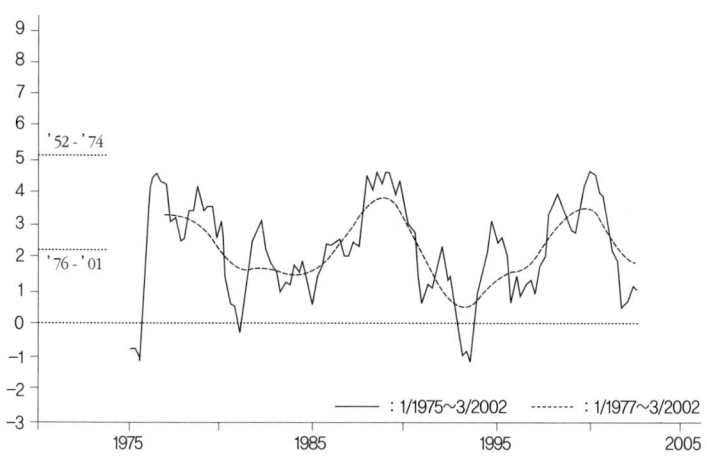

그림 8.1 분기별 산출의 연평균 증가율과 증가율의 추세 : 프랑스. 변수는 일 년 전 같은 분기와 비교한 분기별 성장률이다. 점선은 단기변동을 제거한 추세를 나타낸다. 〈그림 8.1〉과 〈그림 8.2〉에서 왼쪽에 보이는 짧은 수평 점선은 1952~1974년과 1976~2001년 각 기간의 평균치를 의미한다.

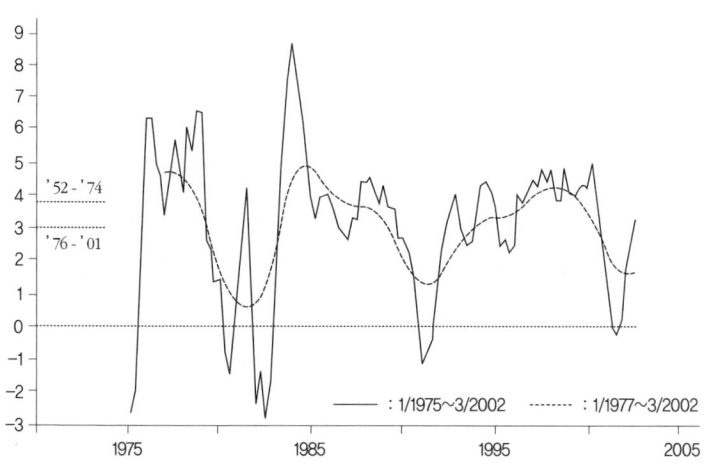

그림 8.2 분기별 산출의 연평균 증가율과 증가율의 추세 : 미국.

2부 위기와 실업 **89**

해 보인다. 같은 수치는 전후 수십 년 동안 미국의 경제성장이 유럽보다 더 미약했다는 것을 분명히 보여준다. 새로운 점은 1980년대 이후, 특히 1990년대에 미국이 유럽보다 다소 높은 경제성장률을 경험했다는 것이다. 이로 인해 유럽과는 달리 미국은 위기 이전의 경제성장률을 다시 회복할 수 있었다.

〈그림 8.1〉과 〈그림 8.2〉는 분기별 자료에 기초하여 프랑스와 미국의 산출을 더욱 상세하게 비교할 수 있게 해준다. 이 그림들은 1970년대 중반부터 2002년까지 분기별 산출을 이전 연도의 동일한 분기와 비교한 (따라서 연평균) 산출증가율을 보여주고 있다.

두 나라 경제는 끊임없이 변동하고 있다. 그러나 여기서 우리가 관심을 가지는 것은 무엇보다도 이 변동의 전반적인 수준이다. 1976년 이후 프랑스의 연평균 2.2퍼센트 성장 수준은 1975년 이전 수준(1952년부터 1974년 이 증가율은 5.1퍼센트였다)이나 1976년 이후 미국의 연평균 3.0퍼센트 성장보다도 낮은 수준이다.

미국의 최근 성장은 기적이거나 신기루인가? 위에서 언급한 대로 〈그림 8.2〉는 1990년대 후반과 2000년의 불황 이전에 미국은 구조적 위기 이전인 1952~1974년의 평균 성장률을 회복했음을 보여준다.

1970년대 중반 이후 프랑스경제가 미국경제와 비교해서 성장이 상대적으로 둔화된 것은 중요한 현상이다. 이는 2차 세계대전 직후 이 삼십 년간 기록된 상대적 발전과는 크게 대조된다. 상대적 크기를 나타낼 수 있는 구매력 평가를 이용한 측정에 의하면, 1952년 프랑스의 산출은 미국 산출의 18퍼센트였다. 이 비율은 그 후 꾸준히 상승해 1982년에 25퍼센트로 최고치를 기록했다. 1997년 이후 이 비율은 20퍼센트 밑으로 떨어졌는데, 이는 1958년 수준으로 되돌아 간 것이었다. 1983년과 1984년 사이, 그리고 1992년 이후는 미국경제의 우위가 두드러진 시기였다. 왜 신자유주의 시기에 프랑스의 경제성장이 미국에 비해 크게 뒤처졌을까? 우리는 나중에 이 문제를 분석할 것이다.

성장이 얼마나 안정적이었는지(다시 말해 〈그림 8.1〉과 〈그림 8.2〉의 곡선이 얼마나 안정된 변화를 보이는가? 〈상자 8.1〉을 보라) 의문을 가질지도 모른다. 미국의 경우 1991년부터 경기침체가 시작된 2000년 사이의 거의 십 년 동안 경제활동의 변동이 그리 크지 않았다. 미국은 2000년에 성장주기의 정점을 기록했는데, 이는 이전 시기보다 다소 오래 지속되었고 성장률이 다시 하락하기 이전까지는 자부심의 큰 원천이 되었다.

2000년에 시작된 경기침체가 더 심각한 위기로 전환될 것인가? 경제활동에서 이와 같은 붕괴가 일어나는 것은 흔히 있는 일이다. 그러나 2000년 미국의 경기침체는 주식가격의 하락, 주변부 나라들(특히 아르헨티나)의 심각한 불안정, 국내외의 불균형들(대규모 가계부채와 대외부채)의 증가, 2001년 9월 11일 공격으로 시작된 사건의 정치적 충격이 결합된 위험스러운 상황에서 발생했다. 이 점은 대공황을 야기했던 조건들을 회고해 본 이후에 20장에서 다시 다룰 것이다.

성장의 회복에 관한 이 장 첫 부분에서 제기한 질문에 대해서 명쾌한 대답이 제시되어야 할 것이다. 1990년대 미국은 유럽보다 빨리 위기 이전의 평균 성장률 수준에 다시 한번 도달했다. 1976년 이전에 특히 잘 운영되던 유럽 세 나라 경제, 특히 프랑스는 아직 그 수준에 도달하지 못했다. 새로운 경기침체의 시작은 거시경제의 안정을 지배하는 조건에 근본적인 전환은 없었다는 것을 보여준다.

<상자 8.1>
1975년 이후 경제성장의 변동 : <그림 8.1>과 <그림 8.2>에 대한 설명

경제성장은 프랑스나 미국에서 규칙적으로 이루어지지 않았다. <그림 8.1>과 <그림 8.2>에서는 점선으로 제시된 일련의 매우 단순하고 느린 변동을 관찰할 수 있다. 즉 일종의 성장의 순환을 확인할 수 있다. '순환'이라는 용어를 오해하면 안 된다. 순환이라는 말은 하나의 파동이 지나가면 다음번 파동이 시작된다는 뜻이지 일정한 시간간격을 두고 반복되는 것을 의미하지는 않는다.

그림에서 주기적으로 가파르게 성장했다가 갑자기 하락하는 징후가 뚜렷이 보인다. 이와 같은 붕괴 이후, 성장률이 마이너스가 될 때, 즉, 산출의 증가가 둔해지는 것이 아니라 실제로 하락할 때는 경기침체라 부를 수 있으며 이는 1979년, 1982년, 1992년이나 1993년 등의 경우이다.

상승과 하락의 경기주기의 변동은 여러 나라에서 공통으로 나타나고 약간의 시차나 예외를 두고 상당히 동조화 된다. 가장 느린 운동의 공존이 시기를 명확하게 구분하도록 해 준다. 첫 번째 시기의 특징은 1975년 경기침체와 1980년대 경기침체 이후 나타난 지속적인 성장이다. 이윤율은 이미 떨어진 상황에서 케인스주의 정책들이 경제에 활력을 주기 위해 수행되었고 인플레이션은 매우 높았다. 미국에서는 1979년 경기침체가 프랑스의 경우 좌파 정권의 등장으로 피할 수 있었던 1982년의 불황, 즉 전후 가장 심각했던 불황까지 지속되었다. 이 시기에 정책들이 근본적으로 변화했다. 강력한 경제성장의 두 번째 시기는 1983년 미국의 경기상승이다. 이러한 높은 수준의 경제활동이 1980년대 중후반 미국경제의 특징이었다. 그러나 주기적인 변동이 경제를 하락시켜 1990년대 초반(프랑스는 1993년, 미국은 1991년)에는 경기침체가 나타났다. 그 이후, 세기 말의 새로운 성장국면이 2000년 성장률의 하락이 나타나기 이전까지 나타났다.

산출의 증가 이외에도 자본스톡의 증가(<그림 3.2>의 자본축적률)를 살펴볼 수 있다. 순자본스톡의 증가율은 두 지역에서 모두 상당히 낮아서 1960년대와 1970년대에 비해 유럽과 미국 모두 거의 축적을 하지 못했다.[1]

우리는 이미 미국과 유럽에서는 고용과 실업의 상황이 다름을 살펴보았다. 언뜻 보기에 유럽의 대량실업이 지닌 장기적인 특성은 위

기의 종언이라는 테제와 모순 된다. 1990년대 말에 실업이 약간 감소한 것은 실제로 성장과 축적이 회복된 결과이며 이것은 프랑스 경제 변동의 가장 최근 국면에 상응한다(〈그림 8.1〉과 〈상자 8.1〉).

우리의 분석이 제시하는 이윤율의 중심적인 역할을 고려한다면, 1980년대 중반 이후 이윤율 증가의 추세(와 이러한 증가의 결정인자의 배후에 있는 기술진보와 임금조정)에 초점을 맞추어 볼 수도 있다. 자본수익성 추세의 회복은 실제로 아주 뚜렷하다(〈그림 3.1〉). 1997년 미국경제의 이윤율은 1970년대 초의 수준을 다시 회복했고 유럽에서는 이윤율이 1960년대 중반 수준에까지 도달했다. 미국에서 이윤율이 최근에 하락하고 있는데도 불구하고 이처럼 상승한다고 해서 새로운 국면이 시작하고 있다고 판단할 수 있을까?

이윤율의 이러한 상승을 해석하는 데 따르는 어려움은 자본수익성을 재정립하는 데 상호배타적이지 않은 두 가지 방법이 존재한다는 것이다. 하나는 진보적인 방법이고 다른 하나는 퇴행적인 방법이라고 부를 수 있다. 이 구별은 현재의 시기와 오늘날 자본주의의 추세를 평가하는데 중요하다. 자본가의 직접적인 이해에서 보면, 두 방법은 같은 것이지만 동일한 역사적 중요성을 가지고 있지는 않다. 퇴행적인 방법은 기술진보의 하락에 따른 임금의 동결로 구성되는 반면, 진보적인 방법은 기술진보(노동자들의 계급투쟁과 큰 관련이 있는 임금의 상승을 더욱 쉽게 하도록 기술진보의 속도)를 촉진하는 것으로 구성된다. 따라서 지금까지 구성한 다양한 관찰들을 한데 결합하여 다음의 질문을 생각해 보야 한다. 과연 이윤율은 어떻게 회복되었을까?

지난 20년 동안 나타난 이윤율의 상승은 자본생산성의 증가와 임금증가의 둔화라는 두 가지 변화에 기인한다. 1980년대 중반 이후의 이윤율 상승은 노동생산성의 정체에도 불구하고 자본의 효율성이 증가한 진보적 변화와 임금통제라고 하는 퇴행적 변화가 결합된 것이다. 분명히 미래에 좋은 징조는 첫 번째 운동이다.

최근의 추세를 평가하는 데 따르는 한 가지 어려움은 상이한 변수들 사이의 관계와 관련이 있다. 축적률이 계속 낮게 지속된 것은 놀랍지만, 만약 자본생산성이 충분히 증가한다면, 자본스톡이 상대적으로 낮은 수준에서도 생산이 늘어나는 것은 가능하다. 두 번째 어려움은 추세의 이중적인 경향과 관련이 있다. 만일 자본 대 노동 비율이 미국에서 서서히 발전한다면 이것은 기계화의 발전이 늦었기 때문인가, 아니면 지금보다 더 적은 자본을 필요로 하는 기술진보의 형태 변화(자본을 경제적으로 사용하거나 자본의 가격을 떨어뜨릴 기술의 등장의 징후) 때문인가?

요약하자면, 위기 종언의 가능성에 대한 이 장의 평가는 일방적이지는 않다. 긍정적인 요소는 기술과 자본수익성의 증가추세가 나타난다는 것이다. 우리는 (노동, 특히 생산량과 관련된) 생산에 필요한 고정자본량의 증가를 본질적인 특징으로 하는 마르크스가 분석한 궤적을 이미 넘어서 있다. 즉 1980년대 중반 이후 시기의 특징은 달라진 것이다. 이와 관련해서 경제성장률은 어느 정도 분명히 상승했다. 미국은 위기 이전과 유사한 경제성장률을 달성했지만 유럽은 그렇지 못했다. 경제성장은 언제나 상승과 하강이 있는 주기적 현상이며 1990년대 후반부터 2000년 경기침체기 이전까지는 강력한 경제활동 국면에 해당한다는 사실을 명심해야 할 것이다.

그럼에도 이 장은 2부의 첫 장(3장)에서 제기한 모순에 대해 인식하고 있다. 이윤율의 급속한 회복은 자본축적과 경제성장의 훨씬 더 큰 회복과 고용의 회복을 실현시켜야 했다. 이러한 모순이 최근 추세의 중요성을 약간 모호하게 만든다. 유럽의 자본수익성 상승이 자본축적과 경제성장의 증가로 이어질 수 있다면, 마르크스가 분석한 궤적으로부터의 탈출이라는 점에서 위기의 종언이라는 가설은 더 설득력이 있을 것이다. 좋은 측면은 자본수익성의 증가(더 정확하게 말해 진보적인 요소는 자본생산성의 증가이다)이며, 나쁜 측면은 강력한 이윤율의 상승에도 불구하고 유럽에서는 여전히 성장이 둔화되고 실업이 지속되고 있다는 것이다.

왜 유럽에서는 이윤율의 회복과 함께 성장의 회복이 동시에 나타나지 못했을까? 이 수수께끼의 열쇠는 다음에 살펴볼 화폐와 금융 메커니즘에서 찾을 수 있다. 이러한 분석은 미국과 유럽경제들의 자본축적의 성과가 계속 미미한 이유가 사실 신자유주의의 구체적인 동학의 결과라는 것을 보여준다. 따라서 구조적 위기는 끝났다고 주장하면서도 낮은 축적률에 대해서 신자유주의를 탓할 수 있다.

3부 | 금융의 지배

3부에서는 금융의 지배를 분석할 것이다. 여기에서도 앞 장들에서 사용한 접근방법에 기초할 것이다. 비록 금융의 메커니즘을 제쳐놓았지만 이미 앞 장들의 접근방법은 신자유주의 정책의 특정한 측면들을 살펴볼 수 있도록 해 주었다.

위기의 기원에 대한 분석이 2장에서 정의되었던 것처럼 금융과 직접 관련이 있는 것은 아니며, 적어도 자본주의 생산양식이 내포하는 것을 넘어서서 관련이 있는 것은 아니다. 위기는 생산양식에 내재된 경향의 산물이었다. 이윤율의 하락은 기술진보를 지속적으로 유지할 수 없었기 때문이며 이는 자본축적을 둔화시켜 심각한 대량실업을 낳았다. 위기의 범위는 유럽에 비해 미국에서 더욱 제한적이었지만, 이것은 미국의 유연성 때문이 아니라 유럽의 기술진보가 상대적으로 더 빨랐기 때문이었다. 케인스주의 정책의 실패와 끝없이 치솟는 인플레이션을 이용하여 금융은 노동자의 저항을 이겨내고 그 법칙을 강제할 수 있었다.

임금통제는 신자유주의 시대 이전에 이미 시작되었다. 위기의 초기에 나타난 대응이 얼마나 신속했는가는 놀라운 일이다. 사회적 지출의 증가를 억누르는 것은 좀더 어려운 일이어서 사회적 지출은 임금에 비해 상대적으로 더 많이 증가했다. 실업자의 산업예비군을 만들어내는 것은 신자유주의 계획의 핵심이었다. 앞으로 살펴보겠지만, 지배계급의 관심은 다른 데에 있었고 여러 면에서 미숙한 것이었다.

이러한 갈등은 이제 과거사가 되었는가? 우리는 구조적 위기를 극복했는가? 2부의 마지막 장은 문제를 정식화하기만 했다. 한편으로는 '위기의 종언'이란 단어가 모호하게 들린다. 미국 혹은 유럽의 경제 성장을 지켜보며 하는 말인가? 노동생산성이나 자본생산성이 얼마나 상승하고 임금이나 이윤이 얼마나 증가했다는 것인가? 이윤율이 위기 이전의 수준까지 회복되었다고는 하지만 유럽의 경제성장은 왜 여전히 저조한가? 미국에 중심을 둔 금융이 다시 한번 경제적 과정에 자신의 헤게모니를 확실하게 각인시켰다. 지배받는 것보다는 지배하는 것이 훨씬 나을 것이다. 유럽, 특히 프랑스는 하나의 사례일 뿐이며 가장 극적인 사례는 아니다.

신자유주의 시대에 나타난 금융지배의 회복은 정치적 성격을 띤 사건이며 계급투쟁의 직접적인 표현이다. 금융이 지배력을 되찾게 된 역사적 조건과 그 과정이 진행된 각 단계들에 대해서는 4부에서 설명할 것이다. 우리는 역사의 교훈을 통해 그것이 의미하는 내용을 설명할 것이다. 역사적으로 시야를 넓혀 관찰하게 되면 두 가지 중대한 의문이 제기된다. 첫째 아주 광범위한 위기가 발생할 가능성을 의

심하지 않을 수 없다. 1930년대의 대공황을 연상시키는 이러한 위기는 중심부 자본주의 나라들에 심대한 타격을 미칠 수 있다(20장). 대공황은 금융이 지배적인 지위를 차지하게 되었을 때에 발생했다. 금융이 권력을 다시 장악한 것은 이와 비슷한 결과를 낳을 것인가? 둘째, 20세기의 첫 번째 10년, 그리고 흔히 '영광의 30년'으로 불리는 2차 대전에서 1970년대 중반까지의 시기와 관련하여, 1980년대 중반 이후 뚜렷해진 새로운 기술과정을 확립하는 데 수행한 금융의 역할에 대한 질문을 제기할 것이다(21장).

3부에서 우리는 왜 복잡한 금융관계를 굳이 분석하는가? 왜냐하면 금융위기와 미국 헤게모니의 설명과 함께 나타나는 이윤율, 총수입, 금융조달 구조 등 몇몇 단순한 통계가 신자유주의를 무척 잘 보여주기 때문이다. 지금부터 우리는 이러한 수치의 변화를 살펴볼 것이다.

다음 장들부터는 독일, 프랑스, 영국을 함께 다루지 않고 프랑스만을 다룰 것이다. 분석의 범위가 제한되는 아쉬움은 있지만 금융 메커니즘의 복잡성, 화폐금융 제도의 이질성, 자료의 부족 등의 사정으로 인해 어쩔 수가 없다. 또한 기업부문만을 다루는데, 금융과 비금융기업은 구분할 것이다.

9장

금리충격과 배당의 부담

금융의 입장에서 보면, 금융 헤게모니의 회복에서 가장 중요한 요소는 1979년 후반의 통화정책 변화, 즉 1979년의 쿠데타였다. 이는 신비로운 시장의 작동이 아니라 사실은 중앙집권화 된 결정, 다시 말해 의도적인 정책이었다. 인플레이션이 심각해졌던 당시에는 누가 어떤 손해와 이득을 보더라도 인플레이션을 막는 것이 가장 중요한 정책 과제였다. 가격통제나 직접적인 신용할당과 같은 다양한 조치들이 있지만 이 조치들은 다른 조건에서 이전에 사용되었다. 결국 금리인상이라는 조치가 선택되었다. 금리는 필요한 만큼 상승했고 불황이나 실업도 사태를 변화시키지 못했다. 더욱이 그런 정책은 찬양을 받았다. 고금리는 모든 사람이 저축을 늘리도록 촉진할 것이라 기대되었지만 이러한 예측은 실현되지 않았다. 고금리 덕에 비효율적인 기업이 정리되고 더 역동적인 기업들만 살아남는 구조조정이 가능했다고 말할 수 있을지도 모른다. 그건 사실이다. 하지만 지금도 유럽에는 실업이 존재한다. 고금리에 관한 선전은 단순하고 결정적인 사실을 숨기고 있었다. 인플레이션이 금융수입과 자산을 갉아먹었으므로, 이러한 손해를 멈출 필요가 있었던 것이다.

〈그림 9.1〉은 프랑스와 미국에서 인플레이션이 조정된 장기신용의 실질금리 변화를 보여준다. 1960년대의 저금리, 1970년대의 금리하락, 1980년대 초반의 상승 그리고 이후 4~5퍼센트의 높은 금리의 유지가 그래프에서 뚜렷이 나타난다. 1980년대 초반의 갑작스런 금리 상승은 정책변화와 관련이 있는 명목금리의 인상과 그로 인한 인플레이션의 하락을 동시에 반영한 것이다. 전 세계적으로 금리의 변화는 이 두 나라와 유사하다.

〈그림 9.1〉은 장기금리를 보여주지만 단기금리도 비슷한 변화를 겪었다. 중요한 차이점은 1990년대 초반 미국에서는 단기금리가 급

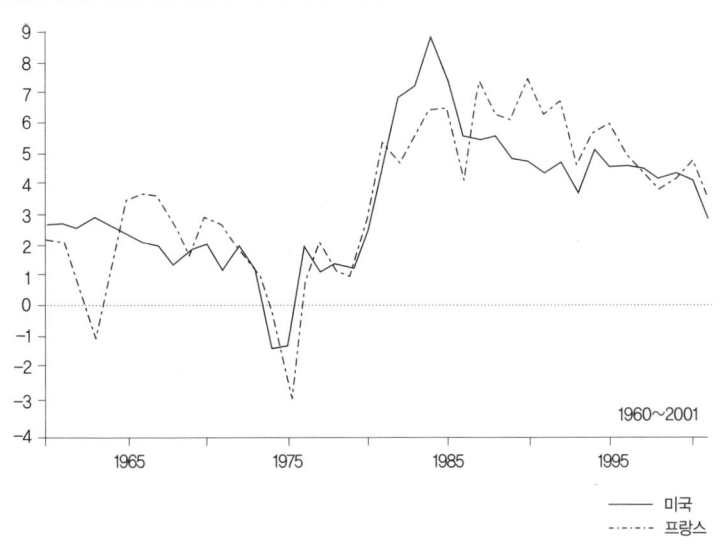

그림 9.1 장기 실질금리(퍼센트) : 미국과 프랑스.

속하게, 그리고 일시적으로 크게 하락했지만 프랑스에서는 여전히 높은 수준이었다는 점이다.

앞에서 지적했듯이 고금리 정책이 위기를 촉발한 것은 아니었지만 위기를 심화시키고 그 영향을 더욱 장기적으로 만들었다. 흔히 투자의 문제를 금리의 문제로 축소시키는 경우가 많다. 그러나 축적률은 금리인상 훨씬 이전부터 하락했고 그것은 이윤율의 하락과 밀접한 관계가 있다. 금리상승은 상황을 더욱 악화시켰다. 이자를 지불한 이후의 이윤율을 낮게 유지시켰기 때문이다. 금리는 기업경영에 직접적인 영향을 미쳤다. 위기가 최악의 상황을 맞던 순간에 기업의 이윤으로부터 지불되는 금액이 더욱 높아졌던 것이다. 임금이 이윤율에 미치는 압박은 완화되었지만 동시에 고금리 정책의 지속은 위기의 악영향을 1990년대까지 지속시켰다.

그렇다면 1980년대 초에서 1990년대 말 사이의 금리상승은 기업부문에 어느 정도의 영향을 미쳤는가?

비금융기업들은 채무자인 동시에 채권자이다. 예를 들어 그들은 은행으로부터 돈을 빌리고 동시에 고객에게 신용을 제공할 수도 있고, 재무부 채권을 사서 보유함으로써 국가에게 돈을 빌려줄 수 있다. 따라서 그들은 한편으로는 이자를 지불하면서 다른 한편으로는 이자를 지불 받는다. 그들은 또한 이자가 없는 부채나 자산을 보유하기도 한다.[1] 부채와 금리 모든 면에서 순가치를, 즉 순부채(부채에서 화폐금융 자산을 뺀 액수)와 순이자(지불된 이자에서 지급 받은 이자를 뺀 액수)를 고려하는 것이 유용하다. 전체적으로 보면 비금융기업들은 채권자라기보다는 채무자이며 지급 받는 것보다는 더 많은 이자를 지불한다. 따라서 그들의 순부채와 순이자는 플러스이다.

인플레이션은 부채의 부담을 평가하는 것을 복잡하게 만드는데, 이는 화폐단위로 보유한 부채와 자산의 가치를 낮추기 때문이다. 인플레이션의 영향은 명목가치로 계산되는 모든 부채와 화폐금융 자산에 영향을 미치고 특히 (주식처럼) 시장에서 재평가되지 않고 일반 물가수준에 따라 가치가 변동하는 부채와 자산들에 크게 영향을 미친다.

실질금리의 인상이 프랑스와 미국 기업의 수익성에 미친 영향은 〈그림 9.2〉와 〈그림 9.3〉에 나타나 있다.[2] 이 수치는 비금융기업의 (세후) 수익성을 이자 지불 전과 후로 비교해서 보여준다. 첫 번째 그래프는 기업이 지불한 이자가 이윤의 일부로 포함되어 있어서 부채의 부담을 고려하지 않은 것이다. 두 번째 그래프는 (일단 받은 이자를 포함하고) 지불한 이자를 이윤에서 제외하고 또한 인플레이션으로 인해 순부채의 가치가 낮아진 이득도 포함한 이윤이다.

이윤율의 모습은 두 나라에서 무척 다르게 나타나지만 이자지불의 부담은 양쪽 모두에서 뚜렷하다. 실질금리가 무척 낮은, 거의 제로 수준에서 변동할 때에는 부채가 기업의 수익성에 미치는 영향은 거의 무시할 만했다. 기업들은 이자를 지불했지만 이 지출은 인플레이션으로 인한 부채의 가치감소로 인해 상쇄되었다. 두 그래프가 유사하게 보여주듯 이러한 상황은 1980년대 초반까지 지속되었다. 그러나 그 이후에는 이윤이 다시 늘어났지만 전반적으로 더 많은 기업의 이윤이 채권자에게로 이전되었고 실질금리의 상승은 기업의 수익성을 상당히 압박했다.

프랑스와 미국 모두에서 이렇게 부채부담이 높아졌지만 그것은 프랑스에서 더욱 뚜렷했다. 그 이유는 단순하다. 1979년 쿠데타 당시

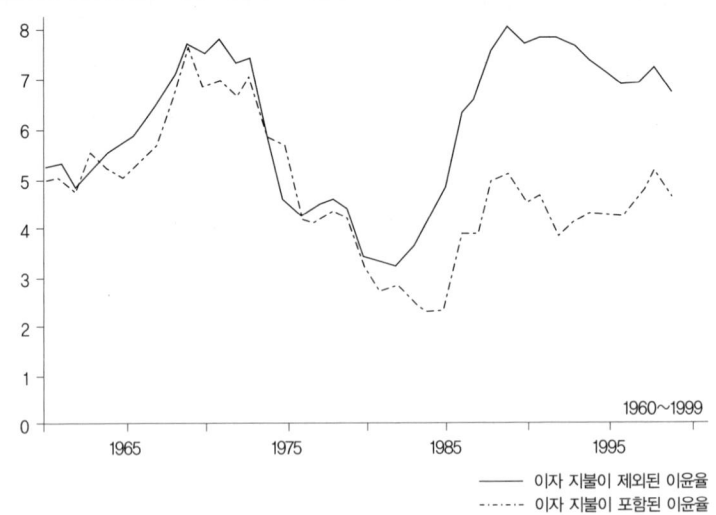

그림 9.2 이자 지불이 제외된 이윤율과 포함된 이윤율(퍼센트) : 프랑스, 비금융기업. 첫 번째 그래프는 지불된 이자와 받은 이자의 차액인 순이자가 이윤으로부터 차감되지 않은 것이다. 두 번째 그래프는 이윤으로부터 순이자가 차감되고 인플레이션으로 인한 순부채의 감가도 고려된 것이다. 이윤은 순부로 나누어진 값이다(정의는 부록 B를 볼 것).

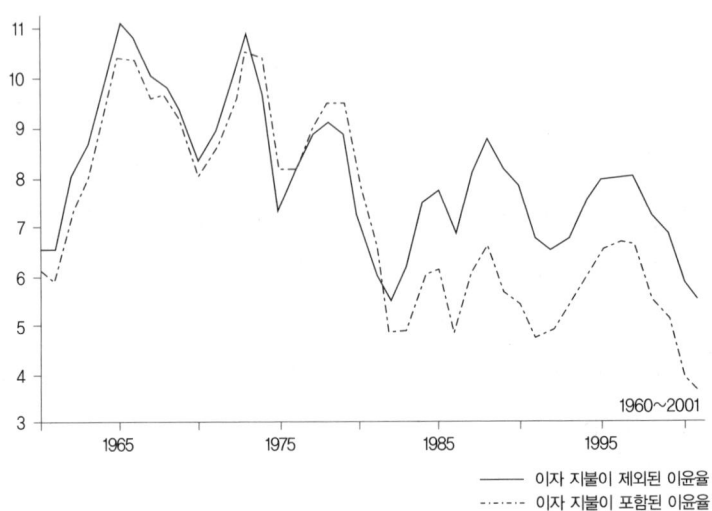

그림 9.3 이자 지불이 제외된 이윤율과 포함된 이윤율(퍼센트) : 미국, 비금융기업.

프랑스 기업들이 미국 기업보다 더 부채가 많았기 때문이다.

　미국과 비교한 프랑스의 상대적 과잉부채는 〈그림 9.4〉에 제시되어 있다. 사용된 변수는 비금융기업의 순부채(부채에서 화폐금융 자산을 차감)를 실물자산(고정자산과 재고의 합)으로 나눈 값이다. 이는 기업규모에 따른 변화를 조정하기 위한 것이다. 두 그래프는 수준은 다르지만 그 변동하는 모습은 무척 유사하다. 두 나라 모두에서 1960년대에는 부채가 크게 늘어났고 1970년대에는 부채가 감소했는데 이는 실질금리가 마이너스였기 때문에 가능했다. 이 비율은 두 나라 모두에서 10년 동안 그 최대치에서 약 4분의 1이 감소했다. 짧은 자본축적의 상승기였던 1988년에서 1992년 사이에 프랑스에서는 부채비율이 상당히 증가했지만 이는 일시적이었다. 1990년대에는 두 나라 모두 부채비율이 뚜렷이 감소했다(미국의 경우 순부채가 마이너스가 되었다). 마지막으로 1980년대 초반 이후, 프랑스의 비금융기업이 미국의 기업에 비해 뚜렷하게 더 높은 부채를 안고 있었는데, 이것이 실질금리 상승의 부정적인 영향이 프랑스에서 더 컸던 이유이다.

　한편 〈그림 9.4〉에 나타난 1990년대 미국 기업의 대차대조표 개선은 미국 기업이 다른 기업을 인수할 때 순자산의 실제가격보다 구매가격이 높은 데서 얻은 이득을 금융자산 항목에 포함시킨 것과 관련이 있음을 잊지 말아야 할 것이다. 이 액수는 '영업권goodwill'으로 알려져 있다. 그림에서 나타나듯 기업의 순부채가 하락한 시기에 나타난 주식시장의 열풍이 기업인수의 가치를 과대평가했던 것이다. 하지만 자료가 제한되어 있어 이것이 얼마나 큰지는 알 수 없다.

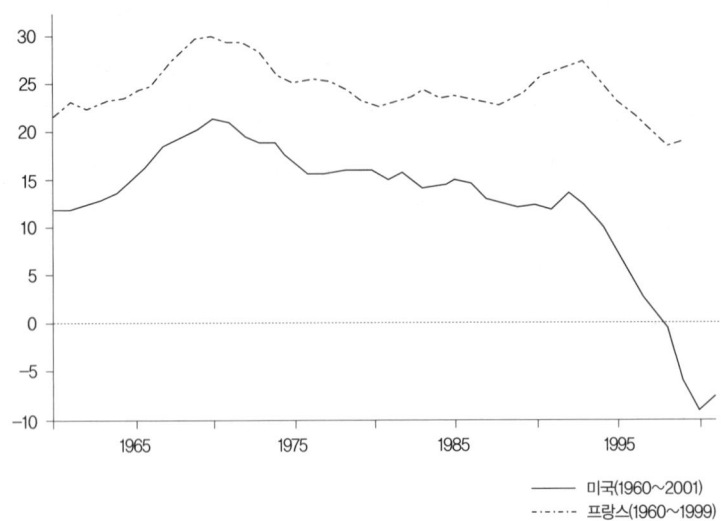

그림 9.4 실물자산에 대한 순부채의 비율(퍼센트) : 미국과 프랑스, 비금융기업. 순부채는 총부채에서 화폐금융 자산을 차감한 것이다. 실물자산은 고정자본과 재고의 합이다.

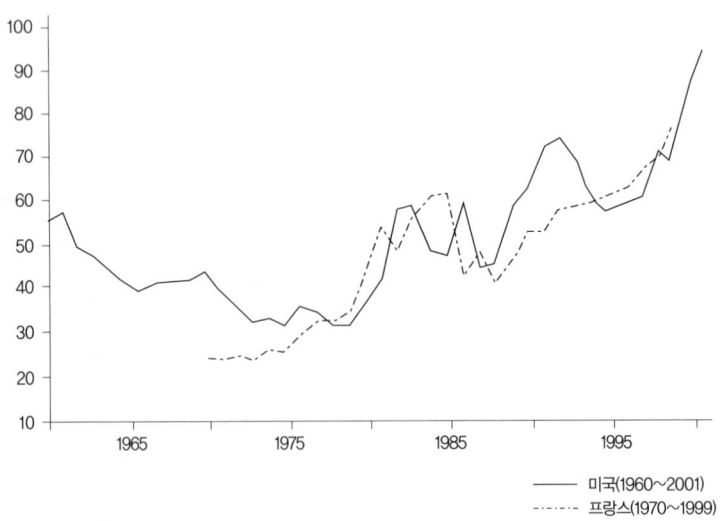

그림 9.5 배당으로 분배된 이윤몫(퍼센트) : 미국과 프랑스, 비금융기업.

배당 분배의 변화도 이자와 마찬가지로 비금융기업의 이윤이 외부로 이전되었음을 보여준다. 〈그림 9.5〉는 주주에게 배당으로 분배된 비금융기업의 이윤을 보여준다. 미국의 그래프는 1960년대와 1970년대 주식과 같은 금융자산 보유자의 이득이 감소되었음을 보여준다. 이윤 중 배당의 비중은 이윤의 약 50퍼센트에서 약 30퍼센트로 감소했다. 그러나 1980년대 초반 이후 이러한 흐름은 역전되어 2001년에는 무려 94퍼센트의 이윤이 배당으로 분배되었다. 프랑스의 경우 배당의 비중이 구조적 위기 이전에는 (이윤의 약 25퍼센트로) 낮은 수준이었으나 그래프가 보여주듯 신자유주의의 등장과 함께 크게 상승하고 있다.

이자의 변화와 마찬가지로 배당수준의 변화는 역관계의 전환을 보여준다. 신자유주의가 대두되기 이전의 위기 기간에는 기업들이 그들의 배당을 점점 줄여가고 있었고, 비록 감소하고 있었지만 이윤의 상당 부분을 기업 내에 보유했다. 1980년대 초반 이후에는 이자 지불 이후의 이윤율이 진정으로 회복되지 못했음에도 불구하고 이전과는 달리 배당 지불이 늘어났다.

전체적으로 신자유주의 시대는 자본수익성이 높은 시기였지만 그것은 기업의 이윤율의 관점에서가 아니라 대부자와 주식소유자의 관점에서 볼 때 수익성이 높았던 것이다. 기업들은 자본소유자에게 이윤에 비해 상대적으로 높은 이자와 배당을 지불해야 했기 때문에 이 시기는 기업들에게는 비용이 많이 드는 금융의 시대였다. 이자와 배당 등 금융에게 지불되어야 하는 부담의 증가는 기업에 대한 세금 감소와 뚜렷이 대비된다. 두 나라 모두 국가는 금융에 대한 부담으로 인해 악화된 기업의 수익성을 회복시키기 위해 기업을 도와주었던 것이다. 세금이 이윤에 미치는 부담은 상당히 감소되었다.

이윤에서 세금과 실질금리뿐만 아니라 배당금 지급까지 모두 고려하면 비금융기업의 이윤율과 축적률 간의 관계를 더 잘 보여주는 자본수익성을 계산할 수 있다. 〈그림 9.6〉은 프랑스의 이러한 이윤율과 축적률 간의 관계를 그린 것이다. 여기서 사용된 이윤율은 순부와 이윤에서 실질금리, 세금, 배당을 차감한 이윤으로 추정되었다. 우리는 이를 '유보이윤율 rate of retained profit'이라 부를 것이다. 이 유보이윤율과 고정자본 성장률은 놀랍게도 비슷한 움직임을 보여준다.[3] 이러한 관찰은 금융에게 지불된 이윤이 비금융기업의 실물투자를 위해 다시 비금융기업으로 돌아오지 않음을 의미하는데 우리는 이를 14장에서 더 자세히 살펴볼 것이다.

이러한 결과는 자본주의 경제의 동학에서 이윤율이 차지하는 핵심적인 역할을 확인해준다. 우리는 자본수익, 이자 지불, 배당의 비중을 축적의 동학에서 인식할 수 있게 되었는데 이는 3장에서 살펴본 유보이윤의 도식이 중요함을 의미한다.

유보이윤율의 변화 → 축적의 변화 → 고용과 실업의 변화

〈그림 9.6〉은 1980년대 중반 이후 유보이윤율과 고정자본 스톡의 성장률에 약간의 차이가 있음을 보여준다. 이 차이는 유보이윤의 일부가 축적이 아닌 다른 투자, 다른 기업의 주식 구입이나 해외로의 직간접적인 투자와 같은 자본수출, 혹은 부채의 상환 등에 사용되었음을 의미한다. 그중 마지막 부분을 더 자세히 살펴보자(프랑스 기업의 주식의 구매는 14장, 그리고 자본수출은 12장에서 살펴볼 것이

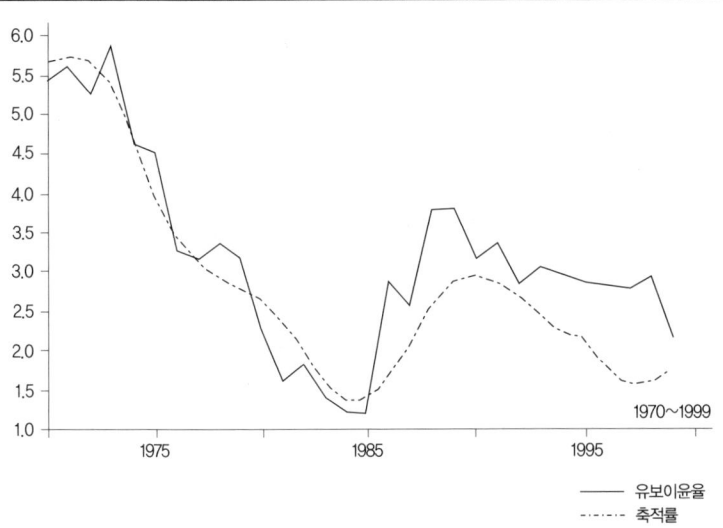

그림 9.6 유보이윤율과 축적률(퍼센트) : 프랑스, 비금융기업. 이윤율은 〈그림 9.2〉에서 나온 이자지불이 포함된 그래프에서 지불된 배당이 이윤에서 다시 차감된 것이다. 축적률은 고정자본의 성장률이다.

다).

프랑스의 기업들은 투자를 하는 대신 빚을 갚았다. 이는 실질금리 상승의 간접적인 효과였다.[4] 프랑스의 경우 이러한 전략으로 인해 1990년대 후반에는 기업투자에서 자기자금 조달의 비중이 (100퍼센트가 넘을 만큼) 크게 높아졌다. 미국에서도 유사한 변화가 관찰되지만 미국 기업들은 부채에 대한 의존이 낮았기 때문에 프랑스만큼 그 변화가 크지는 않았다. 이것은 1980년대와 특히 1990년대에 왜 미국 기업이 프랑스 기업보다 더 빨리 성장했는지에 대한 하나의 이유를 설명해준다.

따라서 이 장에서 전개된 주장을 다음과 같이 요약할 수 있다.

1970년대의 이윤율 하락은 우선 인플레이션의 상승으로 이어졌다. 실질금리가 낮아지고 심지어 마이너스로 되자, 부가 대부자로부터 비금융기업으로 이전했고, 이자로 지불된 만큼의 금액이 그대로 비금융기업으로 되돌아왔다. 배당은 가장 낮은 수준이었다. 1980년대에는 상황이 반전되었다. 금융은 자신들의 수입과 투자를 보호하기 위해 다른 이에게 미치는 비용이 얼마이든 간에 인플레이션을 막고 이윤에 대한 주주의 권리를 회복하기로 결정했다. 따라서 축적률은 하락했고 위기와 실업이 심화되었다.

2부에서 확인되었던 모순이 이제 비로소 해결된다. 3장에서 우리는 (이윤율이 바닥에 이른) 1982년까지 위기 동안 나타난 이윤율 하락과 축적률 하락이 관계가 있음을 살펴보았다. 그렇다면 이와 대칭적인 변화를 예상할 수 있다. 이윤율이 이제 상승하고 있으므로 축적률도 높아져야 할 것이다. 하지만 현실은 이와 달랐다. 이제 우리는 그 해답을 알 수 있다. 축적률은 유보이윤율에 의해 결정된다. 이자와 배당을 지불하기 전의 이윤율은 상승했지만 이윤의 일부가 금융에게 돌아갔던 것이다.[5]

기술변화의 새로운 발전이 이윤율을 다시 상승시켰는데 그 이득을 금융이 가져간 것은 무척 놀라운 일이다. 정부의 세금 인하와 노동자의 구매력 정체는 자본수익성을 상승시키는 데 크게 도움을 주었다. 임금억제와 노동자 세력의 약화가 어떻게 고용창출과 실업감소를 위해 필요한 조건이라고 할 수 있을까? 전반적으로 이러한 양보가 이루어졌음에도 불구하고 그 이득은 노동이 아니라 자본소유자에게 돌아갔다.

10장

케인스주의 국가의 부채와 가계부채

고금리 정책은 기업뿐만 아니라 부채를 지고 있는 정부와 가계에도 영향을 미쳤다. 공공지출의 문제와 그 자금을 어떻게 조달할 것인가는 이미 광범위하게 논의되어왔다. 구조적 위기의 시기에 재정적자는 크게 늘어났고 정부부채는 급증했다. 프랑스의 경우 사회적 세금과 그 외의 각종 세금에서 의무공제의 비중이 크게 증가해 2001년 총산출의 46퍼센트에 이른 것이 항상 비판의 대상이 되었다.[1] 케인스주의 정부와 방만한 재정지출이 모든 문제의 원인으로 비난을 받았다. 그것이 바로 금리인상의 원인이었으며, 이 때문에 투자가 정체되고, 투자 정체가 다시 실업을 증가시켰다는 식이다. 공공지출로 인해 사적투자가 위축되는 구축효과도 지적되었다. 그러나 이러한 주장들은 완전히 거꾸로 된 것이었다. 실제로는 재정적자를 일으킨 것이 바로 고금리였던 것이다.

공공지출과 수입의 변화는 구조적 위기의 전체적 틀 속에서 바라

보아야 한다. 이러한 메커니즘은 프랑스의 경우를 예로 들어 사회적 지출에 관해 살펴본 내용과 동일하다(6장). 사회적 지출은 공공지출의 일부이다. 우리는 이 장의 앞부분에서 공공지출에 대해 다룰 예정이다.

공공지출의 과다한 증가는 공공지출의 증가와 산출증가 사이의 시차의 표현이었다. 그러나 이는 느리고 영구적인 변화는 아니었다. 산출에 대한 공공지출의 비율의 증가는 특정한 시기에 나타났다. 그것은 10년 정도의 기간에 집중적으로 증가했던 것이다. 이 시기에 무슨 일이 일어났던가?

이에 관한 분석에서는 다른 국가지출의 비용과 이자비용을 구분해야만 한다. 우리는 먼저 이자 지불을 제외한 다른 지출에 대해 분석할 것이다. 이를 위해 우리는 1975년 이전 (다시 말해 프랑스의 경우 구조적 위기 이전), 1975년에서 1982년까지, 그리고 1982년 이후의 3가지로 시기를 구분한다.

1974년까지는 공공지출은 별다른 재정의 문제없이 산출과 같은 비율로 증가했는데, 이는 재정수입이 비슷하게 증가했기 때문이었다. 프랑스경제의 성장은 1974년 불황 이후 크게 정체되어 그 성장률이 (1952년에서 1974년까지) 연간 5.1퍼센트에서 (1974년에서 1982년까지 기간에는) 2.8퍼센트로 하락했다(《그림 8.1》). 1975년에서 1982년까지 공공지출은 연간 5.3퍼센트로, 놀랄 만큼 꾸준하게 증가했다. 반면 산출은 느리게 증가했기 때문에 공공지출이 산출에서 차지하는 비율은 크게 상승했다. 수지균형을 맞추기 위해 사회적 세금의 비율도 계속 상승했고 공공부채는 산출보다 빠르게 증가하지는 않았다. 1982년 이후에는 공공지출의 성장률이 연간 2.1퍼센트로 하락했고 이후에는 그 수준을 유지했는데 이는 산출의 성장률보다 조금 낮은 수준이었다.

요약하면, 구조적 위기 이전에는 산출과 공공지출이 동시에 빠르게 성장하고 균형을 이루어서 사회적 세금이 상승하지 않았다. 1982년 위기의 첫 번째 단계에는 산출의 성장이 상당히 정체되었던 반면 공공지출은 계속 증가했지만 사회적 세금의 증가로 인해서 불균형이 심화되지는 않았다. 1982년 이후에는 성장률도 낮아졌지만 공공지출 성장률이 산출 성장률보다 더 낮게 하락했다.

따라서 지출과 수입은 계속 균형을 이루었을 것이라 예상할 수 있다. 사실 그랬다. 이자 지불이 없었더라면 프랑스에서는 재정적자가 나타나지 않았을 것이고 단지 제로의 균형수준에서 조금씩만 변동했을 것이다.

그러므로 재정적자에 관해서는 다음 사실을 잊지 말아야 한다. 재정적자는 순전히 1980년대의 금리인상 때문이었다. 이는 이탈리아를 제외한 다른 유럽 나라들에도 동일한 사실이었다. 〈그림 10.1〉은 프랑스의 이러한 현실을 보여준다. 첫 번째 그래프는 총 산출에 대한 재정흑자 혹은 적자의 비율을 보여준다. 이는 모든 지출을 포함하는 전통적 수치이다. 두 번째 그래프는 이자 지불을 제외한 것이다. 기간에 걸친 이 수지의 변동에 관해서 자세히 토론하지는 않을 것이다. 재정지출은 별로 변동이 없지만 재정수입은 경제활동에 따라 민감하게 반응하므로 수지는 상당한 변동을 보여준다. 재정수입은 경제활동이 호황일 때는 높지만 불황일 때는 낮아진다. 여기서 중요한 사실은 이자 지불을 제외하면 재정적자가 사라진다는 것이다. 재정지출 성장률이 크게 떨어지지 않은 1975~82년의 기간도 예외가 아니다.

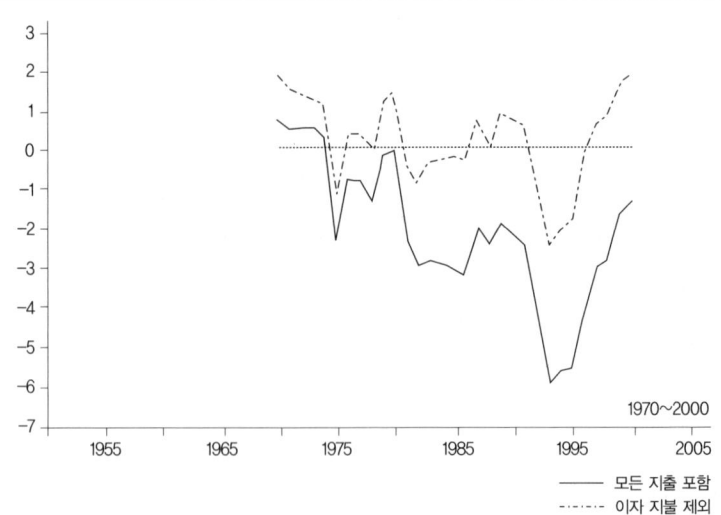

그림 10.1 재정흑자 혹은 적자. 모든 지출을 포함한 수치와 이자 지불을 제외한 수치(산출에 대한 퍼센트 비중) : 프랑스.

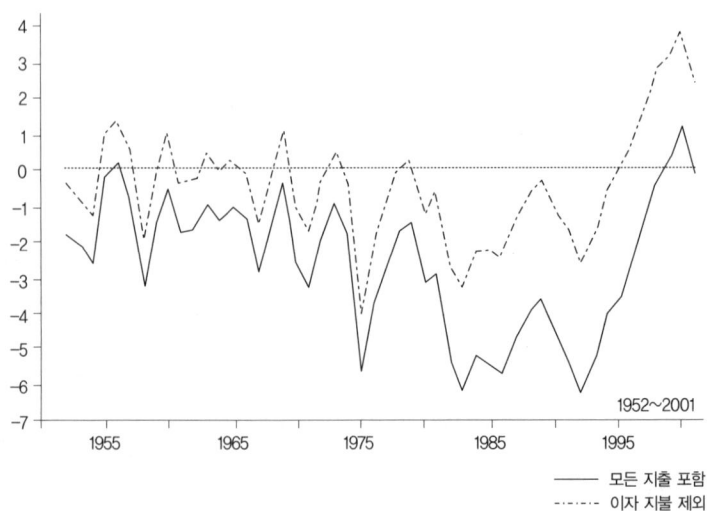

그림 10.2 재정흑자 혹은 적자. 모든 지출을 포함한 수치와 이자 지불을 제외한 수치(산출에 대한 퍼센트 비중) : 미국.

〈그림 10.2〉는 미국을 대상으로 똑같은 분석을 보여준다. 프랑스에서와는 달리 미국에서는 재정적자가 1975년 이전에도 나타났지만 그 수준은 매우 낮았다. 미국의 재정적자에도 프랑스와 마찬가지로 1980년대와 1990년대의 금리인상의 효과가 뚜렷하며 1990년대 후반에야 사정이 나아졌다.

여기서 짚고 넘어갈 점이 있다. 1980년대의 재정적자는 부족한 사적 수요를 메우기 위해 공공지출을 확대할 것을 주장하는 케인스주의 거시경제학의 이론에 따라 성장을 촉진시켰기 때문에 발생한 것이 아니었다. 미국에서 재정적자는 성장의 정체와 공공지출의 증가를 억제하기 어려웠던 현실을 배경으로 나타났고 금리인상으로 인해 심화되었다. 레이건$^{Ronald\ Reagan}$은 위대한 케인스주의자가 절대 아니었다.

어떻게 금리인상이 대규모 재정적자가 나타나기 이전에 그 부담을 심화시켰을까? 금리가 상승했을 때 다양한 정부조직들은 이미 동일한 수준은 아니지만 부채를 지고 있었다. 이 부채는 2차 대전 이후에는 인플레이션 덕분에 감소하고 있었다. 이들 부채의 내용은 대부분은 단기 채권이었는데, 금리가 상승하자 이 채권들의 기간을 연장하기 위해서는 채권금리를 더 높여야만 했다. 이러한 과정이 1980년대와 1990년대 재정적자의 근본원인이었다.

시장 메커니즘이 재정적자를 금리인상으로 전환시켰다고 주장하는 것은 말이 되지 않는다. 재정적자는 금리인상 이후에 나타났으며 이자 지불의 부담을 제외하면 재정적자는 사라지고 만다.

일부의 사람들은 정부가 재정지출을 억제하는 데 금리인상이 큰 역할을 했다고 주장한다. 이는 정부가 재정지출을 다른 정책을 통해서는 억제할 수 없었을 것이라는 가정에 기초하고 있다. 이들에 따르면 정부가 다른 경제주체들처럼 합리적이 되기 위해서는 이자를 지불해야만 하고 부채부담을 져야 한다는 것이다. 부채의 부담과 수입의 감소는 충분한 압력이 되지 않았다. 다시 말해, 정부적자가 용인되지 못할 정도로 높아질 때까지 금융이 정부지출(과 이를 충당하기 위한 정부수입)을 증대시킬 필요가 있었다. 앞서 말한 잘못된 주장은 덜 긴축적인 저금리 정책을 폈다면 성장률이 높아지고 세금수입과 사회적 세금이 더 늘어났을 것이라는 사실을 간과하고 있다. 덜 긴축적인 정책은 또한 결과적으로 발생한 빈곤과 실업급부금의 부담도 피할 수 있게 해주었을 것이다. 위기를 관리해야 할 필요가 있다는 것은 당연한 일이지만, 신자유주의 전략은 해로운 것이었다.

이제 가계의 부채문제에 대해서 살펴보자. 몇몇 유사점에도 불구하고 가계부채는 기업이나 공공부채와는 다른 모습을 보여준다. 프랑스의 가계는 구조적 위기와 신자유주의 정책의 극적인 결과를 아주 잘 보여준다.

가계부채도 기업부채와 마찬가지로 전체적으로 검토될 수는 없으며 대부자와 대출자를 구분하는 것이 필요하다. 몇몇 가계는 구조적으로 어떤 한 집단에 속해있는 반면 다른 가계들은 양 집단 사이를 오가기도 한다(예를 들어 집을 사기 위한 자금을 빌리기 위해서 가계는 먼저 저축을 하고 얼마 동안에는 채권구입과 같은 금융투자를 하기도 한다). 그러나 자료의 문제로 인해 이러한 자세한 구분은 쉽지 않으며 여기서는 전반적인 상황만을 분석할 것이다.

〈그림 10.3〉은 (대출금의 상환을 제외한) 가계대출의 연간액수를 보여준다. 이 대출은 1985년까지는 상당히 안정적이었지만 1986년과

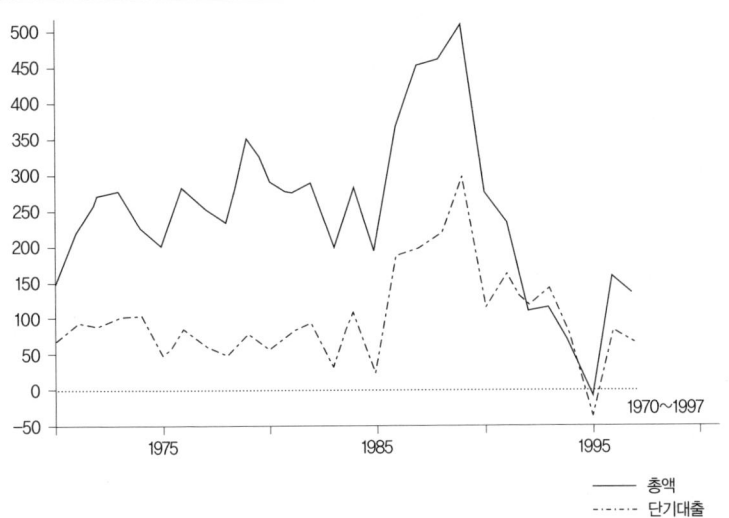

그림 10.3 새로운 가계대출의 연간액수. 총액과 단기(십억 유로, 1995년 기준) : 프랑스. 대출에서 언제나 그 상환은 차감된다.

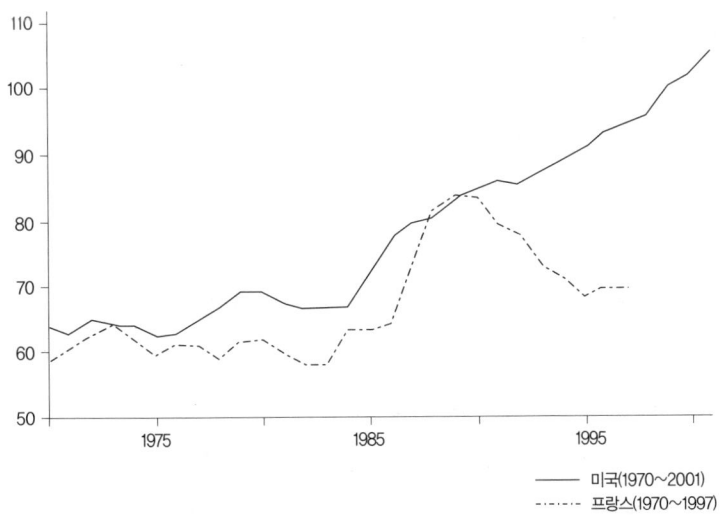

그림 10.4 가계의 가처분소득에 대한 가계부채의 비율(퍼센트) : 미국과 프랑스.

1987년 크게 상승했고 결국 2배가 되었다.

이러한 상황의 의미를 이해하기 위해서 우리는 부채문제를 구조적 위기와 위기에 대한 가계의 대응이라는 관점에서 파악해야 한다. 가계소득의 근원인 총임금은 위기 이전 1974년까지는 실질가치로 연간 6퍼센트 이상 증가했다. 1974~1982년의 기간에는 총임금은 계속 증가했지만 그 증가율은 정체되었다. 소득의 성장이 정체되자 가계는 소비지출의 증가를 줄였고 주택구입은 더욱더 줄였다. 이런 식으로 그들은 부채를 지는 것을 피할 수 있었다. 1982~1987년의 기간은 최악의 시기였다. 임금정체와 고용감소로 인해 총임금은 거의 같은 수준이었다(물론 총임금이 안정적이어도 몇몇에게는 증가하고 다른 이들에겐 감소했음을 의미한다). 가계는 지출을 줄였지만 소득이 감소하는 만큼 줄이지는 못했고 따라서 빚을 질 수밖에 없었다. 이 시기의 가계부채는 월말에 가계부의 수지균형을 맞추기 위한 종류의 비자발적인 부채였다. 이 시기의 부채급증은 특히 단기대출 증가의 결과였는데(《그림 10.3》), 그로 인해 단기대출의 금리는 무척 높게 상승했다. 이로 인해 가계부채 문제가 심각해졌고 결국 과다부채 관련 위원회를 가동시키는 방식으로 상당한 정부개입이 이루어졌다. 이처럼 가계부채가 상승한 데 대해서는 구조적 위기와 관련해 다양한 연구가 나왔다.[2] 거의 90퍼센트의 경우에 소비자신용이 문제로 되었거나 혹은 부동산 대출과 소비자신용이 함께 문제가 되었고 거의 반 이상의 경우에 이 문제는 실업과 관련이 있었다.

이러한 부채부담의 증가가 1980년대 초 금리가 인상되고 몇 년 이후에 발생했다고 해서 금리인상 정책의 책임이 사라지는 것은 아니다. 실업, 고용불안 등 위기로 인한 어려움에 직면한 가계는 이중적인 의미에서 금리인상의 희생자였다. 첫째, 그들의 소득이 상당히 감소하여 총임금이 완전히 정체되었다. 금리인상이 실업을 심화시키고 장기화시켰으며 실업과 더 일반적으로 신자유주의 정책으로 인해 임금이 동결되었던 것이다. 둘째, 이자 지불의 부담이 가계지출의 중요한 요소였으며 실질금리의 인상은 많은 가계에 부담을 가중시켰다. 1987년에는 이자 지불이 전체 대출의 거의 절반에 이르렀다. 이자를 지불하기 위해 부채가 더 늘어났는데 이러한 누적적인 악순환의 논리는 잘 알려져 있다.

대출의 증가는 (약간의 시차를 두고) 가계부채의 증가에 그대로 반영되었다. 〈그림 10.4〉에서 뚜렷하게 볼 수 있듯, 가계부채는 1980년대 초반까지 가계의 가처분소득의 약 60퍼센트 수준이었으나 이후 급속히 증가해 거의 90퍼센트에 이르렀다. 그러나 과다한 부채가 문제이긴 했지만 이러한 과다한 부채가 오래 지속되지는 않았다. 긴축정책의 시대가 1990년대 초반 마침내 끝나고 성장이 회복되었다(《상자 8.1》). 실업은 완화되었고 총임금도 다시 증가해 가계지출도 어느 정도 증가했다. 따라서 가계부채의 증가는 일시적인 것이었다. 그러나 1990년대 후반 프랑스의 가계부채의 수준은 여전히 1970년대의 비중보다 조금 더 높다.

미국의 가계부채 증가는 프랑스에 비해 더욱 뚜렷했다(〈그림 10.4〉). 1960년대 초반 미국 가계부채는 소득의 약 60퍼센트 수준으로 프랑스와 별로 차이가 없었다. 이 비율은 이후 프랑스와 마찬가지로 상승하기 시작했다. 그러나 프랑스와는 달리 미국의 가계부채는 1990년대에도 계속 증가해 1999년 이후에는 100퍼센트를 넘어섰다. 미국의 가계부채가 계속 증가하고 있는 것은 미국의 특수한 거시경제 상황 때문인데 이는 12장에서 분석할 것이다. 우리는 특히 낮은 저축수준과 해외자본을 이용한 자금조달에 주목할 것이다. 앞으로 살펴보겠지만 신자유주의는 미국의 경우 무척 특수한 누적적인 불균형을 낳았다. 1980년대 중반 이후에는 프랑스와 미국 모두에서 부채가 증가했다. 하지만 프랑스에서는 대외수지 균형의 제약으로 인해 부채가 계속 늘어나지는 않았지만 미국에서는 계속적으로 늘어났다.

11장

세계 각국으로 번진 금융위기

우리가 앞에서 신자유주의 금융에 대해 가한 비판만으로도 이미 충분한 비판이 되었을 것이다. 1979년 쿠데타는 구조적 위기의 영향, 특히 실업을 장기화하고 재정적자를 심화시켰으며 이미 성장정체, 실업증가, 고용불안으로 인해 취약해진 가계부채 문제를 더욱 악화시켰다. 이 장에서는 또 다른 비판을 가할 것이다. 여기서는 신자유주의가 그 씨를 뿌린 1980년대와 1990년대의 화폐금융 위기를 살펴볼 것이다.

당시의 위기들은 여러 종류로 구분된다. 주변부이든 중심부이든 1980년대의 위기는 화폐금융의 규제완화와 함께 나타난 금리인상의 직접적인 결과였다. 1990년대의 위기는 무엇보다도 금융시장의 세계화와 관련이 있는데 이는 국제적 측면에서 나타난 신자유주의의 특징이었다. 1980년대 위기는 신자유주의 경제의 등장을 나타내는 것이었고, 1990년대 위기는 신자유주의 세계화로 인한 것이었다. 그러

나 둘 간의 차이는 그리 뚜렷하지 않다.¹

우리는 우선 1979년 금리인상과 직접적으로 관련이 있는 두 중요한 금융위기를 분석할 것이다. 이는 주변부 나라들의 외채위기와 중심부 나라들의 금융시스템 위기이다.

이제 20년 전에 발생한 한 사건으로 되돌아가보자. 1980년대 초에 일어난 이 사건은 이 책이 다루는 시기의 끝 무렵까지도 심각한 영향을 미쳤다. 그 사건은 1982년 멕시코의 외채지불 정지 선언으로 시작된 외채위기였다. 그러나 멕시코 위기는 그 후 발생할 위기들의 전조일 뿐이었다. 1983년 10월에는 27개 나라들이 이미 그들의 외채상환 일정을 재조정했고 다른 나라들도 이들을 뒤따랐다. 가장 외채를 많이 지고 있었던 네 나라인 멕시코, 브라질, 베네수엘라, 아르헨티나는 개도국 전체 외채의 74퍼센트를 안고 있었다.

어떻게 이 모든 나라들이 갑자기 동시에 외채지불을 정지하게 되었을까? 고금리와 디스인플레이션의 충격, 다시 말해 실질금리의 인상이 변동금리에 기초해서 대출을 받는 정책을 추구했던 나라들에 치명적인 타격을 가했던 것이다. 이때의 충격은 이 나라들의 부채에 대한 실질금리가 갑자기 상승한 것, 다시 말해 총부채에 대해 지불하는 총이자의 비율에서 미국의 인플레이션 증가율을 뺀 값이 급등한 것에서 잘 나타난다(〈그림 11.1〉). 우리는 자본주의 중심부 나라들이 1970년대까지는 저금리 혹은 마이너스 금리를 유지했지만 금리정책의 변화와 함께 1980년대에는 금리가 급등했음을 잘 알고 있다. 이러한 상황에서는 개도국들이 외채부담을 견딜 수 없었던 것이다.²

이 나라들의 외채는 1980년대 이전에 증가하기 시작했으므로 화폐정책의 변화가 외채위기에 모든 책임이 있는 것은 아니다. 하지만 그

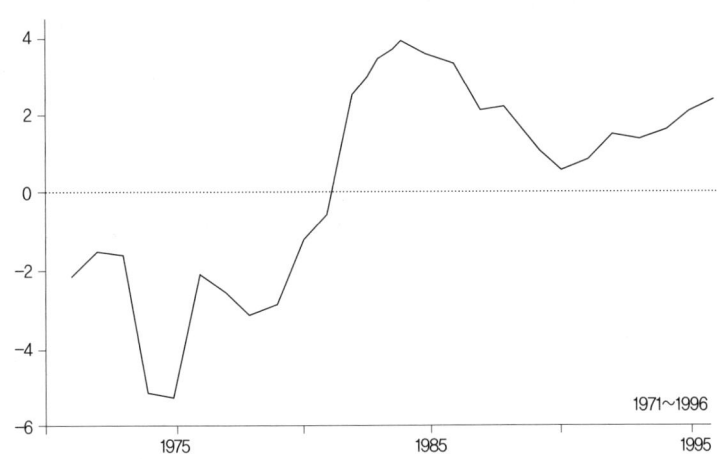

그림 11.1 실질금리(퍼센트) : 개발도상국. 이것은 총이자 지불액을 총부채로 나눈 값에서 미국의 인플레이션 증가율을 뺀 것이다.

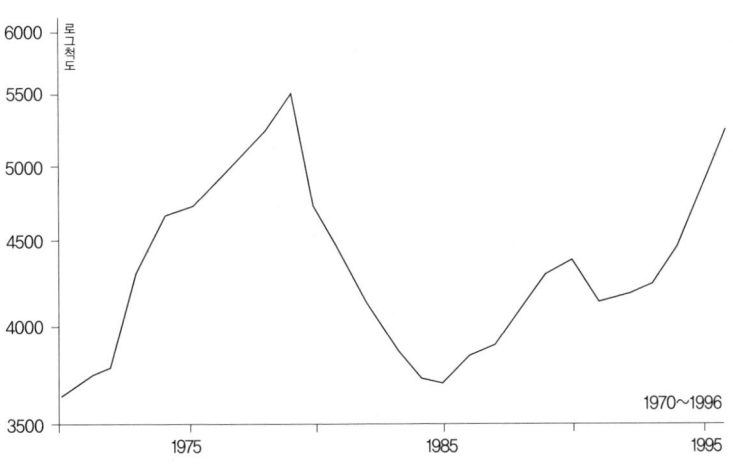

그림 11.2 산출(10억 달러, 달러 가치는 1992년 기준) : 개발도상국.

것은 상당히 중요한 원인이었다. 세계은행의 정의에 따르면 1970년 대 초 개도국의 외채는 이들 국가의 총산출의 약 7~8퍼센트에 불과했다. 이 수치는 1979년에는 두 배로 늘어났고 단기외채가 크게 증가해 위험을 증가시켰다. 1979년에서 1987년까지 총산출에서 차지하는 외채의 비율은 16퍼센트에서 39퍼센트로 높아졌다. 이자와 원금을 합친 외채지불은 이전에는 총수출에서 약 7~8퍼센트였는데 1986년에는 23퍼센트로 급증했다.

이들 개도국으로부터 수출되는 1차 산품의 가격하락과 위기로 인한 선진국들의 수요정체 등과 함께 이 이자지불 부담의 급등은 개도국에게 파괴적인 영향을 낳았다. 〈그림 11.2〉는 1992년 달러로 표시된 개도국의 산출을 보여준다. 이 변수는 개도국 국민들의 생활수준 변화를 직접적으로 나타내지는 않지만 미국과 비교해 이들 나라들이 어느 정도의 구매력을 가지는지를 보여준다. 그 변화는 자명하다. 1970년대에 이루어진 발전과 비교할 때 1980년대 개도국 산출은 완전히 붕괴했다. 물론 달러가치가 1980년대 초 상당히 변동해 그 변화를 약간 왜곡시켰을 수도 있지만, 이 수치로 볼 때 1996년 개도국의 산출은 1996년에도 1979년의 최대치를 회복하지 못했던 것이다.

금리인상과 직접적으로 관련이 있는 신자유주의 시대의 두 번째 중요한 위기는 미국을 비롯한 선진국의 금융 시스템을 강타했다. 많은 문제들은 금리인상의 직접적인 결과였지만 이 문제들은 국내외 규제완화와 함께 1990년대에도 지속되었다.

1980년 초반 이후 거의 모든 나라가 금융 시스템의 위기를 겪었다. 흔히 예외로 이야기되는 독일을 제외한 미국, 일본, 프랑스, 영국, 그리고 스칸디나비아 나라들과 같은 거의 모든 주요 선진국들이 금융

위기를 겪었다. 미국의 금융기관은 대공황 이후 처음으로 연쇄파산에 휩싸였다. 일본의 위기는 잘 알려져 있고, 프랑스에서도 크레디 리요네Crédit Lyonnais, 콩투아르 데장트르프르뇌르Comptoir des Entrepreneurs, 크레디 퐁시에Crédit Foncier 등의 파산이 널리 알려져 있다. 스칸디나비아 나라들도 좋은 사례이다. 파산한 핀란드 은행을 구제하는 데 든 비용은 연간 총산출의 6분의 1에 달했다. 부실채권의 증가라는 면에서 볼 때 남유럽도 사정이 좋지는 않았다.[3] 영국은행 베어링스Barings가 파산한 일과 미국의 펀드회사인 롱텀 캐피털 매니지먼트Long-Term Capital Management가 구제를 받은 일은 언론에 대대적으로 보도되었다.

여기서는 1980년대와 1990년대 초반에 발생한 미국의 저축대부조

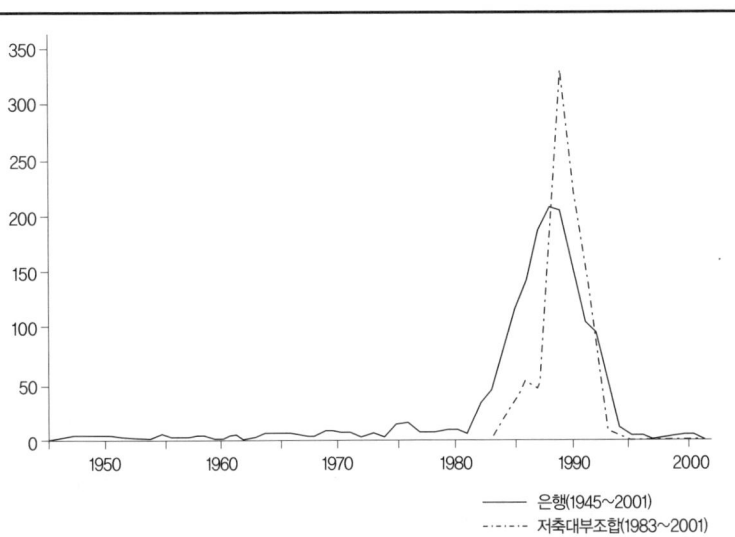

그림 11.3 파산하거나 구제를 받은 은행과 저축대부조합의 수 : 미국. 파산하거나 구제를 받은 은행과 저축대부조합의 예금은 연방저축보험공사에 의해 보장받는다.

합의 위기에 대해서 상세하게 살펴보자(〈상자 11.1〉). (1984년 전체 14,500개 은행과 3,400개 저축대부조합 중) 약 1,400개 은행과 1,200개 저축대부조합이 1984년에서 1994년 사이의 기간 동안 파산하거나 연방저축보험공사(Federal Deposit Insurance Corporation)의 구제를 받았다 (〈그림 11.3〉).[4]

〈상자 11.1〉
미국 저축대부조합의 위기

미국의 저축대부조합은 원래 주택관련 대출을 했던 투자기관이다. 위기 이전(1965~1988년) 이들 기관에 예금된 저축은 은행저축의 약 55~60퍼센트였는데 2000년에는 19퍼센트로 감소했다. 저축대부조합의 경영원칙은 그들의 저축에 대해서 낮은 단기금리를 지불하고 그들이 빌려준 주택저당대출(mortgage)에 대해서는 높은 장기금리를 받는 것이었다. 저축대부조합의 저축에 대한 최고금리는 수익성을 우려한 저축대부조합들의 요구에 따라 1966년부터 규제되었다.[i] 이로 인해 가계는 1980년대 초 금리가 인상되자 더 높은 수익을 얻기 위해서 '탈중개화 disintermediation'라고 불리는 과정을 따라 그들의 저축을 다른 곳으로 옮겼다. 저축대부조합의 최초 위기는 1980년대 초 전체 저축대부조합의 순자산이 거의 0에 이르렀을 때 발생했다. 정부는 당시 저축대부조합의 활동에 대해서 광범위한 규제완화를 도입했으며 합병을 유도했다. 그 결과로 이들은 1982년에서 1985년까지 제한을 받지 않고 무질서한 사업을 추진했다. 이들은 카지노와 스키 리조트 등에 대한 대출을 늘리며 이윤이 나는 모든 사업에 투자했으며 특히 당시 열기가 뜨거웠던 사무실 건물 투자에도 나섰다. 그러다가 1986년 초 부동산 가격이 폭락하자 이들의 손해는 엄청나게 커졌다. 조지 부시(George H. W. Bush)는 1989년 대대적인 구제에 착수했는데 그 비용은 정확하게 추정하기 힘들 정도이다.[ii]

---

i. T. F. Cargill, *Money, the Financial System, and Monetary Policy* (Englewood Cliffs, N. J.: Prentice-Hall, 1991), p. 304.
ii. 이 구제의 비용은 수 년 동안 1,600억 달러에 이르렀던 것으로 추정된다(1998년 미국의 총예산은 2조 5천억 달러였다). 이 문제에 대해서는 연방저축보험 공사의 *History of the Eighties: Lessons for the Future* (Washington, D.C.: Federal Deposit Insurance Corporation, 1997), 주1 참조.

이 위기에는 몇 가지 일반적인 특징이 있다. 특별한 요인은 1980년대 초의 금리인상이었다. 이런 점에서 볼 때, 1979년을 역류의 해라고 생각할 수 있다. 미국 은행 시스템이 위기를 맞은 주요 원인은 금리인상으로 인해 채무자, 특히 국제적 채무자들이 지급불능 상태가 된 것이었다. 주변부 나라들 이외에도 금리인상으로 피해를 입은 채무자는 미국의 농업부문, 에너지 부문과 투기적 버블이 심각했던 사무건물 부문이었다. 이로 인해서 실질금리 인상에도 불구하고 미국 금융부문의 이윤율이 1980년대에 회복하는 데에는 시간이 걸렸다.

미국의 은행위기와 주변부 나라들의 외채위기는 밀접하게 관련되어 있다. 미국 은행들의 대출 중 이들 나라들에 대한 대출은 1977년에 그들의 순자산의 절반이나 되었고 1987년에는 순자산보다도 더 높았다. 외채위기의 이듬해인 1983년, 가장 외채가 높았던 4개국(멕시코, 브라질, 베네수엘라, 아르헨티나)의 외채 중 4분의 1이 미국의 8대 은행이 대출한 것이었고 이는 그들의 순가치의 147퍼센트나 되는 액수였다. 여러 차례의 경고에도 불구하고, 이 은행들의 주가는 계속 상승했다. 1987년 시티은행^{Citicorp}만이 그들의 재무제표에 부실채권으로 인한 손실에 대비한 대손충당금을 계상했다. 1989년에는 은행부문 부채의 절반 정도가 손실로 계상되었다.

또한 이 과정에서 규제완화와 재규제의 영향이 무척 중요했는데 이 점에서 볼 때 저축대부조합 위기가 처리된 방식은 특히 시사적이었다. 위기의 초기 단계에 레이건 행정부는 시장의 가치를 옹호하며 이들에 대한 구제와 구조조정을 수행하려 하지 않았다. 신자유주의적인 모든 방식이 사용되었다. 다시 말해, 합병을 촉진하고 저축금리를 자유롭게 하고 투기적인 활동을 비롯해 문제가 많은 사업들을 허용했다. 그러나 이후에 연방정부는 태도를 바꾸어 금융위기가 1930년대와 유사한 심각한 위기로 심화되는 것을 막기 위해서 필요한 모든 것을 수행했다. 특히 정부는 예금보험을 보장하기 위해서 자금을 투입했다.

금리인상보다는 금융시장의 세계화와 국제 자본이동과 관련이 깊은 두 번째 형태의 신자유주의 위기에 관해서는 최근 많은 연구가 이루어졌다.

외채위기에서도 그랬지만 1994~1995년에 발생한 이 두 번째 형태의 위기에서도 멕시코가 앞장을 섰다. IMF가 모범적이라고 평가하던 경제정책을 6년간 실시한 시점인 1994년 12월 말 멕시코는 갑자기 자국통화의 달러에 대한 환율을 변동환율로 만들어야 했다(《상자

〈상자 11.2〉
1994~1995년 멕시코 위기의 원인

1980년대 후반 멕시코는 (물가가 연간 거의 두 배씩 상승하는) 심각한 인플레이션을 겪었다. 상당한 구조개혁 조치들이 도입되었다. 정부의 예산적자 축소와 페소의 안정적 환율유지가 포함된 전통적인 거시경제 안정화 조치인 당시의 구조개혁 조치들은 의미가 무척 큰 것이었다. 물론 이러한 변화는 자유화를 지향하는 변화였다. 민영화, 규제완화, (1993년 NAFTA의 조인으로 이어진) 해외시장 지향정책, 금융부문의 호황 등이 나타났다. 멕시코 경제는 1982년 이전의 성장률을 결코 기록하지 못했지만 내부적인 기준에 따르면 이 프로그램은 모든 면에서 성공적이었다.

인플레이션은 하락하고 있었지만 임금정체에도 불구하고 멕시코의 무역 상대국보다는 여전히 높은 상태였다. 국내와 해외의 상품의 상대가격의 차이는 계속 확대되어 해외상품의 가격 경쟁력이 높아졌다. 이 시기 내내 석유수출에도 불구하고 수입이 수출보다 많아서 국제수지의 적자가 더욱 심해되었다. 이러한 상황에서는 멕시코의 통화가치를 유지하기가 불가능해졌다. 멕시코는 해외자본을 붙잡아두기 위해서 더욱더 위험한 정책들을 쓸 수밖에 없었다. 조정의 필요성이 명백해지자, 자본은 탈출했고 결국 멕시코를 금융위기에 빠뜨렸다.

11.2〉). 1년 만에 페소peso의 가치가 절반으로 폭락했고 주식시장도 그만큼 폭락했으며 금리는 폭등했고 경제는 침체에 빠져서 사회적으로 심각한 결과들을 초래했다. 멕시코 노동자의 평균 구매력은 반으로 하락했고 빈곤율은 30퍼센트에서 50퍼센트로 늘어났다. 그 와중에서도 멕시코는 빚을 갚았다.

멕시코 위기는 호황에 대한 기대를 끝장냈고 달러에 대한 페소의 안정성을 깨뜨렸으며 해외자본의 유입을 멈추게 만들었다. 그것은 3년 후 1997년 발생한 동아시아 위기의 전조였다. 먼저 태국의 바트화가 폭락했고 이후 필리핀, 인도네시아, 한국의 통화가 뒤따랐다. 많은 기업들, 특히 한국의 재벌과 같은 기업들이 파산했고 주식시장도 통화가치와 함께 폭락했다. 이 모든 나라들에서 위기의 영향은 끔찍한 것이었다. 실업이 치솟고 생필품의 가격상승으로 인해 빈곤이 심화되었으며 범죄가 늘어났다.

〈그림 11.4〉와 〈그림 11.5〉는 한국이 받은 충격을 보여준다. 한국의 실업률은 위기 이전 약 2퍼센트였으나 위기로 인해 갑자기 7~8퍼센트로 급등했다. 1995년 초부터 하락하던 주가는 갑자기 폭락해 1년 만에 반 토막이 났다. 경제활동, 특히 산업생산은 달러에 대한 원화의 3분의 1이나 되는 평가절하로 인해 도움을 받았지만 실업률은 여전히 이전 수준을 회복하지 못했다.

이러한 위기들 외에도 1998년 8월 루블화의 폭락과 거의 파산지경에 이른 러시아의 위기, 1998년 후반 아시아 위기의 영향으로 인한 브라질과 터키의 위기, 2001년 시작된 아르헨티나의 위기 등은 모두 불안정한 신자유주의의 파괴적인 결과를 보여준다.

이러한 화폐금융 위기들을 설명하는 것은 쉽지 않다. 원인으로 지

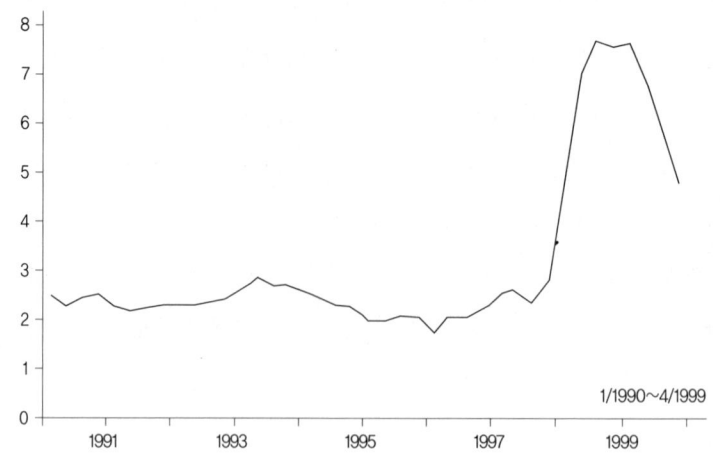

그림 11.4 실업률(퍼센트) : 한국.

그림 11.5 주가지수(1995=100) : 한국.

적되는 것들로는 중심부와 주변부 나라 모두에서 규제완화로 인해 은행 시스템의 취약성이 심화된 것, 공적, 사적인 금융기관들의 방만한 경영, 은행에 대한 국내외 감독의 부족, 환율의 변동성 혹은 이와는 반대로 몇몇 경우에는 달러에 대한 환율고정, 주변부 나라들에 직접적인 영향을 미친 자유로운 자본의 국제이동 등이 있다. 여기에 반드시 추가해야 할 항목이 지급불능 상태를 낳은 금리인상이다.

그러나 이 설명에는 중요한 요소가 여전히 빠져 있는데 1980년대와 1990년대에 나타난 금융부문의 급속한 성장이 바로 그것이다. 이것에 대해서는 13장에서 검토할 것이다. 금융부문의 성장은 금융부문이 다른 경제부문에 부과한 이자지급의 순흐름과 높은 수익성에 자극받은 자본유입의 증가로 인해 가능했다. 배경이 어떻든 이러한 급성장은 금융 시스템을 위험하게 만들었다. 금융부문의 발전과 대대적인 규제완화가 함께 진행된 것은 우연이 아니었다. 가용자금이 늘어나자 금융은 지금까지 지켜왔던 몇 가지 안전장치들을 포기했던 것이다. 더 조심해야 할 상황에서 도리어 규제와 질서를 부과하는 규칙들을 제한하기 위한 갖은 조처가 취해졌다.

화폐와 금융의 안정이라는 점에서 볼 때 금융기관의 활동은 규제되어야 하고 어느 정도 통제가 필요하다는 것에는 의문의 여지가 없다. 신자유주의 이전에는 이러한 통제는 정부의 감독하에 중앙은행에 의해 이루어졌다. 이러한 감시가 느슨해지고 국제적인 수준에서 약화되었다는 사실은 이를 대체할 원칙과 그것을 전 세계적 수준에서 실행할 수 있는 초국적인 기관의 필요성을 심각하게 제기한다. 건전성 규제라 불리는 경영원칙이 점진적으로 확립되고 있고, 규칙준수 의무가 부과되고 있으며, 구제의 과정도 조직되고 있다. 이러한 조치들은 의미 있는 일이지만 위기의 발생을 막기에는 역부족이었다.

외환거래를 관리하는 메커니즘도 문제의 원인이 되었다. 1990년대의 세계 통화체제는 몇몇 통화가치를 달러가치에 고정시키는 실질적인 고정환율과 (달러와 엔 사이의 환율처럼 환율에 엄청난 변동을 가져다주는) 변동환율을 동시에 결합한 것이었다. 이것은 극단적인 경직성과 유연성의 이상한 혼합물이었다. 어떤 통화를 달러에 고정시키는 것은 국제자본이 환 위험을 제거하는 것을 보장해 주었으며 금융이 가장 이상적인 조건에서 순환할 수 있도록 해주는 것으로 보인다. 그러나 다른 통화들은 변동환율이고 각 통화의 인플레이션 증가율이 다르기 때문에 이 체제는 취약해질 가능성이 있다. 일본경제와 깊은 관련이 있는 한국과 같은 몇몇 동아시아 나라들은 그럼에도 불구하고 그들의 통화를 (국제결제에 이용되는) 달러에 고정시켰다. 달러가 평가절하 되는 한 이러한 체제는 무척 이로운 것이었다. 그러나 달러와 엔 사이의 환율의 심각한 변화, 특히 1997년 6월~1998년 8월 사이에(즉 14개월 만에) 달러가 27퍼센트 평가절상 되자, 이들 나라에서는 통화 가치가 상승했고, 이것과 함께 다른 요인들의 영향을 받아 경기침체가 나타났다.[5]

1990년대의 위기와 관련해서 가장 흔히 지적되는 요인은 세계시장에서 자본이동의 자유이다. 선진국에서 이 자유는 국민정책의 자율성을 심각하게 제한했고 각국 정부에 어려움을 던져주었다. 신흥시장 나라들에서는 이러한 자본이동이 엄청난 불안정을 가져다주었고 각 위기 때마다 경기침체의 위험은 위기를 더욱 심화시켰다. 이는 오랜 현상이지만, 지난 10년 동안 그 정도가 훨씬 심화되었다. 소위 신홍시장 나라들에 대한 자본유입은 1990년대에 급증했지만 1997년 위기 이후 갑자기 역전되어 자본유출이 심화되었다.[6]

자유로운 자본운동의 문제는 자본주의 작동의 근본적인 문제이며 자본소유자의 권력을 확립하려는 신자유주의 전략의 핵심적인 부분과 관련이 있다. 진정한 위협은 이런저런 거시경제 불균형이나 여러 가지 신중하지 않은 금융행위 혹은 정책실수가 아니라, 자본운동의 자유가 강요되는 정도와 방식인 것이다.

자본유통이 없는 자본주의는 없다. 자본은 기업의 생산을 통해 생산적이 되지만, 더 높은 수준의 주체인 자본가들은 자본을 다양한 기업과 부문 사이에서 끊임없이 이동시킨다. 이는 이윤율을 극대화하는 수단이며 금융의 기능 중 하나이다.

문제는 금융의 메커니즘이 그들의 기초인 생산에 비해 점점 더 자율적으로 되어가는 필연적인 과정에서 나타난다. 생산활동에서는 자본이 부분적으로 건물과 기계에 투자되어 움직일 수 없기 때문에 자본운동이 느리다. 기업은 어떤 사업을 시작하거나 구조조정하거나 포기하는 것과 같은 전략적 결정을 하룻밤 사이에 내리지 않는다. 이러한 결정은 장기적인 기초에서 이루어져야 하며 이것이 효율성의 대가이다.

완전한 자본이동이 생산의 국제화에 필연적으로 수반되는 것으로 생각되어서는 안 된다. 다국적기업의 발전이 전 세계적 차원의 화폐금융 활동을 필요로 한다는 것을 부정할 수는 없지만, 위기상황에서조차 제기되는 완전한 자유화에 대한 요구는 금융활동이 거대기업 내부에 필수적인 부분이라기보다는 (다국적기업도 관련된) 독자적이고 상당히 자율적인 활동임을 의미한다.

금융시장은 그 스스로의 기능과 논리를 지니고 있다. 금융은 이득이나 손실의 아주 낮은 가능성에도 무척 민감하다. 어떤 사업이 수익성이 있어 보이면 자본은 그곳으로 흘러들어가고, 별로 수익성이 없어 보이면 자본은 그 사업으로부터 흘러나온다. 이러한 이동을 더 쉽게 만드는 금융기관의 발전이 생산과 마찬가지로 자본주의의 전 역사를 통해 이루어져왔으며, 이러한 기관들의 기능을 더 완벽하게 하려는 노력과 이들의 활동을 규제하려는 노력도 끊임없이 함께 발전해 왔다. 이러한 메커니즘은 그것이 선택을 더 촉진한다는 점에서는 어떤 의미에서는 효과적인 것이다. 그러나 이는 또한 파괴적인 영향을 가지고 있다. 주식시장 위기의 역사는 이를 잘 보여준다. 모두가 빠져나가려고 하면 주가는 폭락하고 마는 것이다.

외환시장도 마찬가지이다. 만약 자본소유자가 어떤 통화가 평가절하 될 것이라고 생각하면 그들은 이 통화를 다른 통화로 바꾸려 할 것이다. 환율은 중앙은행과 금리변화에 따른 통화매입과 매도에 따라 유지되고 하지만, 부정적인 기대가 심해지면 통화의 가치가 급락하기도 한다.

금융과 화폐의 취약성은 이 모든 측면을 포함하는 것이다. 누구나, 언제든 손실로부터 보호될 수 있는 자본주의 이상향, 자본소유자는 언제나 돈을 번다는 환상, 또한 모든 자본소유자들은 자유롭게 이동하며 폭락 이전에 빠져나간다는 사실 등이 그것이다.

12장

세계화와 미국금융의 헤게모니

신자유주의는 주요 자본주의 선진국 내에서 그리고, 전 세계적 수준에서 금융 헤게모니의 회복을 의미하지만, 이것이 미국의 우위를 부정하는 것은 아니다. 자본 국제화와 시장 세계화는 조화로운 관계를 의미하는 것이 아니며 특히 가난한 나라들과 관련해서 더더욱 균형을 잃은 관계가 된다. 신자유주의의 확립은 오히려 미국과 미국금융의 헤게모니를 다시 강화시키는 과정이었다.[1]

미국은 세계금융에서 특권적인 지위를 차지하고 있다. 미국의 금융기관(은행, 뮤추얼펀드 등), 상당히 금융화 된 거대 다국적기업, 증권을 보유한 부자들이 전 세계를 지배하고 있다. 이러한 지배는 국가 수준에서도 이어져, 미국정부는 과거와 같은 정치적 타협을 거부하고 미국의 금융이해에 따라, 그리고 세계에서 미국의 위치를 유리하게 만드는 방향으로 규제를 완화시키거나 재강화 시키는 일을 해왔다.[2] 이는 금융이든 무역이든 연구든 모든 부분에서 그랬다. 런던 금융시장의 중요성을 감안하여 미국의 금융이 영국의 금융과 긴밀한 관계를 맺고 있었기 때문에 이러한 상황은 더욱 강화됐다.

이러한 미국의 금융 헤게모니는 기술, 군사, 정치, 문화를 포함하는 전반적인 맥락에서 이해할 수 있다.[3] 협소하게 경제적 관점에서 보아도, 2000년 미국은 OECD 30개국의 산출에서 약 3분의 1을 차지하고 있다. 다른 나라들이 많이 따라잡았고 몇몇 부문에서는 미국보다 앞서 있지만, 미국경제는 여전히 많은 기술분야에서 가장 앞서 있다.

이러한 지위에서 나오는 미국의 이점은 앞서 살펴본 모든 분야에서 확인될 수 있다. 미국의 실질금리 인상 정책은 미국을 포함한 모든 지역에 커다란 타격을 주었지만, 미국의 손해는 다른 지역에 비해 작았다. 유럽과 특히 주변부 나라들은 그로 인해 심각한 고통을 겪었다. 미국은 시장 세계화로 인해 손해를 본 것이 아니라 그로 인해 이득을 얻었다. 달러가 국제통화에서 차지하는 지위로 인해 미국은 높은 소비지출과 주택비지출을 계속할 수 있었고 이는 미국에 호황을 가져다주었다. 이러한 점들은 더 자세히 살펴볼 필요가 있을 것이다(무역협상의 문제는 다루지 않는다).[4]

미국의 헤게모니에 관해서, 1979년 미국의 금리인상 결정이 프랑스에 미친 악영향을 살펴본 9장을 돌이켜보자. 프랑스의 기업들은 금리가 인상된 1980년대 초반 미국에 비해 대출에 대한 의존이 훨씬 높았다(〈그림 9.4〉). 실질금리가 낮거나 마이너스였던 1970년대에는 이러한 형태의 자금조달이 기업에 도움이 되었지만 부채가 높은 상황에서 나타난 갑작스런 금리인상은 프랑스 경제에 큰 타격을 주었다. 이는 금리인상으로 인해 프랑스의 이윤율이 미국보다 훨씬 더 크게 하락했기 때문이다. 이러한 충격으로 인해 양국 기업들은 부채를 줄이려 노력했지만 이는 프랑스에서 더욱 힘들었다. 특히 소기업들은 최근 대출을 기피하고 있음에도 불구하고 부채의 축소가 아직도 충분하지 않은 상태이다. 이러한 부채부담이 프랑스가 구조적 위기에서 회복되는 것을 정체하도록 만들었고 따라서 1990년대 미국과 프랑스의 성장률의 차이를 가져다주었다.

주변부 나라들은 어떠했는가? 이미 살펴본 대로 1979년 쿠데타는 이들 나라들에는 극심한 영향을 미쳤다(11장). 그 결과는 너무 명백해서 별다른 이야기가 필요 없을 정도이다.

금리인상으로 인해 주변부 나라들에 나타난 이러한 결과와 유럽과 일본이 겪었던 어려움은 충분히 예상 가능한 것이었다. 이것은 금융의 메커니즘이 너무 복잡해서 예측하기 불가능한, 정책의 부차적 효과가 결코 아니었다. 미국은 1970년대에 주변부 나라들의 외채를 증가시켰고, 1970년대 후반에 인플레이션을 퇴치하는 정책이 실행에 옮겨지자 이미 외채가 늘어난 나라들은 파괴적 영향을 받았다. 유럽의 기업들이 은행대출에 대한 의존이 높다는 것은 이미 잘 알려진 사실이었다. 그러나 신자유주의 시대의 패권적 지위를 장악한 미국은 그런 사소한 일에 신경을 쓰지 않았다. 금리인상의 주된 비용은 다른 곳에 전가될 것이며 그들의 금융수입이 가장 중요한 것이었기 때문이었다.

달러가 세계통화가 됨으로써 미국이 특권적 지위를 갖게 된 국제통화금융 메커니즘으로 다시 돌아가 보자. 미국이 이러한 전략을 통해 누리는 이익에 대해서는 이미 여러 번 언급했다. 이것은 중세의 영주가 통화를 찍어내고 화폐가치를 결정할 때 얻었던 화폐주조 차

익seignorage이나 마찬가지라고 말할 수 있을 것이다.

1970년대의 달러위기는 달러의 국제지위에 타격을 주었을 수도 있다. 그러나 달러화는 일시적으로만 약화되었고, 위기 이후 달러의 세계통화로서의 지위는 뚜렷이 회복되었다. 잠시 동안 엔화가 강력해졌지만 일본의 경제위기로 인해서 미국 달러화의 지배는 더욱 분명해졌다. 마르크화가 나중에 그 자리를 차지할 수 있을까? 유로는 어떨까?

변동환율제와 자유로운 자본이동이 특징인 세계, 다시 말해 세계화된 시장에서 미국이 지배력을 발휘하는 데 달러가 담당하는 역할이 얼마나 중요한지는 다시 강조할 필요가 없을 것이다. 만약 미국이 달러에 기초한 이러한 지배적인 지위를 누리지 않았다면 세계화의 주체가 될 수 없었을 것이고 다른 나라가 새로운 경제질서를 주도하는 자리를 차지했을 것이다. 자본이동이 자유로운 체제에서는 모든 국가들이 자본유출의 위협에 처해 있지만, 그들의 통화가 투자자의 눈에 미약하게 보여서 환율이 쉽게 불안정해질 수 있는 경우라면 자본유출의 위협은 더욱 클 것이다. 통화가 다른 나라들에 비해 상대적으로 강한 나라는 개방된 시장의 불안정한 영향에 노출되지 않는다. 이런 경우에는 국내위기가 자본운동으로 인해 증폭되지 않을 것이기 때문에 위기도 다른 나라에 비해 덜 심각할 것이다(그러나 이런 국가도 외국의 심각한 위기의 간접적인 영향을 받을 수는 있다). 변동환율(이나 달러에 경직적으로 고정된 환율체제)과 자유로운 자본이동으로 인해 정부가 통화에 대해서 통제력을 상당히 잃은 다른 나라들에서는 세계화로 인해 증가한 위험이 더욱 장기적이고 심각할 것이다. 이러한 나라들은 경제, 정치, 사회 환경이 충분히 안전하게 보이고 거기에서 많은 이윤을 창출하는 게 가능한 한 세계화로부터 때때로 이득을 얻을 수도 있지만, 세계화는 이들에게 끊임없는 위협이다.

이와 함께 미국은 국내의 번영을 위해 환율도 상대적으로 자유롭게 조작했다. 환율의 변화를 분석해보면 미국은 국내문제를 중시하며 경제정책을 수행하는 과정에서 환율을 마음대로 변동시킬 수 있는 재량을 가지고 있었음을 알 수 있다.

〈그림 12.1〉은 달러에 대한 프랑과 엔의 가치의 변동을 보여준다(마르크는 프랑과 매우 비슷하게 변동했다). 수치가 낮으면 통화가 저평가된 것이고 높으면 고평가된 것이다. 이 그래프를 이해하는 데에는 우선 1980년대 중반의 프랑과 엔의 갑작스런 하락과 상승은 무시하는 것이 편리하다. 이 변동은 1982년 경기침체기에 달러가 고평가된 것이 반영된 것이다. 1970년대 초의 달러위기는 그래프가 갑자기 변동하는 것으로 알 수 있다. 첫 번째는 수치의 수준이 크게 변동했다는 것을 알 수 있다. 이것은 위기 이후 달러가치가 평가절하 됐다는 것을 의미한다. 프랑화가치는 1980년대 중반의 시기를 제외하면 약 3분의 1정도 절상되었고 대체로 1990년대 후반까지 상당히 안정적이었다. 엔화가치는 1980년대 중반을 제외하고는 1995년까지는 계속 상승했는데 이는 일본이 이룩한 발전으로 인해 일본 제조업이 미국 제조업에 가하던 위협에 대한 미국의 정책대응을 반영한 것이었다. 미국은 일본의 위협을 무척 뚜렷하게 인식했다. 환율변동을 살펴보면, 달러위기 이후 지배적이었던 국제통화체제에서 미국은 필요하면 언제든 일본에 대해서 미국통화의 평가절하가 아니라(지배적인 통화는 평가절하 되지 않는다!) 달러지위를 침해하지 않고 엔화가치를 평가절상 했다는 것을 이해할 수 있다.

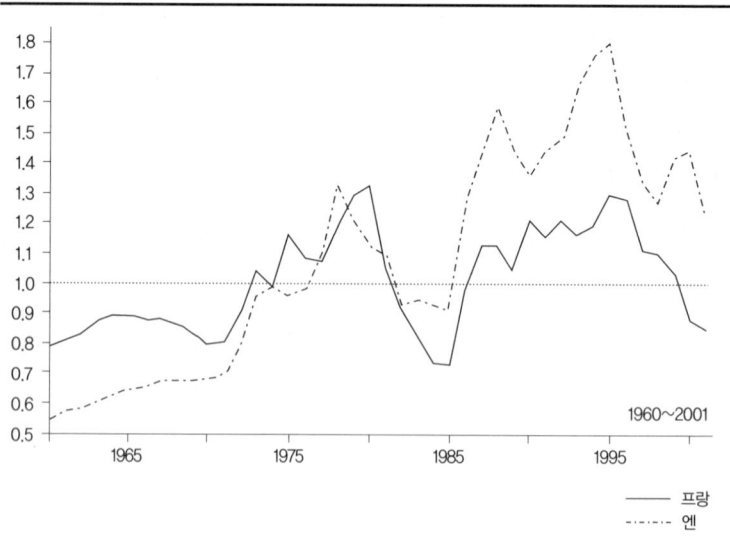

그림 12.1 프랑과 엔의 달러에 대한 상대가치. OECD는 환율을 이른바 구매력평가로 계산한다. 이것에 따르면 한 국가의 통화의 일정 금액이 그 나라에서 갖는 구매력과 이것을 달러로 교환했을 때 해당 액수가 미국에서 갖는 구매력이 같아지도록 계산하는 것이다. 이 그래프의 통계는 이 구매력평가 환율에 대한 현실의 환율의 비율이다. 이 비율은 달러에 대해서 고평가된 통화에 대해서는 높아지고 저평가된 통화의 경우는 낮아진다. 이 수치가 수평선보다 낮으면 달러가 고평가된 것이다.

변동환율제의 등장은 극적인 사건이었다. 1960년대 초에서 1970년대 초까지만 해도 달러는 점진적으로 하락했지만 이 시기에는 심한 변동을 보였다. 이것은 전반적으로 국내의 정책적 요구에 따른 것이며, 특히 인플레이션을 퇴치하기 위한 미국의 결정의 영향이 반영된 것이다. 따라서 이 시기의 가장 놀라운 사건은 1979년의 통화정책 변화 이후 나타난 1980년대 초 달러화 가치의 급격한 상승이다(그림에서 곡선이 갑자기 하락하는 구간). 최근의 변화는 흔히 미국이 일본에 대해 무기를 휘두른 것이라고 해석되기도 한다. 어떤 사람은 1990년대 중반의 엔화 상승과 이후의 하락이 (1993년에서 1996년 사이 한국의 산업을 포함한) 동아시아 경제호황과 그 직후의 1997년 경제위기가 일어나는 데 중요한 역할을 했다고 본다(11장).[5]

국제통화체제의 위기 이후의 상황에서 유럽 국가들이, 이 예측 불가능한 환율변동의 영향을 줄이기 위해서 유럽통화제도European Monetary System 내에서 어느 정도 고정된 환율제도를 재확립했던 것도 이해할 만하다. 유로의 창설은 이 노력이 어느 정도의 자율성을 확립하는 단계임을 보여주며, 유로의 국제비중이 커지면 강력한 달러에도 도전할 수 있을지도 모른다.

미국의 헤게모니의 다른 측면은 이러한 정책들이 야기한 피해가 아니라 이러한 피해가 처리된 방식과 관련이 있다. 어떤 정책의 부정적인 영향과 그것을 다루는 능력은 서로 다른 것이다. 이렇게 볼 때, 1980년대 미국정부가 은행과 저축대부조합의 위기에 개입했던 방식과 1990년대 후반 국제통화기금이 화폐금융 위기에 개입한 방식을 비교해 보는 것은 흥미롭다.

고금리가 미국 금융 시스템의 일부에 엄청난 타격을 미쳤을 때 미국정부는 은행이나 저축대부조합 등 금융 시스템의 특정부문의 파산을 막기 위해 개입하려 하지 않았다(11장). 미국정부의 우려는 다른 데에 있었다. 그들은 금융부문의 위기가 실물부문으로 퍼져나갈 것이 두려워 이를 막고자 했던 것이다. 1930년대의 기억이 모든 이의 머릿속에 남아 잊혀지지 않았다. 정부개입은 예금보험제도를 사용해 엄청난 자금을 지출하여 예금자를 보호하는 것이었다. 이를 위해 사용된 자금은 이러한 목적으로 이전에 지출된 자금에 비해서는 엄청나게 많은 액수였다. 이러한 보호가 없다면 많은 금융기관들의 파산이 시스템의 불신을 불러일으키고 패닉으로 이어져, 다른 금융기관과 전체 경제를 대혼란으로 몰고 갈 수 있었던 것이다. 미국정부는 미국의 금융과 기업, 그리고 미국 경제의 안정을 감시하고 있었다.

이러한 정책변화는 때로는 모순적인 요소들로 이루어진 복잡한 것이었다. 한편으로 금리인상은 통화금융 시스템의 개혁을 위해서 사용되었다. (금리에 대한 규제와 같은) 대공황 이후 확립된 시스템의 몇몇 측면들은 사라진 반면, 예금보호나 통제와 같은 요소들은 더욱 강화되었다. 또한 이러한 개혁이 금융 시스템의 다른 부문과 전반적인 경제활동을 위험에 빠뜨리게 하지 않을 필요가 있었다. 모든 정책들이 이러한 점들이 인식된 상태에서 강력한 국가의 지원과, 미국에서 그토록 동정하듯 거론되는 가난한 납세자의 희생을 바탕으로 수행되었고 실현되었다.

이러한 사려 깊은 대응은 자본주의 선진국의 외부에서 발생한 위기의 처리와는 뚜렷이 대비된다. 1980년대 초 금리인상으로 타격을 받은 주변부 나라들이든 1990년대에 세계화로 인한 위기로 침몰한 나라들이건 외국에서 발생한 금융위기가 실물경제에 미친 영향은 무척 심각한 것이었다. 중심부 나라들에서는 누가 그것에 크게 신경을 썼겠는가? 누가 이 통화(환율) 충격이 경제를 불안정하게 하고 실업과 빈곤을 심화시킬 것을 막을 수 없다는 것에 대해 주의를 기울였는가? 국제통화기구와 미국은 위기가 너무 이미 심각해져서 그로 인한 악영향의 위험이 선진국에게조차 위협이 되었을 때에야 주의를 기울였던 것이다.[6]

대신, 미국은 위기를 아직 신자유주의 질서에 부분적으로는 포함되어 있지 않던 지역에 신자유주의 질서의 지배를 강화하고 확장하는 기회로 삼았다. IMF나 세계은행과 같은 국제기구들은 이것을 위해 노력했다. 금융위기가 위기를 맞은 경제에 미치는 파괴적인 영향을 피하기 위한 노력은 별로 나타나지 않았고, 미국의 세계금융의 지배를 강화하고 미국의 이익을 보호하기 위해서는 많은 노력이 기울여졌다. 결국 이것이 핵심이었는데, 위기극복과 미국금융의 헤게모니의 강화가 일치해야만 했던 것이다. 다른 모든 사람의 피해는 별로 신경 쓰지 않고 미국, 특히 금융의 이익을 우선적으로 보장하는 질서의 확립에 도움이 되는 방향으로 위기를 극복하는 것, 이것이 바로 복잡한 신자유주의 게임의 특징적인 측면이다. 사실 1990년대 후반에 이루어진 금융화된 사회, 금융수입의 증가, 기대감에 부푼 주식시장, 고소득자들의 횡재에서 보이는 미국경제의 성과는 대단한 것이었다.

이러한 정책들이 수행되는 과정에서 지배적이었던 냉소주의가 어느 정도였는지를 알면 누구나 의아해 할 것이다.[7] 우리는 이미 미국은 금리인상이 주변부 나라들에 미치는 파괴적인 영향과 유럽경제에 미친 심각한 부담을 인식했어야만 했다고 주장했다. 달러위기와 그 이후의 화폐금융 부문의 규제완화가 어떻게 전개되었는가? 금융의 방어적인 태도가 공세로 어떻게 전환되었는가? 1997년 위기 이후 동아시아 나라들의 안정에 도움이 될 수 있었던 엔 블록을 미국이 가로막은 동기는 무엇이었는가?[8] 미국은 왜 유럽의 경제부흥과 단일통화 창설에 반대하지 않았는가?[9] 전문가들은 구체적 자료에 기초해서 이런 사건들을 면밀하게 분석하고 논쟁해야만 할 것이다. 우리의 분석 수준에서는 주관성이나 객관성의 정도는 부차적으로만 중요하다. 오직 결과가 중요한데 그 결과는 뚜렷한 것이었다.

세계통화로서의 달러의 지위를 보여주는 가장 명백한 특징은 다른 나라와는 달리 미국은 무역수지의 균형을 맞출 의무가 없다는 것이다. 미국은 엄청난 무역수지 적자를 유지할 수 있다. 미국은 스스로 생산하는 것보다 더 많이 소비한다 해도 해외로부터 자금을 쉽게 충당하는 것이 어렵지 않다. 전 세계의 채권자들은 지금까지는 걱정 없이 미국에 자금을 투자하고 있으며 미국의 해외부채는 아직 위협적으로 보이지는 않는다. 그러나 미국정부는 때때로 이 적자의 규모에 대해서 걱정을 표명하긴 한다. 아무튼 미국이 수입을 줄이고 구조적인 무역수지 적자를 해소하기 위해서 긴축정책을 쓰도록 강요받지는 않을 것이다. 가난한 사람들은 검소해야 하겠지만 부자들은 흥청망청 돈을 쓸 수 있다. 어느 정도까지 이러한 불균형이 지속될 수 있는가는 또 다른 문제일 것이다.

이렇게 대외적인 제한이 없다는 현실 덕분에 현재 미국경제는 무척 독특한 특징을 지니고 있다. 미국은 저축을 거의 하지 않거나 전혀 하지 않지만 계속 성장하고 자본을 축적할 수 있다.

전체 경제가 '저축을 하지 않는다'는 것은 무슨 의미일까? 상품과 서비스의 구매는 두 가지의 중요한 요소로 나누어질 수 있다. 하나는 기업투자이고 다른 하나는 (가계와 정부의 소비, 가계의 주택구입, 정부투자 등을 포함한) 다른 모든 지출이다. 이러한 전체적인 관점에서, 저축은 한 국가의 총소득에서 기업의 순투자를 제외한 모든 지출을 뺀 액수로 계산되는데, 이렇게 하는 이유는 경제의 생산이 증가할 수 있는 능력에 관심이 있기 때문이다.[10]

〈그림 12.2〉는 이렇게 정의된, 미국의 총소득에 대비한 저축률과 기업투자를 보여준다. 두 비율 모두 1980년대 초반에 동시에 하락했다. 1975년 이후, 특히 1982년 이후 미국 기업들은 미국경제가 저축

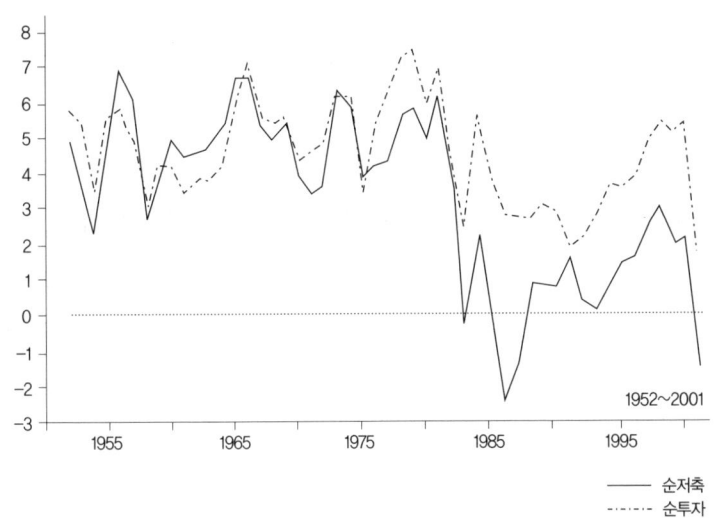

그림 12.2 순저축과 순투자의 비율(퍼센트) : 미국. 여기서 '순'은 고정자본의 감가상각을 뺀 값이라는 의미다.

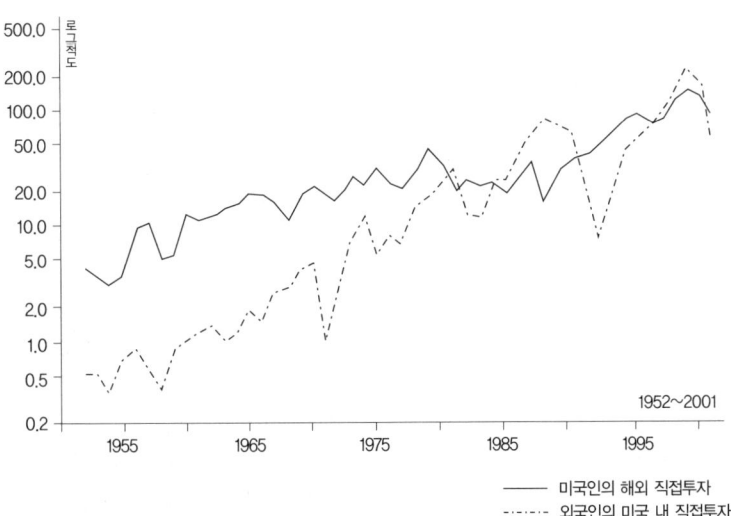

그림 12.3 미국인의 해외 직접투자와 외국인의 미국 내 직접투자(10억 달러, 1996년 달러) : 비금융 기업.

하는 것보다 더 많이 투자하고 있다. 이것은 어떻게 가능한가? 대답은 간단하다. 이는 외국인들의 투자에 의해 가능했던 것이다(〈상자 12.1〉).

현재 미국경제의 성장에 대한 외국인의 이러한 기여는 여러 경로로 이루어진다. 기업의 계정에 나타나는 직접투자가 하나의 경로이다. 이러한 활동은 양방향으로 나타나는데, 하나는 미국인의 다른 나라에 대한 투자이고 다른 하나는 외국인의 미국에 대한 투자이다. 여기서 '투자'라는 단어는 약간 모호하다. 투자란 다른 기업에 대한 장기자금(주식이나 본국으로 송금되지 않은 이윤이나 신용)의 조달을 의미하며, '직접'이란 단어는 투자가 이루어지는 기업의 적어도 10퍼

〈상자 12.1〉
국제수지의 불균형

최근 미국의 국제수지가 적자인 이유는 투자가 저축에 비해서 더 높기 때문이다(〈그림 12.2〉).
　여기서 첫 번째로 고려되어야 할 변수는 국제 무역수지(수출에서 수입을 뺀 것)이다. 우리가 사용한 정의에 따르면 저축은 소득에서 기업투자를 제외한 상품과 서비스의 구입 등 모든 지출을 뺀 값이므로, 기업투자를 포함한 미국의 총지출이 총소득보다 크다는 것은 쉽게 알 수 있다. 상품과 서비스의 관점에서 볼 때 이것은 미국이 수출하는 것보다 더 많이 수입을 한다는 것을 의미한다. 이것이 바로 무역수지 적자이다.
　게다가 미국은 외국인에게 돈(이자, 배당 등)을 지불해야만 하고 (다른 나라에 대한 군사적 원조와 같은) 이전지출도 하고 있다. 역으로, 미국도 이런 흐름으로부터 이득을 얻기도 한다. 수입과 수출에 이들 수지를 합해도 균형이 되지 않는데, 그 차이는 미국에 대한 전 세계 다른 나라들의 저축이라는 뜻의 자본계정잔액capital account balance으로 불린다.
　여러 금융활동이 이 해외저축과 관련이 있다. 외국인이 미국경제에 자금을 조달한다고 할 때는 바로 이를 의미하는 것이다. 그중 몇몇은 예를 들어 미국주식이나 재무성 증권을 외국인이 구입하는 직접적인 형태이다. 다른 것은 수지의 변동이나 통화거래와 관련이 있는데 이 모두가 포함되면 정확하게 미국에 대한 전 세계 다른 나라들의 저축과 일치한다.

센트 이상의 지분을 소유하는 경우를 말하는 것이다.

〈그림 12.3〉은 미국의 해외직접투자와 외국인의 미국에 대한 직접투자의 변화를 보여준다. 우선 미국 기업들의 해외기업에 대한 투자와 해외기업의 미국 기업에 대한 투자가 점점 늘어나고 있음을 알 수 있다.[11] 이러한 추세는 오랫동안 지속된 현상인 경제의 국제화의 진전을 잘 보여준다. 양방향으로 나타나는 이 자본운동의 규모는 상당히 크다. 1990년대에 이미 그 규모가 미국 내 비금융기업의 국내 순투자와 비슷한 정도였다(1950년에는 미국의 해외 직접투자는 국내 순투자의 10분의 1에 불과했고 외국인의 미국에 대한 직접투자는 100분의 1이었다). 1970년대 말까지는 미국이 자본의 순수출국 지위를 계속 유지했다.

미국의 해외직접투자와 미국에 대한 외국인의 직접투자의 차이가 크게 줄어든 것은 미국의 대외 불균형의 심화를 반영하는 것이다. 여기서 우리는 미국이 점점 더 해외로부터의 자본에 의존하게 만든 구조적인 전환을 살펴봐야 한다.

이러한 직접투자가 미국과 외국인의 모든 금융관계를 다 설명해주는 것은 아니다. 외국인들은 여전히 미국에 계좌를 가지고 있고 미국인과 주식을 사고팔며 부채와 채권도 지니고 있다. 이러한 자본흐름은 미국의 자본축적에 간접적으로 자금을 공급하는 통로 역할을 한다(〈상자 12.1〉).

미국은 프랑스의 해외 금융활동 대상지 중 한 지역일 뿐이고 가장 주요한 지역은 아니지만, 프랑스와 미국 간에 대칭적인 관계가 나타나는 것도 놀랍지 않다. 1985년 이래 프랑스의 해외직접투자는 프랑스에 대한 외국인의 직접투자를 넘어섰다. 1992년에서 1990년대 말까지의 기간 동안 프랑스의 순저축(국제수지)은 상당한 흑자였다.

이렇게 수출된 자본흐름이 프랑스에 투자되었다면 축적과 고용이 나아졌으리란 것은 분명하다. 우리는 9장에서 이러한 자본수출이 유보이윤율에 비해 낮은 축적률을 설명해주는 요인임을 살펴보았다 (〈그림 9.6〉). 1970년에서 1985년까지, 프랑스의 해외직접투자와 해외로부터 프랑스로의 직접투자의 수지는 순투자의 단지 0.2퍼센트에 불과했지만 1986년에서 1997년까지의 기간에는 25퍼센트로 증가했다. 이는 엄청난 증가이다. 하지만 프랑스의 투자부진을 자본수출에 돌려서 투자하락을 한 형태의 투자가 다른 투자를 몰아낸다는 구축효과로만 설명하는 것은 불가능하다. 프랑스 안에서의 투자와 해외로의 투자 모두를 합한 투자 총액이 크게 감소했다는 점에서 뭔가 근본적인 요인이 있음을 알 수 있기 때문이다.

프랑스와 같은 나라의 관점에서 볼 때 이러한 상황을 판단하는 데는 두 가지 방법이 있다. 하나는 미국을 긍정적으로 평가하게 하는 것이고 다른 하나는 그 반대이다. 첫 번째 주장은 미국을 세계경제 성장의 기관차로 보는 것이다. 외국인들은 미국경제가 역동적이고 더 안전하고 매력 있는 투자기회를 제공하기 때문에(이윤율이 높기 때문에) 미국에 투자하고 미국증권을 산다. 외국인들은 미국 경제주체들의 지급능력과 달러화 가치를 믿기 때문에(사실 미국과 달러화의 지배적인 지위와 관련이 있기 때문에 그렇다) 미국 기업이나 정부에 대출을 한다는 것이다. 미국은 축적의 극점(極點)의 기능을 한다. 미국은 국제수지 적자를 통해 세계수요를 견인하며, 적자는 미국의 강력한 수요를 표현하는 것이다. 두 번째 주장은 미국이 스스로의 소득보다 더 분에 넘치게 지출하고 있으며 이는 영원히 지속될 수 없다는 것이다. 심각한 경기침체나 금융위기가 오면, 혹은 그 둘이 동시에 닥치면 해외로부터의 투자의 흐름도 역전될 수도 있다. 미국의 지배는 무척 강력하지만 절대적인 것은 아니며, 이러한 지배를 어떻게든 유지하려고 하는 노력도 쉽게 이해될 수 있다.

힐퍼딩Hilferding과 레닌에 의해서 분석되었듯이 제국주의의 전통적인 특징 중 하나는 자본수출이었다.[12] 신자유주의 세계화는 이 문제를 완전히 새롭게 정의하는 듯하다. 흔히 이야기되듯 미국의 세계지배의 하나의 표현은 이전의 제국주의와는 정반대로 미국이 현재 자본수입국이라는 것이다. 이와 대조적으로 프랑스는 자본수출국이 되었다. 자본수출국에서는 이때 구조적 위기의 시기에 나타났던 대량실업과 관련해서 새로운 문제가 제기된다. 자본수입은 한 국가가 그 노동력을 고용하는 수단이 되며 자본수출은 실업을 심화시킬 수도 있다.

하지만 현재 상황의 복잡함이 전 세계적 수준에서 잉여가치의 착취라는 자본의 역할을 부정하는 것은 아니다. 이를 살펴보기 위해서는 이러한 투자와 그에 수반해서 나타나는 금융활동으로부터 창출되는 수입의 흐름을 분석할 필요가 있다.

13장

금융화, 신화인가 현실인가?

신자유주의 시대는 금융의 시대이다. 금융이 그 법칙을 강요했다. 더 정확히 말하면 상대적인 후퇴 이후 금융은 다시 그 법칙을 강요했다. 경제 전체가 아니라 단순하게 금융의 관점에서 볼 때 이러한 금융지배의 결과는 무엇일까? 이 금융권력의 시대, 아마도 새로운 지형의 시대에 금융활동이 전례 없는 성장을 보여주었을까? 이러한 질문들은 '금융화financialization' 라는 단어로 표현된다. 우리는 이제 금융활동과 금융기관이 중요시 되는 금융화 된 경제에서 살고 있다고 흔히 말한다. 이 장은 금융부문, 가계, 비금융기업 등 다양한 주체들의 관점에서 이 문제의 여러 측면을 하나씩 살펴볼 것이다.

금융화를 살펴보는 가장 직접적인 방법은 금융부문의 성장을 검토하는 것이다. 미국의 통계는 실제 금융회사와 펀드를 구분한다. 그리고 펀드에는 뮤추얼펀드와 퇴직연금을 보장하는 것을 목표로 하는 (공적, 사적) 펜션펀드 가 있다.[1] 미국에서 엄격한 의미의 금융회사는

그림 13.1 비금융기업의 순자산에 대한 금융회사 순자산의 비율(퍼센트) : 미국.

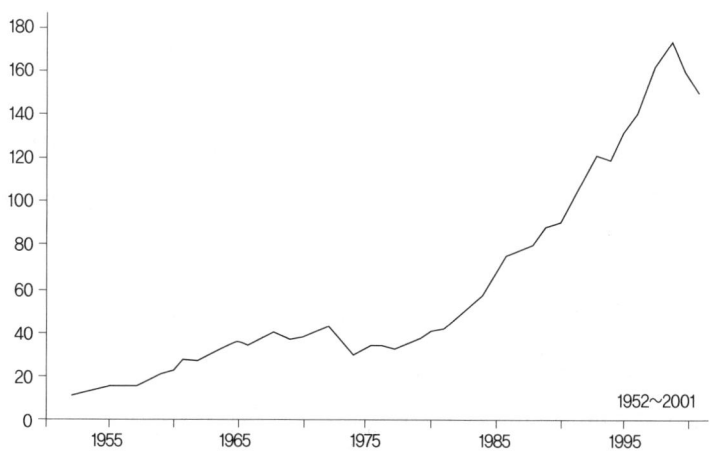

그림 13.2 비금융기업의 순자산에 대한 뮤추얼펀드와 펜션펀드의 보유자금 비율(퍼센트) : 미국.

신자유주의 시기에 급속하게 성장했다. 〈그림 13.1〉은 이 금융회사들과 비금융기업들의 순가치를 비교해서 보여준다. 금융회사의 상대적인 순가치는 구조적 위기의 시기에 하락했다. 위기 이전의 최고치였던 1968년의 17퍼센트에서 1982년 최저치 12퍼센트로 하락했고 1999년에는 다시 23퍼센트로 상승했다. 펀드의 성장은 잘 알려져 있듯 놀랄 만하다. 〈그림 13.2〉는 이들 펀드에 투자된 자금의 증가를 비금융기업의 순 가치와 비교해 보여준다. 이 수치로 볼 때, 1952년 펀드의 가치는 비금융기업에 비해 10분의 1이었지만 1999년에는 거의 두 배 (1.7배)로 성장했다.[2]

따라서 미국에서 나타난 1980년대의 변화는 1970년대에 상대적으로 중요성이 줄어들었던 좁은 의미의 금융회사에게는 특히 급격한 것이었다. 〈그림 13.1〉에서 보듯 1980년대 이후의 그들의 성장은 적어도 전후 시기에는 최고의 수준에 도달했던 것이다. 다른 한편, 투자펀드의 성장은 장기적인 경향을 보여주는데, 이들은 신자유주의 시기에 강화되었지만 그 전에도 성장하고 있었다(미국에서 이들 펀드의 상대적인 규모는 1952년에서 1970년대 초 사이의 기간 동안 4배로 늘어났다). 이렇게 금융기관을 분석해 보면 신자유주의 시대는 금융화가 진전된 시기로 파악할 수 있다. 그중에서도 가장 중요한 것은 기관투자가들이었다.

가계는 펀드에 대한 투자자일 뿐 아니라 펀드의 운영과 관련된 주요한 주체였다(미국에서 가계는 모든 펜션펀드와 뮤추얼펀드의 3분의 2를 보유하고 있다). 이제 가계에 대해서 살펴보자.

가계는 직간접적으로 기관투자가들의 중개를 통해서 점점 더 많은 주식을 보유했는가? 그들의 다른 금융자산은 어떠한가? 〈그림 13.3〉

과 〈그림 13.4〉는 프랑스와 미국의 가계가 보유하고 있는 화폐금융 자산의 소득에 대한 비율의 변화를 보여준다. 이를 종합하면, 1997년 현재 프랑스의 가계는 거의 3년분의 소득을 화폐금융 자산으로 보유하고 있고 미국의 경우 4.5년분의 소득을 화폐금융 자산 형태로 보유하고 있다(그러나 이 수치는 가계만의 금융자산에 관한 것이며 개인기업의 자산은 포함하고 있지 않다).[3] 이 수치는 자산을 주식과 기타 자산들, 다시 말해 주식 이외의 증권들과 유동자산, 2가지로 구분한다.

〈그림 13.3〉에서 보이듯 프랑스 가계의 기업주식 보유는 매우 빠르게 증가했다.[4] 겉보기와는 다르게, 이러한 증가가 1980년대의 급속한 금융화를 나타내는 것은 아니다. 이 증가는 전반적으로 증가추세와 변동추세를 동시에 보여준다. 이 경향은 (가계가 직접적으로 소유한) 개인기업에 비해 주식회사가 증가했음을 반영하는 것이다. 가계는 기업의 성격이 변화했기 때문에 더 많은 주식을 보유하게 된 것이며 이는 소유 형태의 구조변화를 반영한다. 기업의 이러한 상대적 발전의 정도는 상당한 것이었다. 〈그림 13.3〉의 시작연도인 1970년에는 비금융기업의 고정자본에 대한 (주택을 제외한) 개인기업 고정자본의 비율이 두 자본이 거의 같아서 1이었으나, 1997년에는 0.27로 하락했다. 이 추세를 둘러싼 변동은 1970년대 내내 나타난 주식시장의 불황과 이후 나타난 호황을 반영하는 것이다.

미국의 경우를 살펴보면, 미국에서는 (《그림13.4》) 해당 기간 동안 주식회사의 증가가 별로 크지 않았으므로 그 변화가 무척 다르게 보인다. 주식회사로의 전환은 이미 2차 세계대전 이전에 대부분 완수되었다(또한 개인기업에 대한 주식회사의 비중의 차이가 왜 미국인의

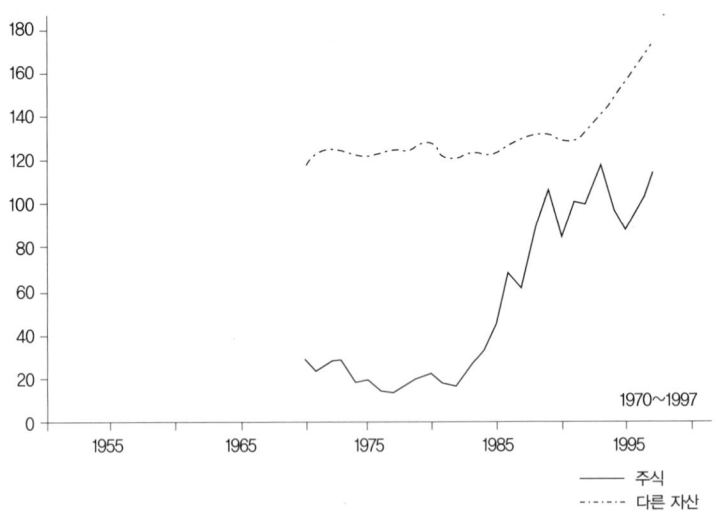

그림 13.3 가계의 가처분소득에 대한 화폐금융 자산의 비율(퍼센트) : 프랑스. 가처분소득은 사회보장 급부금을 포함하고 사회적 세금을 비롯한 세금, 프랑스에 대한 해외로부터의 이자지불을 제외한 소득이다. 주식과 다른 자산은 가계에 의해 직접 보유된 것이나 투자펀드에 의해 간접적으로 보유된 것을 모두 포함한다.

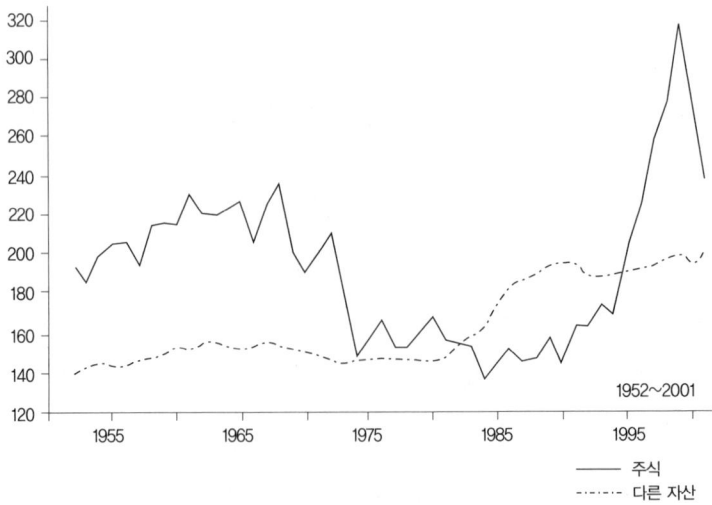

그림 13.4 가계의 가처분소득에 대한 화폐금융 자산의 비율(퍼센트) : 미국.

주식보유와 금융자산의 보유가 프랑스인에 비해 더 높은지를 부분적으로 설명해준다). 미국의 경우도 프랑스와 유사하게 주식보유는 상당한 변동을 보이지만 앞서 말한 이유로 인해 1970년대 이후 안정적이며 최근 몇 년 동안 급등했다가 폭락했음을 보여주고 있다. 이 변동은 주가의 변화를 반영한 것이다.[5] 하지만 이 그림에서는 직접 보유된 주식이 기관투자가로 넘어간 중요한 변화가 드러나지 않는다.

2000년경에는 프랑스와 미국의 가계 모두에서 주식을 제외한 유동자산이나 채권의 보유가 이전 시기에 비해서 증가했다. 이는 미국에서는 1980년대 후반 이후, 그리고 프랑스에서는 1990년대 중반 이후 뚜렷하다. 이러한 증가는 다른 가계나 국가나 기업에 비해 일부 가계의 채권자 역할이 강화되었음을 보여준다. 이 양극화는 신자유주의 시대에 특징적인 것이다.

결국 가계의 관점에서 보면 금융화는 온건하게 진행되었고 상당히 오래된 변화이다. 특히 프랑스에서는 기업의 소유형태가 개인기업에서 주식회사로의 변화한 것이 주식보유의 증가에 반영되었다. 또한 미국에서는 오랫동안 나타난 기관투자가의 주식보유 증가 외에는 1990년대 후반 주가상승만이 신자유주의의 특징인 것으로 보인다. 그러나 1980년대 이후에는 (펀드를 통해 혹은 직접적으로 보유된) 신용관련 투자도 증가했다. 전 세계적으로 보면 가계의 화폐금융 자산의 증가를 신자유주의의 주요한 특징으로 보기는 어렵다(⟨상자 13.1⟩).

경제의 금융화를 분석하기 위해서는 비금융기업도 고려되어야만 한다. 그들도 비슷한 전환을 겪었을까? 이들 비금융기업도 금융활동에 더 많이 참여했을까?

신자유주의 시기에 프랑스 기업들이 금융투자를 늘린 것은 의문의 여지가 없으며 그 증가는 무척 빨랐다. 이들 기업들은 (감가상각을 제외한) 투자증대가 보여주듯 매년 고정투자를 증가시켰고, 금융자산, 특히 주식보유도 크게 늘렸다. 〈그림 13.5〉는 주식구입과 순투자의 관계의 변화를 보여준다. 주식구입은 1980년대 초까지는 미미했지만 1997년이 되면 폭발적이라고 할 만큼 늘어나 순투자의 3배에 이르렀다. 기업들은 이제 엄청난 규모의 주식을 보유하게 됐다(시장가치로 보면 1970년에는 고정자본의 32퍼센트였지만 1997년에는 고정자본의 200퍼센트까지 높아졌다). 다른 금융자산도 증가했지만 고정자본과 비슷한 비율로 늘어나 이를 금융화의 증거로 보기는 어렵다. 이러한 주식보유의 증가는 배당수입의 증가로 이어졌다. 1970년 배당수입은 세금과 이자 지급 이전 영업이익의 3퍼센트에 불과했지만 1997년에는 43퍼센트로 높아졌다.

기업들이 인수한 주식은 그중 상당부분이 다른 비금융기업들에 의해 발행된 주식이므로 기업에 의한 주식보유 증대는 상호보유가 늘어나는 과정을 보여준다. 그것은 모기업이 보유한 자회사의 주식일 수도 있고 단순한 투자일수도 있다. 또한 비금융기업은 금융기업이나 외국기업의 주식도 보유할 수 있다. 1980년대 중반 이후 프랑스에서 전개된 이러한 발전은 소기업들이 인수되거나 그룹 속으로 편입돼 들어가도록 했다.[6] 주식인 수의 엄청난 증가는 또한 1985년 이후 나타난 외국인직접투자의 증대와도 관련이 있다. 여기서 금융화는 무척 특별한 의미를 가지는데 이는 바로 국내외 기업들 간의 상호의존의 네트워크가 형성되는 것이다. 비록 진정한 기업의 소유와 단순한 투자를 구분하는 것은 불가능하지만 이것은 신자유주의 시대의

⟨상자 13.1⟩
금융화 된 축적체제?

증권을 보유하고 있는 것이 가계소비나 투자에 미칠 수 있는 영향을 판단하는 데는 어려움이 많다. 가계는 점점 더 많은 주식을 보유하지는 않지만 주가의 변동이 소위 '부 효과wealth effect'를 통해 영향을 미친다고 생각할 수 있다. 다시 말해 주가가 오르면 가계가 더욱 부자가 된 것으로 느껴서 지출을 늘린다는 것이다. 이것은 1995년 이전에는 뚜렷하지 않았다. "(실증 연구에 따르면) 주가가 소비에 미치는 부 효과가 뚜렷하지 않았다. 따라서 소비증가와 이전 시기의 주가수익 간에 나타나는 뚜렷한 양의 상관관계는 주로 (주가가 불황 이전에 하락하는) 주가운동의 선행지표적인 특징 때문이었다."[i]

1995년에서 2000년 사이에 나타난 주가의 강력한 상승과 그 후의 주가 하락이 미친 영향에 대한 분석은 아직 과제로 남아 있다.

이 모든 것이 수요가 주식시장에 의해 결정되고 더 이상 '임금관계'에 의해 영향을 받지 못하는 새로운 체제의 등장을 의미하기에 충분하지는 않다.[ii] 그러나 이제 주가폭락을 어떻게 완화할 것인가가 통화정책의 핵심적인 관심사가 되고 있다.[iii] 주가하락은 경제 그리고 특히 영업권 가치를 포함한 주식을 많이 보유하고 있는 금융기관과 비금융기업들에 큰 영향을 미친다. 금융자산의 수익성과 금융자산의 가격상승이 수요를 지탱해주리라고 믿는 축적체제와 금융자산의 가격하락이 실물경제를 불안정하게 만들 가능성, 이 두 가지는 분리해서 생각해야 한다. 첫 번째는 의문스럽지만 두 번째는 상당히 가능성이 크다.

---

i. J. Poterba and A. Samwick, "Stock Ownership Patterns, Stock Market Fluctuations, and Consumption," *Brookings Papers on Economic Activity*, 2 (1995): 297.

ii. M. Aglietta, *Le captialisme de demain*, Notes de la Fondation Saint-Simon, no. 101, Paris, 1998.

iii. F. Lordon, "Le nouvel agenda de la politique économique en régime d'accumulation financiarisé," in G. Duménil and D. Lévy, eds., *Le triangle infernal: Crise, mondialisation, financiarisiation* (Paris: Presses Universitaires de France, 1999), pp. 227–247.

중요한 특징으로 보인다.

미국에서도 이와 유사한 경향이 아마도 더욱 큰 규모로 일어났을 것이다. 그러나 미국의 통계에서는 비금융기업이 동일한 부문 안에서 보유한 다른 비금융기업의 주식이 기업계정에서 서로 상쇄되어 버리기 때문에 이를 확인하는 것이 불가능하다.[7] 프랑스 기업과는 달리 미국 기업들은 다른 금융자산을 증가시켰다. 〈그림 13.6〉은 미국 비금융기업의 실물자산에 대한 금융자산의 비중을 보여준다. 이 금융자산은 그 부문에서 발행된 주식과 그 부문에서 다른 기업이 보유하고 있는 주식을 포함하지 않지만 영업권의 가치goodwill는 포함한다. 이 비중은 40퍼센트에서 약 90퍼센트로 뚜렷하게 증가하고 있다. 〈그림 13.6〉의 두 번째 곡선은 기업의 실물자산에 대한 부채의 비율을 보여준다. (〈그림 9.4〉의 두 곡선의 차이로 표현되는) 순부채는 비록 줄어들고 있지만 부채비율은 늘어나고 있음이 분명하다. 또한 1998년 이후에는 두 그래프가 교차해 부채가 금융자산보다 더욱 적음을 알 수 있다.

따라서 미국에서는 부채와 화폐, 금융자산이 매우 빠르게 동일한 모습으로 증가했다. 그 목적은 분명히 이윤을 얻는 것이었다.[8] 이러한 증가는 몇몇 비금융기업들이 차입과 투자업무를 위해 부분적으로 금융 중개업자로 전환한 것과 관련이 있다.[9]

이러한 분석들을 통해 우리는 경제가 금융화 되고 있다는 판단을 내릴 수 있다. 금융화는 신화였던 것은 아니었다. 그러나 아직은 모호성을 지니고 있다. 우선 신자유주의 시대의 특징적 요소들과 장기적인 면에서의 구조적 발전은 명확하게 구분할 필요가 있다. 장기적인 면에서는 프랑스에서, 그리고 그보다는 덜하지만 미국에서 금융

그림 13.5 고정자본 순투자에 대한 주식구매의 비율(퍼센트) : 프랑스, 비금융기업.

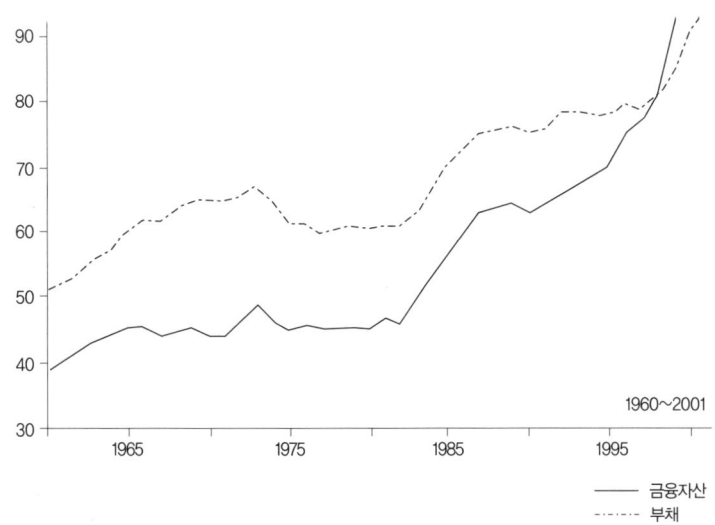

그림 13.6 실물자산에 대한 금융자산과 부채의 비율(퍼센트) : 미국, 비금융기업.

포트폴리오가 성장하는 것은 사적기업에 비해 주식회사가 상대적으로 늘어나고 있다는 점, 따라서 주식의 양이 증가하고 있다는 점이 강조돼야 할 것이다. 이것이 장기적인 역사적 운동이다. 더욱이 미국이나 프랑스 모두에서 금융포트폴리오가 점점 기관투자가에 의해 보유되는 투자의 기관화가 진전되고 있다. 이 경향은 오래전부터 나타난 것이지만 1980년대부터 더욱 강화되었다. 그 외의 변화는 1980년대와 1990년대에 특징적인 것이다. 우선, 신용을 이용한 활동이 증가해서 가계가 점점 더 많은 부채를 지고 있다(미국에서는 가계와 기업이 모두 이전보다 더 많이 차입과 대부를 하고 있다). 또한 미국과 프랑스 모두 기업에 의한 주식구매와 보유가 크게 늘어나서 기업 간의 금융관계가 더 중요해지고 있다. 이러한 발전은 기업의 주된 활동으로 인한 수입에 비해서 금융수입이 크게 증가하고 있는 데서도 나타난다. 이런 방식으로 금융기업과 비금융기업 간의 전통적 경계가 점점 흐려지고 있다.

14장

금융이 경제에 자금을 조달하는가?

앞 장에서 대략 살펴본 금융화를 특정한 자금조달의 방식으로 생각해볼 수 있을까? 금융화가 실물경제, 다시 말해 비금융 부문에 미치는 영향은 무엇일까? 더 정확하게 말해서, 금융이 투자에 기여하는가?

이 질문들은 신자유주의 시대에 나타난 금융의 변화가 경제성장에 도움이 되는지 아닌지에 관한 분석을 요구한다. 두 가지 답이 제시될 수 있다. 금융활동으로부터 이득을 얻는 이들은 당연히 신자유주의 진영에 속한다. 그들의 주장은 단순하다. 금융의 주된 역할은 그 이름이 의미하듯 경제에 자금을 조달하는 것이고, 실제로 유명한 벤처 기업에 대한 투자자의 투자 같은 위험자본에서 볼 수 있듯 금융은 그 역할을 잘 수행한다. 이들이 맞는다면 최선의 세계에서는 이윤은 기업에 머무르지 않고, 가장 효율적으로 기업들에게 배분되기 위해서 주주와 채권자에게 이전되어 자율성을 획득한다. 이런 식으로 경영자들은 시장에서 규율을 받게 된다. 따라서 고금리와 높은 배당은 진보를 의미한다. 그리고 금융부문이 강력하면 전체 경제에 도움이 된다. 이와는 반대로 신자유주의를 비판하는 이들은 금융활동이 생산적 투자로부터 자본소유자들을 떼어내 금융투자가 실물투자를 대체하는데 이는 실물투자에 악영향을 미친다고 주장한다.

우리는 그 해답을 이미 알고 있다. 이윤율과 축적률을 단순히 비교하기만 해도 신자유주의의 주장을 반박할 수 있다. 첫째, 세금과 배당 지급 전 이윤율은 1980년대 초 이후 상당히 높아졌지만 자본축적률은 그만큼 높아지지 않았다. 둘째, 자본축적률은 세금과 배당 지급 후 이윤율, 즉 유보이윤율에 상응했다(이는 〈그림 3.1〉, 〈그림 3.2〉, 〈그림 9.6〉에서 볼 수 있다). 이러한 관찰은 이자와 배당의 형태로 분배된 이윤이 투자에 기여하기 위해 비금융기업 부문으로 회수되지 않는다는 것을 의미한다.

기업의 자금은 고정자본에 대한 투자와 금융투자 두 가지로 지출된다. 그러나 그 재원은 3가지이다(〈상자 14.1〉). 실현되었지만 배분되지는 않은 이윤, 즉 유보된 이윤이나 고정자본에 대한 감가상각액은 기업에 남아있게 된다. 그리고 그 합이 현금흐름이다. 기업은 또한 주식발행을 통해서 자본을 조달할 수 있으며 외부로부터 차입할 수도 있다. 신자유주의 시대에는 이 구성이 과연 어떻게 변했을까?

〈그림 14.1〉의 그래프는 프랑스 비금융기업의 자금조달에 기여한 3가지 자금원천의 상대적인 중요성을 측정한 것이다. 1980년대 중반이 한 시대의 종말을 뚜렷하게 보여준다. 1970년대에는 기업들이 55퍼센트의 차입, (현금흐름을 이용한) 39퍼센트의 자기자금 조달, 나머지 6퍼센트의 주식발행 등으로 구성된 무척 안정된 방식으로 자금

⟨상자 14.1⟩
기업자금 조달의 원천: ⟨그림 14.1⟩, ⟨그림 14.2⟩, ⟨그림 14.3⟩의 설명

기업의 자산 보유액은 기업의 연간 보고서에서, 실물자본(공장, 기계, 상품재고)과 화폐금융 자산(채권, 유동자산, 신용)을 포함해 기업이 보유하고 있는 모든 것들을 합해서 계산된다. 이 모든 것들은 자산을 구성한다. 여기서 부채를 차감하면 차입하지 않은 자본, 다시 말해 순자산이 된다.

두 가지 자금조달 방식이 구분되어야 한다. 내부자금 조달(총유보이윤이나 현금흐름)은 자본의 감가상각과 주주에게 배당되지 않은 이윤 두 가지로 나누어진다. 그 규모는 수익성과 얼마나 많은 이윤이 주주에게 배당되는가 하는 것에 달려 있다. 외부자금 조달도 (상환한 액수를 제외한) 차입과 (기업부문의 자사주 구입을 제외한) 주식발행 두 가지로 이루어진다. 이렇게 다양한 자금이 (실물자본을 증가시키는) 투자와 주식구매를 포함한 화폐금융 자산의 증가를 위해 조달된다.

자금조달을 분석할 때는 또한 순자금조달에 대해서 생각해 볼 수 있다. 이 경우 주식발행에서 다른 주체(가계나 펀드)로부터 주식을 구입한 액수는 제외된다.[i] 또 차입에서 주식 이외의 금융자산 구입은 제외된다.

⟨그림 14.1⟩은 기업자산의 모든 구성요소의 전체적인 자금조달을 보여준다. 프랑스의 경우 전체적으로, 총유보이윤, 주식발행, 차입 등 3가지의 자금조달의 원천이 나타나 있다. 이 자금들이 총투자와 주식구매 등 화폐금융 자산의 증가에 조달된다.

⟨그림 14.2⟩와 ⟨그림 14.3⟩은 총유보이윤, 주식발행에서 주식구입을 뺀 값, (부채에서 주식이 아닌 다른 화폐금융 자산을 제외한) 순부채로 이루어지는 기업의 총투자의 자금조달 구조를 보여준다.

---

i. 가계나 투자펀드가 다른 가계나 펀드로부터 주식을 구입하거나 기업이 다른 기업으로부터 주식을 구입하는 경우는 기업에게는 아무런 변화가 일어나지 않으며 전체적으로는 순주식발행의 변화도 없다.

을 조달했다. 이 비중은 신자유주의 시기에는 불안정해 보였지만 이행기가 끝날 무렵에는 이전과는 무척 다른 방식으로 안정화되었다. 1990년대 후반의 3년 동안(1995~1997년) 자기자금 조달이 65퍼센트

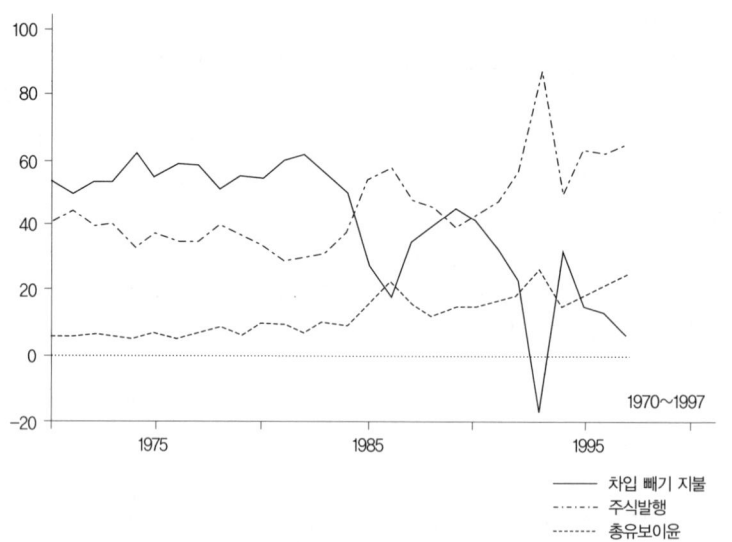

그림 14.1 모든 자산의 자금조달 원천의 구성(퍼센트) : 프랑스, 비금융기업.

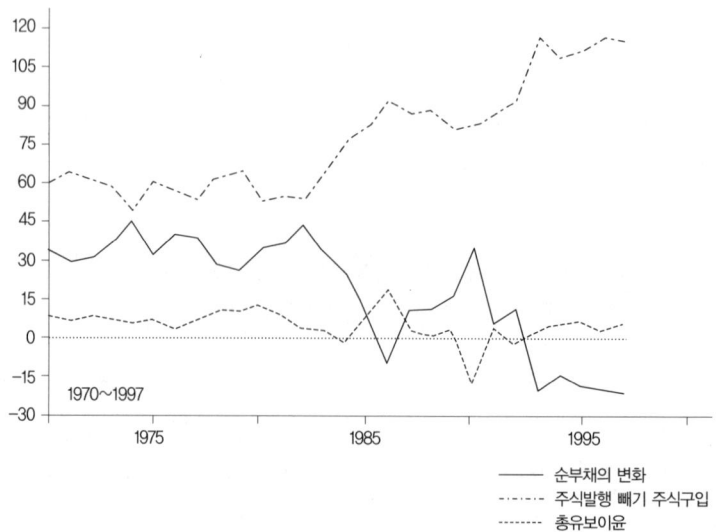

그림 14.2 총투자의 자금조달 원천의 구성(퍼센트) : 프랑스, 비금융기업.

로 증가했고 주식발행을 통한 조달이 23퍼센트로 늘어났으며 차입은 12퍼센트로 감소했다.

따라서 신자유주의 시대의 한 가지 특징은 차입이 감소한 것인데 이는 금리가 상승한 것을 생각하면 별로 놀라운 일은 아니다. 이미 앞에서 이러한 변화가 확인되었는데(〈그림 9.4〉), 이로 인해 자기자금 조달이 크게 늘어난 것이다. 또한 주식발행을 통한 자금조달도 거의 4배나 상승했다.

이렇게 조달된 자금은 어디에 사용되었을까? 생산적인 투자에 기여했을까? 기업들이 주식을 발행하거나 구입하고 또는 대출 받거나 대부하는 것이 모두 실제의 투자활동과 관련된 것은 아니다. 이 모든 과정 뒤에 남은 순수한 차액이 투자에 사용될 수 있다. 〈그림 14.2〉는 프랑스 비금융기업들의 총투자액, 총유보이윤, 주식발행에서 주식구입을 뺀 값, (주식을 제외하고 부채에서 금융자산을 뺀) 순부채 각각의 자금조달의 구성을 보여준다.

모든 자산의 전체적인 자금조달의 분석과 비슷하게 1980년대 이전에는 그 비중이 안정적이었다. 이 두 번째 관점에서 보면, 자기자금 조달이 부채보다 더욱 중요했다(59퍼센트 대 34퍼센트). 여기서 이전의 그래프와 마찬가지로 갑작스러운 변화가 확인된다. 여기서도 차입이 줄어들고 자기자금 조달의 비중이 늘어났다. 그러나 최근 3년간(1995~1997년)의 변화는 무척 이상하며 이러한 과도한 형태가 지속될 수 있을 것 같지는 않아 보인다. 다시 말해 자기자금이 투자에 필요한 것보다 더 많은 115퍼센트의 투자자금을 조달했던 것이다. 차입의 기여는 마이너스인데, 이는 기업들이 내부자금을 투자하는 데 사용하지 않고 부채를 갚는 데 사용했음을 의미한다.

신자유주의자들의 주장과는 달리 주식시장이 투자에 기여하는 비중은 무척 낮다. 주식발행을 통한 자금조달은 투자의 겨우 5퍼센트만을 차지한다. 더욱더 많은 주식이 발행되고 있지만, 기업들은 다른 기업들의 주식을 더욱더 많이 구입하고 있는 것이다. 이렇게 주식발행과 주식구입이 서로 상쇄되기 때문에 주식시장을 통한 자금조달은 실물활동에 별로 도움이 되지 않는다. 다른 말로 하면, 기업들은 금융화의 논리에 따라 주식을 사기 위해 주식을 발행해 자금을 조달하는 것이다.

독자는 이러한 변화가 프랑스에 특수한 것이며 신자유주의의 요새인 미국에서는 다를 것이라고 생각할지도 모른다. 그러나 현실은 그렇지 않다. 〈그림 14.3〉은 이전 그래프와 같은 방식으로 미국 기업들의 총투자의 자금조달 구조를 보여준다. 〈그림 14.2〉와 〈그림 14.3〉을 비교해보면 처음에는 미국의 자기자금 조달의 비중이 더욱 높았으며 더욱 안정적임을 알 수 있다. 그러나 주식시장의 역할은 프랑스와 마찬가지로 무척 제한적이었다. 1980년대 초반 이후 주식의 순발행에 기초한 자금조달이 늘어나지 않았으며 그 비중도 신자유주의 이전의 시기에 비해 비슷하거나 혹은 더 낮다.

비록 〈그림 14.3〉의 척도가 그 중요성을 잘 보여주지는 않지만, 1980년대, 1990년대 초에는 주식발행과 차입의 비중의 변동성이 높다는 것을 알 수 있으며, 특히 1980년대 후반에는 순주식발행을 통한 자금조달이 마이너스임이 주목되어야 한다. 1984년에서 1990년의 기간에는 많은 비금융기업들이 가계 등 다른 경제주체들로부터 주식을 구매했고 이와 대칭적으로 이를 위해 차입을 늘였다. 이 기간 동안 투자는 주로 자기자금에 의해 조달되었다. 미국 비금융기업들의 이

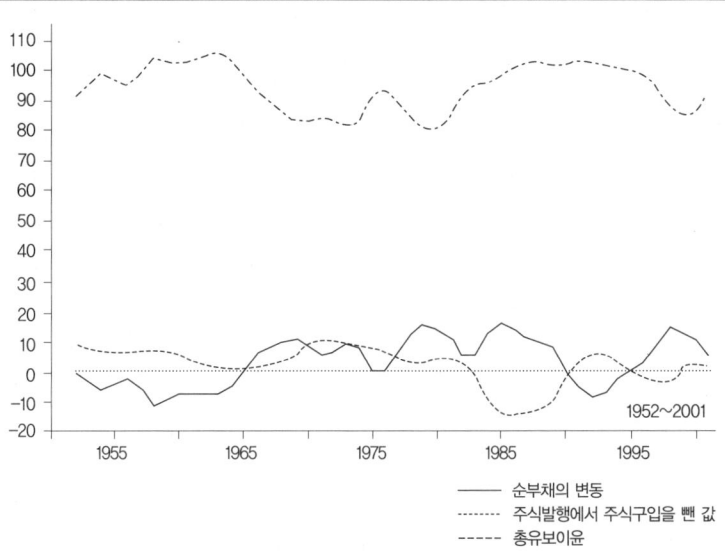

그림 14.3 총투자의 자금조달 구성(전체에서 차지하는 퍼센트) : 미국, 비금융기업.

러한 주식구매는 다양한 형태를 띠고 나타났는데 자사주 구입, 인수 합병 과정에서의 주식구입, 혹은 단순투자 등을 포함한다. 국민계정의 자료는 그 상대적인 비중을 보여주지는 않지만 목적이 어떻든지 간에 이러한 대규모의 주식구입은 신자유주의시기에 나타난 금융관계의 대전환을 보여준다. 이는 1980년대의 금융위기와 관계가 있지만 흔히 주장되듯 주식시장이 경제성장에 기여했음을 보여주는 것은 아니다.

결국 신자유주의에 특징적인 금융구조가 분명히 존재한다고 말할 수 있다. 이러한 구조는 조화로운 것은 아니다. 금리상승과 부채를 줄이려는 노력에 대응해 자금조달에서 주식발행이 더욱 중요한 역할을 하게 되었다고 생각하기가 쉽지만 이런 일은 일어나지 않았다. 금융이 실물부문이 아니라 금융 자신을 위해 자금조달을 하게 됐다고 얘기해도 과장이 아니다. 1960년대의 특징이라고 생각될지도 모르지만 최근에는 그 어느 때보다도 기업투자에서 자기자금 조달이 중요해졌다. 이자 지불, 배당, 주식 재구입으로 기업에서 지출된 자금은 기업부문으로 돌아오지 않으며 주로 투자가 아닌 다른 곳에 사용되고 있다.[1]

비금융기업에서 지출된 뒤 다시 기업부문으로 돌아오지 않은 이 자금들은 어디로 갈까? 우선 생각할 수 있는 답은 이러한 수입이 기업이 아닌 다른 경제주체의 상품과 서비스의 구매에 사용된다는 것이다. 금리와 배당을 지불 받은 가계는 그 돈을 소비와 주택구매 등 주거비로 쓸 수 있다. 수입 중 그 외의 부분은 그것을 받는 이에 의해 사용되는 것이 아니라 주로 금융에 투자된다. 이와 관련해서 다른 주체들, 특히 미국의 가계, 재정적자를 충당해야 하는 국가, 또한 자본수출의 대상인 외국인들이 차입을 하며 금융기관의 경우 최근 급속히 증가하고 있는 채권을 발행한다.[2]

자본시장이나 금융기관으로 향하는 자금이 경제의 전체 신용량을 결정하는 것은 아니라는 것이 강조되어야 한다.[3] 이전과는 달리 인플레이션을 막고 물가수준을 조절하는 것이 목표인 통화정책이 금리조절을 통해 이를 결정한다. 또한 미국 외의 다른 모든 나라는 무역수지의 균형을 맞춰야 할 필요성이 있다는 점이 신자유주의 통화정책을 더욱 강제한다.

이러한 분석에서는, 강력한 외적제약에 직면한 프랑스와 같이 지배를 받는 국가와 미국과 같은 지배를 하는 국가 간 차이가 이해되어야만 한다. 12장에서 우리는 미국의 무역수지 적자를 프랑스의 흑자

⟨상자 14.2⟩
새로운 자금조달 방식? 노동자 저축의 모순

뮤추얼펀드와 펜션펀드의 나라인 미국이 실은 저축을 무척 적게 한다는 사실은 '노동자 저축의 모순'이라 불릴 만하다. 신자유주의 사회, 그중에서도 특히 미국사회에서 이 문제의 전망은 밝지 않다. 펜션펀드를 지지하는 가장 수긍할만한 주장은 미래의 퇴직자들이 미래의 생산자들로부터 받을 돈은 그들의 저축으로 자금을 대서, 현재의 생산능력을 축적하는 방식으로 만들어져야 한다는 것이다.[i] 펜션펀드를 통해서 미국은 원래는 저축을 촉진하고자 했지만 미국의 저축률은 형편없이 낮다. 미국의 경험에서 실패가 입증됐는데도, 많은 이들은 아직도 이 제도가 성공하리라고 믿고 있다.

퇴직 후의 자금을 어떻게 조달할 것인가 하는 문제의 해결에 진정으로 필요한 것은 직관적으로 볼 때 경제성장이다.[ii] 퇴직자가 소비하는 재화와 서비스가 노동하고 있는 이들에 의해 생산된다는 사실을 이해하기 위해서는 마르크스의 노동가치론을 들먹일 필요도 없다.

아마도 이보다 더 중요한 것은 정부가 어떤 전략을 선택하느냐 하는 것이다. 미국의 펀드는 인구의 일부에게만 혜택이 간다. 1998년 현재, 단지 48.8 퍼센트의 미국가계가 펜션펀드를 보유하고 있으며 불평등한 구조도 뚜렷하다. 연간 1만 달러 이하를 버는 가계는 6.4퍼센트, 10만 달러 이상을 버는 가계는 88.6퍼센트를 보유하고 있다.[iii] 프랑스에서 구상 중에 있는 선택의 폭을 넓히고 결점을 보완한 펀드도 이와 비슷할 것이다. 현실적으로 볼 때, 문제는 퇴직연금 시스템이 이중적이고 무척 불평등하다는 것이다.

---

i. 이는 예를 들면, 미셸 아글리에타의 주장이다(Michel Aglietta, *Le capitalisme de demain*, Notes de la Fondation Saint-Simon, no. 101, Paris, 1998, "Le choc démographique et les systèmes de retraites").
ii. 이는 약간은 다른 것이긴 하지만 생산성 상승과도 관련이 있다.
iii. A. Kennickell, M. Starr-McCluer, and B. Surette, "Recent Changes in U.S. Family Finance: Results from the 1998 Survey of Consumer Finances," *Federal Reserve Bulletin* 86 (2000): 1-29.

와 비교해서 살펴보았다. 미국에서는 적자가 가계에 대한 신용증가와 관련이 있고 이는 그들의 구매력을 증가시킨다. 추가수요가 수입

을 증대시킨다는 사실이 인플레이션 압력을 완화시키는 것이다. 프랑스의 경우, 투자신용의 감소가 미국과 같이 가계와 정부차입의 증가로 이어지지 않으며 따라서 흑자가 나타난다.

미국의 상황을 생각하면 역시 신자유주의가 기업투자를 위한 신용을 감소시키고 대신 가계와 정부의 차입을 증가시켜 이들의 순저축을 마이너스로 만든 것이 분명하다. 이는 이상한 상황인데 역시 금융과 국제적 수준에서의 달러라고 하는 두 가지 헤게모니의 산물이다. 결국 이러한 미국식 신자유주의 금융구성에서는 평균적으로 금융부문이 가장 강력한 나라이자 펜션펀드의 나라인 미국의 가계는 더 많이 지출하고 더 적게 저축하지만(《상자 14.2》) 축적이 저해되지는 않는다.

금융은 그 자체의 원칙에 따라 작동한다. 신자유주의 시대에는 금융이 확장될 뿐 아니라 새롭게 배치된다. 금융자본은 이윤을 극대화하는 구조를 가진 복잡한 네트워크에서 가장 강력한 지위를 지니게 된다. 이 과정에서 금융은 실물경제를 위해 자금을 조달하는 것이 아니라 기업들이 자기 스스로 자금을 조달하도록 하고 금리지불과 엄청난 배당을 통해 기업이 사용할 수 있는 자금을 감소시켰다. 이런 구조에서 미국은 다른 나라에서는 불가능한 특별하고 강력한 지위를 지니게 되었다.

15장

범죄로부터 이득을 얻는 사람들

 앞 장들에서 살펴보았듯이, 1970년대의 구조적 위기에 대한 금융의 대응은 경제에 특히 나쁜 영향을 가져왔다. 이 주장을 더 자세히 검토하기 위해 이 문제로 되돌아가 보자. 우선 두 가지의 종류의 비판이 가능하다. 첫째, 주로 임금을 억제하여 이윤율을 상승시킨 결과로 생긴 이득은 금리상승과 배당의 엄청난 증가로 인해 주로 자본소유자에게 돌아갔다. 이것은 저축이나, 특히 자본축적에 아무 기여도 하지 않았다. 이렇게 빨려나간 자금은 생산체계로 다시 돌아오지 않고 금융의 부만 증가시켰고, 이로 인해 위기와 실업이 지속됐다. 둘째, 끔찍한 결과를 낳은 중심과 주변부 나라들의 위기들도 신자유주의의 부정적인 영향 중 하나로 생각되어야 할 것이다.
 구조적 위기와 금융위기의 악영향이 지속된 것이 순전히 1979년의 금리인상 때문이라고만은 할 수는 없다. 통화가치의 불안정과 자본의 자유로운 이동 등과 같이 당시에 나타난 신자유주의의 여러 다른 측면들도 함께 고려되어야 할 것이다. 어쨌든 문제는 단순히 (금리인상의 경우) 이른바 시장 메커니즘이나 (자본유통의 경우) 필연적인 구조적인 변화만이 아니다. 더욱 일반적이고 복잡한 공세와 관련되어 있는데, 이에 대한 분석은 이 장의 제목으로 사용된 '범죄'라는 단어를 정당화할 것이다.

이러한 평가의 이면에는 금융의 유용성 혹은 기생성과 관련된 다양한 논쟁들이 자리잡고 있다. 금융은 소득을 창출해 내는가, 아니면 단지 소득을 가져갈 뿐인가? 이 질문들은 정치적이며, 이에 대한 대답을 위해서는 다시 회계적이고 이론적인 모형을 살펴보아야만 한다 (〈상자 15.1〉).

이미 우리는 이 범죄로부터 누가 이득을 얻었는가라는 질문에 대해 대답했다. 바로 금융이 이득을 얻었던 것이다. 따라서 이 장은 이러한 대답에 관해 설명할 것이다. 어떤 방식으로 이득을 얻었는가? 어떤 수단으로? 이는 무엇보다도 수입의 이전(移轉)과 관련된 문제이며, 불평등하게 나타난 이러한 수입의 이전이 가져다준 영향에 관한 문제이다.

9장과 10장에서 이미 우리는 금리의 부담이 비금융기업, 가계, 국가에 미친 상당한 부담을 강조했다. 그러나 이러한 분석은 다른 측면, 즉 누구에게 지불되는가 하는 측면을 제쳐둔 것이었다. 예를 들면 국가가 누구에게 이자를 지불하는가, 혹은 각 부문이 금융에게 얼마나 지불하는가와 같은 상호관계의 복잡한 네트워크를 완전히 분석하기는 불가능할 것이다. 사실 이러한 흐름을 보여주는 통계는 어디서 어디로 수입이 흘러가는지를 완벽하게 보여주지는 못하지만, 적어도 우리는 지불되고 수취된 총액은 알 수 있다.

⟨상자 15.1⟩
금융은 수입이나 가치를 만들어내는가? 그것은 유용한가?

금융 메커니즘의 성격에 관해서는 엇갈린 주장이 많다. 금융 스스로는 금융을 통해 부가 창출된다고 주장한다. 과연 현실이 그럴까?
  이 책은 국민계정의 자료를 많이 사용하는데, 이는 한편으로 금융부문이 (대부나 다른 통화를 구입하는 데 드는 비용이 금융부문에 지불되는 것과 같은) 그 수혜자가 비용을 지불하는 서비스를 제공하는 것과, 다른 한편으로 금융부문이 이자와 배당을 지불 받는 것을 구분한다. 국민계정의 관행에 따르면, 첫 번째 것만이 생산적으로 계상되고 소득을 창출한다. 이자나 배당의 지불의 경우, 소득이 채권자나 주식소유자로 '이전'한 것으로 계상된다.
  이 이전의 논리에 잘못된 것은 없다. 은행이 기업에게 대출을 할 때 이자를 부과하는데 이는 이윤을 이전한다.[i] 이 과정에서는 아무 것도 창조되지 않는다. 대부자본은 비금융기업의 자본에 합쳐지며 따라서 기업 이윤의 일부를 가져간다. 이런 식의 신용활동의 발전은 생산과 수입(收入)을 전혀 증가시키지 않는다. (대부된 자금이 산출을 증가시킬 수 있다고 해도) 이런 신용활동은 재분배만 한다. 금융기업이 다른 금융기업에게 자금을 대부하면, 이윤은 금융 시스템 내부에서 이전되는 것이다.
  대부자들은 또한 기업을 넘어 국가와 가계에도 대출을 해 돈을 벌려고 노력한다. 여기서 이자는 세금과 가계의 소득으로부터 나온다. 따라서 금융소득은 단지 기업이 이미 만들어낸 이윤의 직접적인 이전만이 아니다. 기업이 내는 세금만큼 국가의 채권자들은 간접적으로 기업의 이윤을 갖고 가며, 가계가 임금으로부터 내는 세금은 또 그만큼 새로운 잉여가치로부터 징수되는 것이다.
  자본의 이윤율이 낮은 시기에는 이 다른 종류의 부과금이 무척 중요해진다. 세금의 징수가 상대적으로 중요해지고 가계에 대한 대부는 자본소유자가 생산시스템이 만들어내지 않은 이윤을 추구할 수 있도록 만들어 준다.
  국민계정과 유사하게, 마르크스주의 이론은 이자와 배당을 수입의 이전으로 간주한 반면, 생산은 무척 특별한 지위를 갖는 것으로 생각했다. 생산은 생산적 노동에 의해 수행되며 사람들에게 제공되는 재화와 서비스를 만들어낸다. 이 생산만이 가치를 창출한다. 마르크스주의 이론은 공장 감독이나 상업활동과 같은 다른 종류의 노동은 생산적 노동의 범주로 다루지 않는다. 이것들은 생산이나 자본의 유통이 필요로 하는 비용이다. 이들이 쓸모없는 것은 아니다. 이들의 기능은 이윤율을 극대화하는 것이다. 이들은 매우 넓은 의미의 경영관리에 해당한다.
  이런 이론적 분석틀에서는, 모든 금융활동은 이 비생산적 작업의 일부이다. 금융은 가치를 창출하지 않는다. 그 이윤은 다른 곳에서 만들어진 잉여가치의 재분배로부터 나오는 것이다. 불행히도 국민계정은 가치를 창출하는 노동과 이윤율을 극대화하는 활동을 구분하지 않는다.

이런 구분은 마르크스주의 이론의 특징이며 아주 적절한 분석적 구분이다.

이와 유사하게 마르크스주의에 따르면 비생산적 노동이 쓸모없는 것은 아니며, 금융의 본질이 기생적인 것은 아니다. 금융은 (마르크스가 '화폐거래 자본'이라 부른) 화폐금융 거래를 수반한다. 금융은 다양한 기업과 부문 사이의 자본유통에 기여한다. 또한 금융은 기업의 구조조정과 자금조달에 기여한다. 그러나 마르크스는 자주 금융활동의 기생적 측면을 다양한 표현으로 비난했다.

---

i. 이 과정은 인플레이션으로 인해 다른 이전을 수반한다. 다시 말해 원금이나 부채의 가치가 하락하는 것, 즉 원금의 가치가 하락하는 것인데 이는 기업이 지불해야 할 금액을 줄여서 기업에게 이득이 된다. 하지만 이 이전은 실질금리가 플러스라면 일반적으로는 금융에게 이득이 된다.

〈그림 15.1〉은 인플레이션을 고려한 프랑스 각 부문의 이자지불의 순흐름(수취된 이자에서 지불된 이자를 뺀 액수)의 변화를 보여준다. 이 주체들은 비금융기업, 행정부(정부와 전체 사회보장제도를 포함하는데 사회보장제도는 의료보험, 연금, 실업 급부금, '가족' 지출), 금융부문, (자영업자를 포함하는) 가계를 포괄한다. 그래프의 수치는 프랑스 총산출에 대한 각각의 비율로 계산된 것이다.

물론 이 수치는 엄청난 이질성을 숨기고 있다. 예를 들어, 가계 간에는 몇몇은 부채를 지고 이자를 지불하지만 다른 이들은 화폐자산(은행저축 등)과 증권(재무성 증권이나 다른 채권)을 보유하고 이자를 지불 받는 등 큰 차이가 있다. 이를 전부 합하면, 가계는 그들이 대출 받은 것보다 더 많은 화폐자산과 다른 경제주체에 대한 청구권, 즉 채권을 보유하고 있다. 따라서 그들은 전반적으로는 채권자이며 인플레이션으로부터는 부정적인 영향을 받을 것이다. 게다가 그들의 투자에 대한 금리는 평균적으로 그들이 빌린 자금에 대한 금리보다

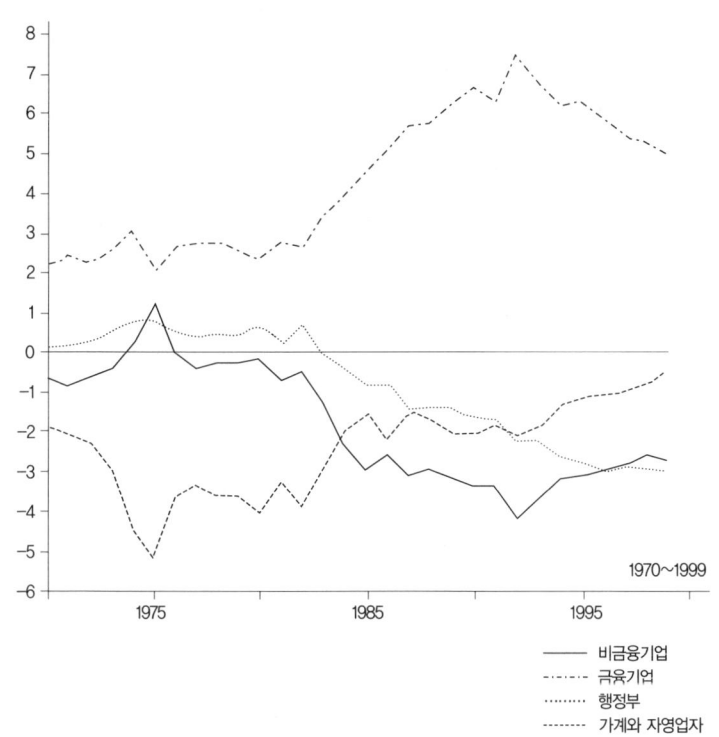

그림 15.1 수취된 이자에서 지불된 이자를 뺀 실질이자의 순흐름(총산출에 대한 퍼센트 비중) : 프랑스. 단순화를 위해서 해외로 지급되는 소액의 항상 양인 수입은 포함하지 않았다.

는 낮다. 비록 그들은 채권자이지만 그들이 수취하는 이자보다 더 많은 이자를 지출한다.

〈그림 15.1〉에 나타나듯 1980년대 초반 금리가 상승하기 이전의 시기와 이후의 시기간의 차이는 매우 놀랍다. 보험회사를 포함한 금융회사들은 첫 번째 기간에도 전 기간 동안 양의 순이자수입으로부터 이득을 얻었다. 인플레이션이 채권자의 수입을 줄였지만 순이자 수취액으로 인한 이득이 이런 수입감소를 벌충하고도 남았다. 반대로

이 부문이 이런 활동을 하지 않았다면 더욱 바람직했을 것이다. 1980 년대 초반 나타난 정책변화의 영향은 무척 뚜렷하다. 1980년대 중반부터 금융부문은 다른 부문으로부터 엄청난 이자를 뽑아내기 시작했다. 금융회사에 지불된 이자총액은 1980년 이전에는 프랑스의 총산출의 약 2.5퍼센트 정도였으나 1992년에는 약 7.5퍼센트, 1999년에는 약 5퍼센트에 이르렀다.

1980년대 이전에는 비금융기업과 정부의 순이자흐름이 낮았으며 주로 가계가 금융부문에 대해 이자를 지불했다. 1980년대부터 비금융기업과 정부가 많은 이자를 순지불하기 시작했다. 금리인상이 정부재정에 미친 효과는 뚜렷하다. 정부의 적자가 늘어났고 그에 따라 금융의 수입이 증가했다. 1979년 이전 이미 부채가 많았던 비금융기업들은 금리인상으로 고통을 겪었는데 이들은 1990년 후반에야 부채를 줄이기 시작했다. 이들의 이자지불은 1990년대 말에 하락했지만 그래도 아직은 높은 상태였다.

전체적으로 볼 때 신자유주의가 금융부문의 이윤율을 절대적으로, 그리고 다른 부문과 비교해서 상대적으로도 더욱 상승시켰다고 쉽게 추측할 수 있다. 〈그림 15.2〉는 프랑스 금융기관들의 이윤율과 다른 기업들의 이윤율을 비교해서 보여준다. 첫 번째 곡선은 〈그림 9.2〉에 나왔던 비금융기업의 이윤율을 다시 보여주는데 이는 1970년대에 하락한 이후 1980년대에 회복되어 안정화되었다. 이것과 금융부문의 이윤율의 변화는 무척 대조적이다. 1970년대에는 인플레이션과 이로 인한 무척 낮은 혹은 음의 실질금리로 인해 금융부문의 이윤율이 매우 낮았고, 그림에서는 음으로 나타나 있다. 당시의 많은 금융기관들이 공공부문에 속해 있었다는 것을 잊지 말아야 할 것이다. 신자유주

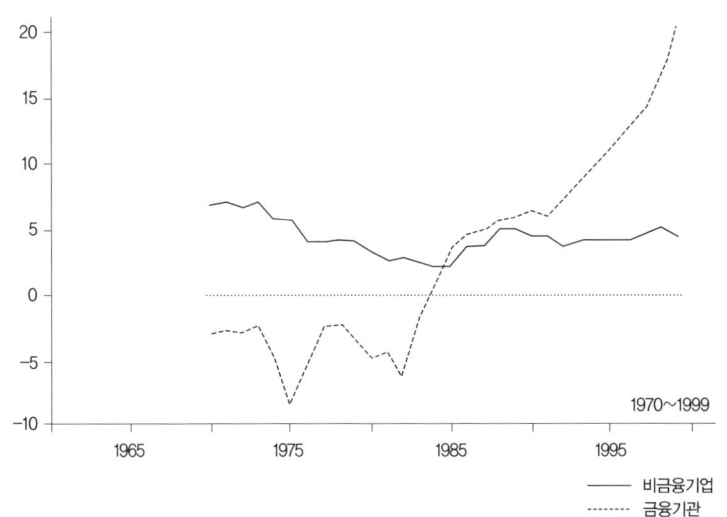

그림 15.2 이윤율(퍼센트) : 프랑스, 비금융기업과 금융기관. 비금융기업의 이윤율은 〈그림 9.2〉와 〈그림 9.3〉에서 나온 것과 동일하다. 금융부문의 이윤율은 크게 변동하는 자본이득을 포함하며 약간 조정했다.

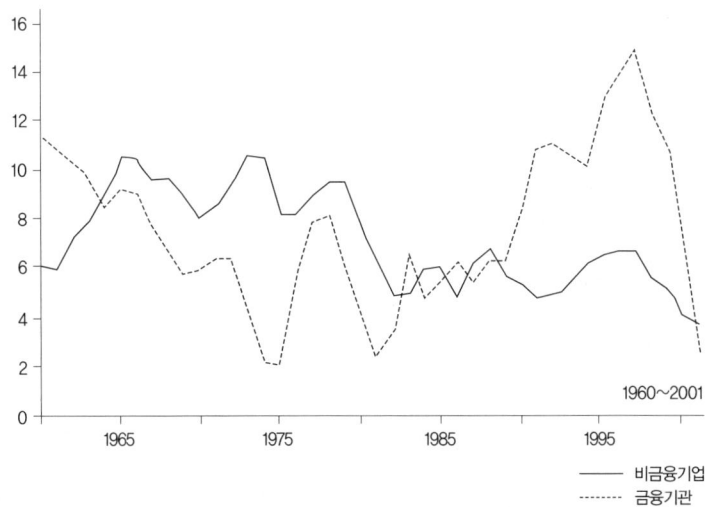

그림 15.3 이윤율(퍼센트) : 미국, 비금융기업과 금융기관.

의 시대의 변화는 〈그림 9.2〉에 나타나듯이 1980년대 초반 이후에 뚜렷이 나타난다. 실질금리의 상승으로 인해 비금융기업의 이윤 중 상당 부분이 금융부문으로 이전되었고, 따라서 금융부문의 이윤율이 크게 높아졌다. 여기에 더해서 국가와 부채를 안고 있는 가계로부터 자금이 금융부문으로 이전되었다.

그러나 금리상승은 금융부문에 긍정적인 효과와 함께 부정적인 효과도 가져다주었다. 우리는 이미 역쿠데타, 즉 1979년 쿠데타에 대한 역류에 대해서 살펴보았다(11장). 이는 비금융기업 부문에 대해 기업파산, 일부 가계의 과도한 부채, 주변부 나라들의 파산 등 여러 부정적인 영향을 가져다주었고 이러한 부정적인 영향으로 채무불이행 사태가 일어나 금융부문 그 자체의 일부를 불안정하게 만들었으며 위기를 심화시켰다.

〈그림 15.3〉은 〈그림 15.2〉에 나타난 금융기관과 비금융기업의 이윤율을 프랑스가 아닌 미국에 대해 보여주는 것이다. 미국의 상황은 1970년대에는 프랑스만큼 불균형적으로 보이지는 않는다. 그러나 금융기관의 이윤율의 상대적인 회복은 프랑스의 경우와 마찬가지로 무척 뚜렷하다. 이는 프랑스보다는 조금 늦게 나타났는데 이는 1980년대에 미국에서 발생한 금융위기와 관련이 있다(〈그림 11.3〉). 〈그림 15.3〉에 나타난 1990년대 미국 금융기관 이윤율의 큰 변동은 당시 나타난 대규모의 자본이득에 이은 자본손실을 반영하는 것이다.

일시적인 문제에도 불구하고 1980년대와 대부분의 1990년대의 신자유주의 정책은 틀림없이 금융기관에 도움이 되었고 이들의 이윤율은 두 나라 모두에서 강력히 상승했다. 1990년대에는 금융기관의 이윤율이 다른 기업들보다 훨씬 높았다.

신자유주의로부터 금융이 얻은 이득 중 가장 상징적인 것은 주가의 상승이었다. 〈그림 15.4〉는 (인플레이션을 조정해서) 실질적인 구매력을 표현하기 위해 주가를 물가지수로 나눈 그래프를 보여준다. 두 나라의 변화는 놀랄 만큼 유사하다. 1965년도와 비교할 때, 이 그래프는 위기 동안 크게 하락했으며 이는 프랑스의 경우 더욱 심각했다. 1980년대 초에는 크게 상승했으며 1980년대 후반에는 1965년 수준을 회복했다. 이후 점진적인 상승 이후 다시 1990년대 중반부터 2000년까지 주가가 폭등해 2000년의 주가는 1970년대 위기 이전에 비해 3배나 높아졌다. 2000년 이후에는 주가가 하락하기 시작했다. 그러나 2002년의 주가도 상당히 높은 수준이다.

이러한 변화는 얼마나 튼튼한 것일까? 20장에서 우리는 금융이 만

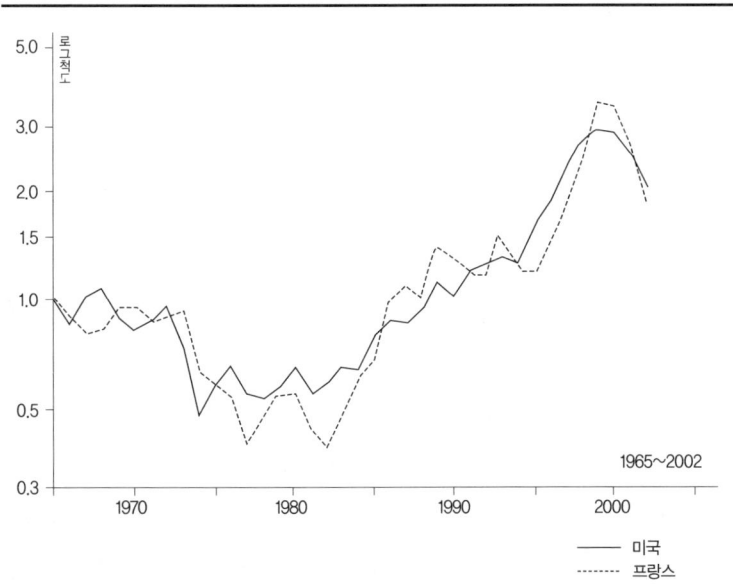

그림 15.4 주가(1965=1) : 미국과 프랑스. 주가는 각국의 물가지수로 조정된 값이다.

들어낸 이 기념비적인 변화가 얼마나 취약한 것인가를 대공황 시기와 비교해서 분석할 것이지만, 여기서는 놀라운 주가상승에 대해서만 초점을 맞추어 살펴보자.

이자 지불, 배당, 주가의 상승과 같이 신자유주의가 자본소유자에게 가져다준 이득은 가계의 금융소득을 분석해보면 명확하게 나타난다.

사실 금융기관은 단지 중개기관일 뿐이다. 종국적으로 누가 이 범죄로부터 이득을 얻었는가? 그들은 바로 이러한 상황에서 금융수입을 얻고 자산을 늘린 부자들일 것이다. 1980년대와 1990년대에는 금융부문 이외에도 바로 부자들의 부가 더욱 늘어났으며, 따라서 부자들이 신자유주의 질서로부터 가장 큰 이득을 얻은 이들이라고 생각해 볼 수 있다.

국민계정으로부터는 최상위 부유층들을 다른 이들과 구분할 수 없기 때문에 우리는 금융수입의 전체적 흐름에 대해 분석한다. 이 총수입은 상당한 금융자산을 보유한 가계의 소득변화를 잘 보여준다. 〈그림 15.5〉는 총가계소득에 대한 금융소득(혹은 금융손실)의 비율을 보여주는데 금융소득(혹은 금융손실)은 이자와 배당을 포함하며 그리고 배당, 주가상승으로 인한 이득에 인플레이션으로 인한 모든 화폐금융 자산의 손실을 차감한 값이다.

1980년 이전 프랑스에서는 인플레이션으로 인한 영향이 이 금융소득을 상쇄해 (1970년에서 1980년 사이에) 총가용(가처분)가계소득에 비해 평균 연간 7퍼센트에 가까운 손실(금융손실)로 나타났다. 1980년대 초반의 통화정책 변화, 인플레이션과의 싸움, 주가상승이 금융소득에 미친 영향은 매우 뚜렷하다. 이 수치가 1984년에는 플러스가

그림 15.5 가계소득에 대한 금융소득(혹은 손실)의 비율(퍼센트) : 미국과 프랑스, 가계. 금융이득은 우선 가계에게 지불된 이자와 배당을 포함한다. 또한 주가의 상승으로 인한 이득이 추가되고 인플레이션으로 인한 화폐금융 자산의 가치하락은 차감한다. 주가의 변동으로 인한 이득은 그래프를 읽기 쉽게 하기 위해서 조정했다.

되었고 1988년에서 1998년 기간에는 점점 높아져 약 12퍼센트에 이르렀다.[1] 1990년대에는 화폐금융 자산을 보유하는 게 유리했던 것이다.

미국의 그래프도 금융소득이 1970년대에는 하락했다가 1980년대 이후 크게 회복되었음을 보여준다. 미국가계는 특히 주식을 포함해서 프랑스보다도 더 많은 화폐금융 자산을 보유하고 있었으므로 그 소득이 프랑스보다 더 높았다.[2] 그러나 1990년대 중반까지는 프랑스와 비슷하게 그 수준이 그리 높지 않았지만 그 이후에 급등했음을 알 수 있다.

예상한 대로 1980년대의 이러한 변화는 사회적 불평등을 크게 심화시켰다. 사회적 불평등은 소득, 자산, 노동과 연관된 지위, 의료, 지식, 문화 등 모든 면에서 나타났다. 이러한 사회적 불평등은 일반적으로 자본주의의 근본적인 특징이며 그 재생산은 이 체제의 논리의 일부이다. 불평등은 자연스럽게 지속되고 더욱 확산되어, 더 많이 가진 이는 더 쉽게 부자가 될 수 있다. 따라서 중심과 주변부 나라들에서 자본주의의 본래 특징을 더 많이 강제했던 신자유주의가 이러한 경향을 심화하고 불평등과 불의를 더욱 악화시킨 것은 당연한 일이다.

1장에서 우리는 국가들 간의 불평등이 최근 몇 십 년 동안 크게 심화되어 그 격차가 74배나 늘어났다고 강조했다. 대부분의 나라들에서는 인구계층 간의 내부적인 불평등도 심화되었다. 국가들 간의 불평등을 보여준 보고서는 19개 선진국의 내부적인 불평등의 변화도 보고한다.[3] 신자유주의 시대의 첫 십년인 1980년대에 가계 가처분소득상 불평등이 완화된 나라는 이탈리아 하나뿐이었다. 8개국은 별로 변화가 없었고 10개국에서는 불평등이 심화되었다. 불평등이 가장 심화된 나라는 영국이었고 그 다음은 미국과 (원래는 사회민주주의를 지향함으로 인해 불평등이 상대적으로는 아주 낮은 수준에서 출발했던) 스웨덴이었다. 6장에서 우리가 본 임금에 관한 연구에 따르면 미국의 임금상승률이 하락했고 생산직 노동자의 주당 임금은 절대적으로 감소했음을 이미 살펴보았다(〈그림 6.1〉과 〈그림 6.2〉). 이러한 변화는 노동자들 간의 불평등이 심화되었고 특히 하층민 노동자와 금융소득으로 사는 가계 사이에 격차가 커졌음을 보여준다.

이제 최상위 부유층의 자산에 대해서 살펴보자. 이는 언제나 기술적인 원인이 아니라 사회적, 정치적 이유로 인해서 가장 알기 힘든 부분인데 이러한 문제는 최근 조사에서 자주 언급된다.[4] 따라서 여기서는 단지 그 일부만을 들여다 볼 수 있다.

종합적이고 역사적인 일련의 연구에서 에드워드 울프Edward Wolff는 1922년에서 1998년에 이르는 기간 동안 미국의 불평등의 시간적 변화를 분석한다.[5] 이 연구들은 우리가 전개한 일반적 설명과 유사한 경향을 보여준다.

가장 놀라운 변화는 최상층 1퍼센트 가계가 보유한 자산의 비율이다. '자산'은 모든 실물자산(부동산과 내구 소비재)과 화폐금융 자산에 부채를 제한 금액을 모두 합한 것이다. 이 변수의 변화는 이미 우리에게 익숙하다(〈그림 15.6〉). 1950년대에서 1970년대의 기간에는 최상층 1퍼센트 가계가 모든 자산의 30퍼센트 내지 35퍼센트를 보유하고 있었다. 이 비율은 위기의 초기 단계에는 금융수입의 감소로 22

그림 15.6 최상층 1퍼센트 가계가 보유하고 있는 자산의 비율(퍼센트) : 미국. 자산은 부동산, 증권, 화폐자산과 내구재를 포함한다.

퍼센트까지 하락했다. 그러나 신자유주의로의 전환으로 인해 하락이 멈추고 1986년에는 다시 35퍼센트 수준까지 회복되었다. 울프의 연구는 또한 부와 금융부문과의 연관이 밀접해졌음을 보여준다. 1983년에는 이 연구의 기준에 따르면 22퍼센트의 부유층이 금융, 보험, 부동산 부문에서 일했지만 1992년에는 그 비중이 36퍼센트로 높아졌던 것이다.[6]

프랑스에 관한 연구들도 이와 유사한 변화를 보여준다. 1992년 최상층 1퍼센트의 가계는 모든 자산의 20퍼센트를 보유하고 있었다. 그러나 이 수치는 많은 인구가 그들의 주택을 보유하고 있다는 사실에 크게 영향을 받은 것이다. 최상층 1퍼센트는 주식, 채권, 뮤추얼펀드를 포함한 모든 증권의 40퍼센트를 보유하고 있었다.[7] 그러나 이 연구들은 시간에 따른 변화를 보여주지는 않는다. 삶의 질에 관한 프랑스 연구조사 센터French Research Center for the Study and Observation of the Conditions of Life(CREDOC)의 연구는 1980년에서 1994년까지의 기간 동안의 불평등의 변화를 연구했는데, 이는 소득, 자산, 문화적 재산, 실업, 그리고 주관적인 지표들을 포함한 전반적 지표에 기초한 것이었다.[8] 이 연구에 따르면 이 기간 동안 (상층 10퍼센트와 하층 10퍼센트의) 양극단의 그룹 사이에 격차가 확대되었다. 특히 증권보유의 차이가 이 격차확대에 크게 기여했다.[9]

부의 집중화를 보여주는 이러한 연구들이 의미하는 것은 간단하며 두 가지 명제로 요약될 수 있을 것이다. 상층 부자들이 보유한 자산가치는 위기의 초기단계에는 하락했지만 신자유주의 시대에는 크게 상승했다.

전반적으로 이 장은 신자유주의를 통해 성취된 지배계급의 진정한 성과를 잘 보여준다. 그들의 수입과 자산이 절대적으로 또 다른 사람들에 비해 상대적으로 증가했던 것이다. 비록 이윤율은 회복되지 않았지만 지배계급은 금융부문을 통해 이윤을 뽑아내고 세금을 통해 수입을 늘리고 이자와 배당의 증가를 통해 그들의 소득을 회복했던 것이다. 이렇게 이전되는 액수가 상대적으로 더 커졌고, 그것이 정확하게 신자유주의가 이룩한 것이었다.

4부 | **역사의 교훈**

앞 장들에서 살펴본, 1970년대에서 시작된 구조적 위기와 금융권력을 배경으로 한 신자유주의 질서의 확립과 같은 사건들의 의미를 제대로 이해하기 위해서는 이를 역사적인 관점에서 파악할 필요가 있다. 이것이 4부의 목표이다. 신자유주의 시대의 실물, 화폐, 금융 측면에 대한 우리의 주장이 이전의 다른 역사적 상황과 비슷한 것일까?

우리는 2부에서 2차 세계대전 이후 시기의 기술, 분배, 고용 등 중요한 변수의 변화를 살펴보고 그것을 분석할 수 있었다. 1960년대 중반까지는 상대적으로 효율적인 기술진보가 나타났지만, 이후 기술진보가 정체되어 자본의 이윤율이 하락했고 성장과 고용이 둔화되었다. 이러한 변화는 임금을 억제하기 위한 다양한 노력으로 이어졌다. 위기의 압력으로 인해 1980년대 중반 이후 기술진보가 어느 정도 회복되어 다시 이윤율 상승의 조건을 낳았다.

이와 유사한 패턴이 19세기 후반과 20세기 초반에도 나타났다. 이윤율 하락, 구조적 위기, 이윤율 회복, 위기의 종언. 이러한 선례는 현재 나타나고 있는 일부 변화를 위기의 종언으로 이해할 수 있도록 해준다.

3부에서 우리는 이렇게 회복된 이윤율의 상당부분이 실질금리의 상승과 배당의 증가 등 신자유주의 거시경제 정책 덕분에 주로 금융에게 돌아갔음을 살펴보았다. 따라서 금융은 위기의 영향을 장기화시켰다. 이 과정에서 금융은 엄청난 이득을 얻었고 생산시스템에 대해 다시 헤게모니를 장악했으며, 화폐금융 위기와 주가폭등을 배경으로 금융 규제완화와 새로운 원칙을 강제했다. 2000년 이후 시작된 주가폭락과 불황을 고려하면 이러한 금융의 신격화는 위험한 것인지도 모른다. 사실 현재의 상황에서는 대공황의 경험을 떠올리기 쉽다. 대공황 시기와 현재는 놀랄 만큼 비슷하며 유사한 조건들이 실제로 존재한다. 그렇다면 대공황과 같은 사건이 다시 발생할 것인가?

그러나 현재는 집단적 기억상실증 속에서 이른바 시장과 '신경제'의 승리로 인해 별로 주목받지 못하고 있는 세 번째의 유사한 역사적 사건도 존재한다. 전후 번영의 공식은 무엇이었던가? 이제 그것은 낡은 것이 되고 말았는가?

역사적인 관점에서 현재의 변화를 분석하는 것을 통해 우리는 이 책에서 계속 주목했던 조금은 수수께끼 같은 존재인 금융에 대해서 더 정확하게 이해할 수 있을 것이다. 금융은 2차대전 이후 억압되었지만 신자유주의 시대에 와서 다시 강력해졌던 것이다.

16장

역사적 선례, 19세기 말의 위기

우리가 지금 살고 있는 시기와 현재 나타나고 있는 경향은 백 년 전 자본주의 선진국들을 강타했던 위기와 그것이 극복된 방식을 떠올리게 한다. 이 두 구조적 위기가 나타난 상황은 무척 유사하다. 19세기 말의 20~30년간 기술과 분배가 크게 발전된 시기였으며, 마르크스 식으로 말하면 1970년대 구조적 위기 이전에 나타난 것과 유사하게 이윤율이 하락한 시기였다. 이러한 변화를 밑받침 해주고 있었던 것은 기술변화의 속도와 형태였다. 당시의 기술변화는 기계화와 관련된 특징을 갖고 있었는데 이는 마르크스의 분석의 주된 대상이었다. 다시 말해 엄청난 규모의 고정자본, 건물, 기계에 대한 막대한 투자가 이루어졌던 것이다(4장). 이런 상황에서 생산과정에서 노동의 절약, 다시 말해 노동생산성의 상승을 위해서는 자본에 대한 더욱더 많은 투자가 필요했다. 이는 더 적은 노동에 대해 더 많은 기계 혹은 더 비싼 기계의 사용을 요구하는 것이었다. 이러한 기술변화는 고용된 노동과 산출 모두에 대한 고정자본의 상대적 증가로 표현되었다. 산출에 대한 고정자본의 상대적 증가는 기업이 투자한 고정자본 스톡에 대한 연간 산출의 비율, 다시 말해 자본생산성으로 측정된다. 이 수치는 흔히 하락하는 경향이 있는데 이는 같은 산출을 얻는 데 더욱 더 많은 자본이 투입된다는 뜻이다. 결국 자본이 절약되는 것이 아니라 더 많은 자본이 사용되는 것이다.

〈그림 16.1〉은 1870년대 이후 미국의 전체 사적부문의 자본생산성의 변화를 보여준다. 19세기 말과 20세기 후반에 자본생산성이 뚜렷하게 하락했음을 알 수 있다. 점선은 이 변화의 일반적인 추세를 보여준다. 첫 번째 시기와 세 번째 시기가 무척 비슷하다는 것을 알 수 있다.

마르크스가 지적했던 19세기 말의 이러한 기술변화는 이윤율의 하

그림 16.1 자본생산성과 그 추세의 장기적 변화 : 미국.

락을 낳았다. 2부에서 사용된 것과 유사한 척도(이는 이윤으로부터 이자지불과 세금을 제하지 않은 것)에 따르면, 1870년대에 이윤율은 26퍼센트에 이르렀지만 1890년대에는 13퍼센트로 하락했다.[1]

마르크스가 분석한 궤적이 불안정을 야기하는 요인이었다. 미국의 경우 남북전쟁과 19세기 말(1870년대와 1890년대) 사이에 경제가 두 번의 불황을 겪었다. 첫 번째 불황은 이러한 이윤율 하락과 남북전쟁으로 인한 화폐적인 영향이 결합된 것이었다. '대불황great depression'으로 불렸던 1890년대의 위기는 상당히 심각하고 장기적인 것이었다. 이 기간 동안 실업률은 예외적인 수치인 18퍼센트에 이르렀는데 이는 1930년대에 버금가는 높은 수준이었다. 그 이전 시기인 1880년대에는 1870년대 위기가 끝난 이후 경기가 과열되었다. 이윤율의 변동에 이어 벌어진 이러한 경제적 불안정의 증대는 무척 다른 상황이긴 하지만 1970년대와 1980년대의 경제적 불안정과도 유사한 것이었다. 똑같은 원인이 비록 완전히 동일하지는 않지만 적어도 비슷한 결과를 낳았던 것이다. 하지만 화폐금융 상황은 크게 달랐다. 1970년대 나타난 것과 같은 심각한 인플레이션이나 그로 인해 가능해졌던 비금융 부문에 대한 구제와 같은 것은 19세기 말의 미국에는 나타나지 않았다.

19세기 말의 위기의 특징 중 하나는 그것이 경쟁의 위기와 함께 나타났다는 것이다. 이윤율 하락에 직면한 기업들은 상호협약에 기초해서 이를 극복하려 했는데, 그 목표는 서로를 파괴적인 경쟁으로부터 보호하는 것이었다. 이러한 방식은 이윤율 하락이 새로운 기술과 그리고 교통의 발전으로 인한 시장의 확대를 배경으로 나타난 생산단위의 규모 확대와 관련이 있었다는 점에서 당연한 것이었다. 이 두 가지 발전은 모두 경쟁을 중요한 문제로 만들었다. 몇몇 기업들은 다른 기업과 최저가격에 대해 합의하거나 시장과 이윤을 함께 공유하는 데에 합의했다. 따라서 19세기 말의 위기 이후에는 카르텔과 트러스트의 시대, 다시 말해 독점자본주의 시대가 등장했던 것이다.

이 현대화 과정에서 소외된 중소기업, 노동자, 그리고 특히 농부들은 이러한 변화에 대해 심각하게 반발했다. 기업들 간의 경쟁의 제한은 자유경쟁을 보장하기 위한 최초의 연방법인, 그 유명한 1890년의 셔먼 반독점법Sherman Antitrust Act의 제정으로 이어졌다.

경쟁의 제한 이면에서 다른 중요한 변화가 발전하고 있었다. 문제는 대규모의 금융기관과 대기업을 두 기둥으로 하는 현대 자본주의 제도와 그 두 가지를 연결해주는 연결고리였다.[2] 19세기 '구금융'의 은행들은 기업의 영업을 도와주었고 그들의 거래에 자금을 조달해왔다(이들 은행 중 상층부는 정부지출에 자금을 대주는 도움을 주기도 했다). 그런데 이때부터는 금융이 주로 소위 대기업 체제를 지원하게 되었던 것이다. 이러한 새로운 조직형태의 등장은 전통적인 부문을 압박했고 따라서 소기업과 대기업 간의 갈등을 낳았다.

20세기 벽두에 나타난 변화는 뭔가 부조화스러운 것이었다. 반독점 법률은 대기업 거인들의 경쟁을 제한하는 행위를 방지하기 위한 것이었지만, 이와 함께 금융의 지도를 통해 조직되는 대기업인 주식회사의 발전을 촉진하기 위한 법률도 함께 도입되었다. 이는 대기업에게 법적 기반을 부여하는 것이었다. 그렇다면 이는 대기업의 형성을 제한하기 위한 것이었을까 아니면 촉진하기 위한 것이었을까?

이는 단지 표면적인 모순일 뿐이었다. 반독점 법률은 두 가지 결과를 낳았다. 첫째, 그 원래의 목표에 부합하게 반독점 법률은 소기업을 어느 정도 보호하고 이들이 살아남을 수 있도록 했다. 그러나 각 개별기업들이 스스로 자율성을 유지하게 되는 기업 간의 협정을 금지함으로써 이 법률은 대기업과 그룹의 형성을 촉진했던 것이다. 다시 말해 이는 진정한 기업결합을 촉진했고 이것이 이 시기에 반독점법이 정식으로 인가했던 것이었다. 대기업의 형성을 가로막은 것이 아니라 결과적으로 자본의 집중이 더욱 촉진되었다. 이후 몇 년 내, 즉 20세기 초에는, 엄청난 기업결합의 물결이 미국을 휩쓸었고 금융이 이 과정에 자금을 제공했다.[3]

이러한 전환에는 대중투쟁이 커다란 역할을 했다. 이 시기에 노동조합이 급속하게 발전했고 사회주의 정당도 등장했으며 노동자들은 열띤 투쟁을 전개했다. 이러한 노동운동과 혁명적 투쟁의 발전은 전 세계적 차원에서 전개되었다. 하지만 미국에서 이러한 투쟁의 결과는 본질적으로 개량적인 것이었다. 1차 세계대전 시기에 만연한 평화주의적인 지향이 강력한 억압의 구실로 사용되었고 개량주의적 결과를 낳는데 기여했다.

이러한 노동자 투쟁은 구식 노동조직과 기술을 유지하는 이들과 금융과 결합된 새로운 세대의 기업가들 사이에서 나타난 기업가들 간의 갈등과도 결합되었다. 이러한 대립의 결과는 전통적 부문과 노동운동에게 약간의 보호를 보장하지만 자본주의적 제도의 발전을 가로막지는 않는 일종의 타협으로 귀결됐다(《상자 16.1》).

당시 미국의 대기업들은 심대한 기술혁신과 조직혁신의 장이었으며 이는 경영혁명으로 알려져 있다. 그 두 가지 중요한 측면은 한편으로는 피라미드 형태의 위계조직을 구성한 광대한 일반 경영진과 노동자의 등장이었고, 다른 한편으로는 테일러주의(과학경영)과 조

〈상자 16.1〉
19세기 말~20세기 초의 계급투쟁과 타협

19세기 말과 20세기 초는 노동계급의 투쟁이 지배계급 내 여러 분파들 사이의 갈등과 연계를 맺게 된 시기였고 격렬한 계급갈등의 시기였다.[i]

19세기 말에는 전통적인 기업의 소유주들이 노동자들을 철권통치로 억압하고 노조운동의 성장을 방해했기 때문에 기업 소유주와 노동자들 사이에 심각한 갈등이 나타났다. 이런 상황에서 그들은 대기업이 과도하게 가격을 높게 책정해 노동자들의 구매력을 낮춘다며 트러스트에 대한 노동자들의 적개심을 부추겼다. 대기업에 대한 농민들의 반대도 그러한 적개심을 더욱 심화시켰다. 이러한 공격에 대응해 금융에 의해 지원받고 더 높은 이윤율을 향유했던 대기업의 지도자들은 20세기 초에 노동자들을 회유하는 정책을 폈다.[ii]

대기업의 지도자들 가운데 앞선 생각을 할 줄 아는 사람들은 노조에게 손을 내밀어 노조와의 단체협상을 받아들였고, 보험과 퇴직 시스템을 확립했다. 이러한 전술은 효과가 있었다. 이들은 자신들이 경영하는 대기업들의 성장을 배경으로 새로운 정치적 태도를 취함으로써 상황을 자신들에게 유리하게 만들었다. 이는 현대화된 태도의 대표적인 사례였다. 더 상층부의 정치적 수준에서 그들은 그 지위를 공고화하기 위해 의회와 행정부에 영향력을 미쳤다. 양보와 억압이 교활하게 결합되었다. 노동운동은 노동자들에게 더 높은 구매력 수준을 획득하게 하는 등 새로운 상황에서 이득을 얻으며 적응했지만 그 혁명적 역량을 잃어버리고 말았다. 이러한 계급투쟁으로부터 금융과 대기업이 전통부문과 노동자에 대해서 지배하면서 동시에 부분적으로 타협하는 미국식 자본주의의 사회구성이 확립되었다.

---

i. 이 점에 대해서는, J. Weinstein, *The Corporate Ideal in the Liberal State, 1900–1918* (Boston: Beacon Press, 1968); L. Galambos, *The Public Image of Big Business in America, 1880–1940: A Quantitative Study in Scoial Change* (Baltimore: Johns Hopkins University Press, 1975) 참조.

ii. 그러나 록펠러John D. Rockefeller와 같은 몇몇 자본가들은 계급투쟁의 한 당사자로서의 입장을 분명히 하면서 이러한 회유에 대해서 반대했다.

립라인assembly line 등 작업장 수준에서 일어난 변화였다. 사실 경영자와 노동자층의 형성이 경영의 모든 측면에서 진정한 혁명을 가능하

게 했다. 이는 (유동자산과 자금조달의) 금융관리와 함께 재고관리와 상거래의 수행을 통한 작업장 수준에 변화를 가져온 넓은 의미의 경영혁명이었다. 이러한 변화는 우선 철도와 통신부문에 영향을 미쳤고, 이후 몇십 년에 걸쳐서 점차 전 산업과 상업(새로운 형태의 대중마케팅)과 금융에까지 확산되었다.[4]

여기서 재미있는 것은 이러한 기술혁신과 경영혁명이 효율성의 급속한 상승을 낳았다는 점이다. 조립라인의 사례는 가장 놀라운 것이었다. 조립라인은 기계화의 절정으로 생각될 수도 있지만 이전의 혁신과 비교할 때 두 가지 특징을 지니고 있다. 첫째, 조립라인은 모든 요소를 사용하고 속도를 강제함을 통해 노동을 극한적으로 사용한다. 다시 말해 노동을 탐욕적으로 소비하는 것이다. 둘째, 조립라인은 매우 생산적이다. 그것은 이전에는 생각지도 못하던 속도로 제품을 생산해낸다. 조립라인의 설치는 기계화로부터 그 부작용 없이 장점을 얻어낼 수 있게 되었음을 의미한다. 이제 기계화가 더 이상 노동에 대해서 과도한 자본스톡의 증가로 이어지지 않게 되었고, 생산에 대해서도 자본스톡의 증가가 상대적으로 크지 않아서 더 이상 자본 대 노동 비율의 급속한 상승이나 자본생산성의 하락으로 이어지지 않게 된 것이다. 기업의 다른 부분과 같이 작업장 수준의 경영개선은 생산과 유통비용의 절약, 투자되는 자본의 절약을 의미하는 것이었고 더 좋은 성과를 가져오는 것이었다. 이러한 경영과 조직의 개선은 이윤율 저하를 훌륭하게 극복할 수 있는 반대방향의 경향인 것으로 여겨졌다.

이러한 개선으로부터 얻어진 이득은 〈그림 16.1〉에서 볼 수 있듯 엄청난 것이었다. 20세기 초와 1950년대 사이에 자본생산성은 이전과 이후의 시기와는 달리 계속 상승했고, 이러한 변화 덕분에 실질임금의 증가율이 상대적으로 높았지만 이윤율이 상승할 수 있었다.

위기 탈출의 실마리는 이와 같이 이윤율을 상승시키는 데 있었다. 이는 언제나 최선의 길이었지만 장기적인 것이었고 상당한 변화를 수반하는 것이었다. 미국경제는 20세기 초반 이러한 길을 걸었지만 그 영향은 점진적으로 나타났다. 구조적 위기가 어떻게 극복되었는가 하는 불가사의한 문제에 대한 해답의 실마리는 바로 여기에서 찾을 수 있다. 기술과 분배의 역사적 추세에 관련된 바람직하지 못한 경향을 이윤율 상승의 방향으로 장기간에 걸쳐 바꾸어간 것이었다. 그 과정이 점진적으로 진행되었으므로 당시에는 눈에 잘 띄지 않았지만 보이지 않는 곳에서 일어나는 변화에 그것은 큰 영향을 미쳤다. 이러한 변화는 필연적으로 무척 점진적이었기 때문에 자본생산성과 같은 집계변수를 분석해보면 단기적인 급격한 변화는 나타나지 않는다. 반면 기업결합의 물결과 같은 제도적 변화는 파악하기가 더 쉽다.

19세기 말의 위기는 여러 가지 중요한 특징을 보여준다. 이 위기는 마르크스가 분석한 궤적을 따랐고 위기의 극복은 이러한 경향의 역전을 필요로 했다. 기술과 조직의 혁명, 다시 말해 경영혁명이 바로 그것을 가능하게 했다. 그리고 20세기 초의 이러한 전환은 격렬한 계급투쟁 속에서 이루어졌다.

17장

구조적 위기 이후, 20세기와 19세기의 유사성

19세기 말의 위기와 20세기 후반의 위기는 너무도 유사해서 다시 살펴볼 필요도 없는 것처럼 보인다. 19세기 말의 위기들과 마찬가지로 20세기 후반의 위기도 마르크스가 분석한 궤적을 따라 발생했다. 그리고 이러한 과정이 끝나면 위기가 끝나게 될 것이다.[1] 그러나 20세기 후반의 위기에는 중요한 차이점이 있다. 19세기 말의 위기와 20세기 초가 사회적 투쟁과 노동자의 조직화가 발전하는 시기였던 반면, 20세기 후반은 노동자 세력이 후퇴하고 이로 인해 실질임금과 사회적 보호가 정체된 시기였던 것이다.

더욱 최근에 나타났던 1970년대의 위기가 극복된 것은 이윤율의 상승에서(3장과 8장) 뚜렷이 알 수 있다. 그 이면에는 임금비용의 정체와 자본생산성의 상승이 함께 작용해 고정자본(건물과 기계)의 절약을 촉진한 것이 중요했다. 특히 자본생산성의 상승이 가장 두드러졌으며, 그로 인해 이윤율 하락이 역전되어 새로운 성장의 길로 들어

설 수 있었다. 위기 이전부터 하락하기 시작했던 자본생산성은 이제 하락을 멈추고 상승하기 시작했다. 최근 이러한 회복을 확인시켜 주는 연구들이 많이 나왔다.[2]

유럽에서는 노동생산성의 상승률이 2차 세계대전 이후 30년간보다 낮았지만 미국보다는 더 높게 유지되었다. 임금비용의 상승도 억제되었기 때문에 이윤몫도 미국보다 유럽에서 더 많이 확대됐다. 자본생산성도 비슷한 모습을 보여준다. 기술진보의 형태는 약간 달랐지만 금융적 요인을 고려하지 않은 이윤율의 상승은 상당한 수준이었다. 이러한 발전이 중요하긴 하지만, 이는 아직 제한적인 것이었고 어느 정도는 자본의 가동이 더욱 강화된 것의 표현이라는 점도 강조되어야 할 것이다. 자본 가동의 강화는 노동시간의 유연화와 노동강도의 강화에 의해 가능해진 것이었다.[3] 이러한 퇴행적인 변화는 노동조직과 생산조직, 기업구조와 기업 간 관계를 포괄하는 경영혁명과 관련이 있는데 이런 요소들은 각각 따로 떼서 생각하기 어렵다.

자본주의는 어떻게 노동과 자본의 사용을 동시에 절약하는 기술진보의 길을 찾아내었을까? 엄청난 연구와 개발의 노력 덕분이었을까?(《상자 17.1》) 그 메커니즘은 20세기 초와 동일한 것이었을까? 경영, 조직, 기술의 진보가 있었다면 사회관계와 자본주의 제도도 진보했을까?

경영의 변화에 관해서 정확하게 분석하기는 쉽지 않다. 이는 경영학에서 흔히 이야기되는 주제이지만 쉽게 계량화되는 것은 아니다. 주식시장 버블이 비록 꺼지긴 했지만 여기서는 정보통신의 역할에 관해, 다시 말해 신경제에 관해서 살펴보도록 하자.

이 책에서 사용된 자료는 신경제로의 전환이 일어났음을 분명히

〈상자 17.1〉
연구와 개발

기술변화의 부분적인 진보는 이른바 연구·개발 지출, 다시 말해 기업이 혁신을 위해 지출한 비용과 떼놓고 생각할 수 없다. 이를 독립적으로 측정하기는 쉽지 않지만 몇몇 통계를 살펴보는 것은 의미가 있을 것이다. 프랑스에서 이 연구·개발 지출은 크게 증가했는데 이러한 증가가 위기로 인해 촉진되었으며 위기를 극복하기 위한 노력이라고 생각하기 쉽다. 또한 1960년대와 1970년대 프랑스에서 이 지출이 무척 낮았던 이유를 당시의 주된 전략이 연구에 대한 투자가 아니라 '모방'을 통해 뒤떨어진 기술수준을 메우는 것이었다는 데서 찾을 수도 있다. 프랑스의 기술수준이 첨단에 가까워지자 연구·개발에 대한 지출수준은 미국 수준으로 높아졌다. 한편 2차 세계대전 이후 미국의 연구·개발 지출은 불안정한 모습을 보여주며 구조적 위기의 시기에는 무척 낮았다. 연구·개발 지출은 1980년대에 크게 증가했지만 1990년대의 더 높은 지출 수준도 위기 이전 시기의 수준으로 회복되는 것으로도 해석될 수 있다. 전후 몇 십 년 동안은 엄청난 기술혁신의 시기였던 것이다.

보여준다. 미국의 투자 내용을 분석해보면 1980년대와 1990년대에 투자의 구성이 크게 변화했음을 알 수 있다.

투자는 두 중요한 요소로 구성되는데 이는 설비(기계, 운송장비 등)와 건물이다. 이 중 설비투자에서 이러한 전환이 발생했다. 미국의 통계는 4가지 설비투자의 범주를 따로 집계하는데, 여기에는 데이터 처리(통신기기와 컴퓨터)와 프로그램, 산업설비, 운송장비, 그 밖의 항목이다. 〈그림 17.1〉에서 볼 수 있듯이 1946년에는 데이터 처리와 프로그램을 제외한 세 가지가 각각 30여 퍼센트씩 총설비투자의 약 90퍼센트를 차지했고 통신기기(아직 컴퓨터는 존재하지 않았다)의 비중은 12퍼센트 이하였다. 2001년에는 상황이 크게 바뀌었다. 이 세 가지 범주는 각각 약 15~20퍼센트 정도를 차지하는 반면, 통신과 컴퓨터가 거의 50퍼센트를 차지하고 있다. 이는 미국에서 설비투자

자금의 거의 절반이 통신이나 컴퓨터 또는 소프트웨어에 지출되고 있다는 것을 의미한다. 이 항목은 꾸준히 증가해 왔고 특히 1980년대 초에 크게 증가했다. 이는 1970년에 이미 2차 세계대전 직후보다 약 두 배나 높았지만 특히 1978년과 1983년 사이의 기간, 다시 말해 구조적 위기의 최악의 기간에 특히 급속한 증가를 보였다. 2001년에는 소프트웨어에 대한 지출이 이제 운송장비(자동차, 트럭, 비행기 등)에 대한 지출보다도 더 높다는 것이 흥미로운 일이다.

이러한 변화는 어떻게 이해되어야 하는가? 이것이 20세기 초에 나타난 거대한 경영혁신과 비교할 만한 것일까? 이제 새로운 경영혁명이 전개되고 있는가? 한 가지 사실은 확실하다. 1980년대와 1990년대에 20세기 초에 나타났던 것처럼 새로운 경영자 계층이 증가한 것

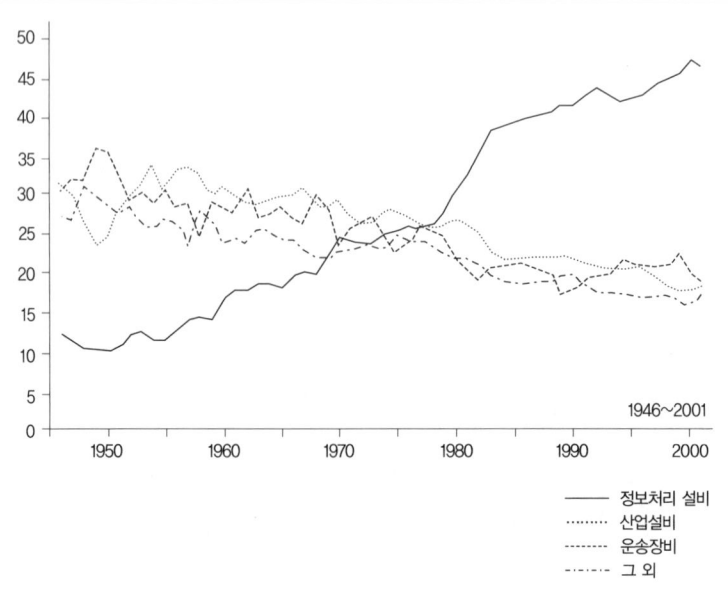

그림 17.1 설비에 대한 고정투자의 구성요소(전체에 대한 퍼센트) : 미국.

은 아니다. 이 시기는 오히려 경영자 계층이 감소한 시기였다.

앞 장에서 살펴본 대로 넓은 의미에서 '경영'을 파악하면, 아마도 정보혁명은 내부적인 경영혁명의 한 구성요소일 것이다. 정보통신 기술은 정확하게 조직이나 경영을 더욱 효과적으로 만드는 기술이다. 이제 경영자와 노동자가 이전에는 상상도 못할 정도로 빠르게 많은 정보를 수집하고 처리하며 서로 의사소통할 수 있게 되었다. 정보통신 설비의 가격이 비쌌고 그 활용이 상당한 훈련을 필요로 했으며 이동성이 없었던 동안에는, 그 잠재력은 쉽게 나타나지 않았다. 이전에는 어려웠던 작업들이 가능해졌지만 이와 관련된 어려움과 비용이 그 이득을 제한했던 것이다. 그러나 이 장비들의 혁명적인 영향은 비용이 하락하고 사용이 쉬워짐에 따라 점차 드러나게 되었다.

노벨상을 수상한 경제학자 로버트 솔로Robert Solow는 생산성 상승이 아직 그리 높지 않음을 지적하며 컴퓨터의 사용에 따른 이득이 뚜렷하지 않다고 말했다.[4] 이는 변수를 잘못 파악한 것이다. 컴퓨터의 영향은 무엇보다도 노동생산성이 아니라 자본생산성에서 찾아야 한다. 두 생산성을 모두 포괄하는 총요소생산성의 상승을 검토해보면 컴퓨터의 영향이 분명해질 것이다.

자본주의의 현재 추세에 대한 우리의 해석이 정확하다면, 19세기 후반의 구조적 위기의 종언과 20세기 후반의 구조적 위기의 종언은 똑같은 과정이 두 번에 걸쳐 진행된 형태를 취한다. 20세기 초에 나타난 위기의 첫 번째 극복기간에는 생산체제가 경영혁명으로 불리는 최초의 격변을 겪었다. 경영혁명은 새로운 기술과 조직을 서로 상호작용시키며 확립했고 작업장과 생산의 성격을 근본적으로 변화시켰는데 그 영향이 미친 범위는 더욱 넓어서 기업활동의 모든 측면을 변화시켰다. 이것이 우리가 '경영'이란 단어를 사용하는 이유이다. 20세기 후반의 몇십 년 동안에도 주요 변수(생산성이나 자본 대 노동 비율)의 관점에서 보면 비슷한 영향을 가져다준 발전이 나타났다. 다시 그 본질은 경영의 진보와 관련된 것이었는데 이는 이제 정보통신 기술에 기초한 생산과정의 고도화와 연관이 있다. 이러한 진보가 생산, 유통, 금융활동을 조직하고 비용을 줄이는 능력의 효율성을 향상시켰다. 더욱 개선된 경영이 그 원칙을 스스로에게 적용해 그 성과가 더욱 개선되었던 것이다.

이러한 전환이 다양한 임금노동자(생산직 노동자, 사무직 노동자, 경영자) 간의 관계, 기업의 위계, 노동의 분업에 미친 영향에 대해 질문을 던져 볼만도 하다. 컴퓨터화가 구상, 경영, 실행 간의 직무 양극화를 심화시키는가? 이러한 변화가 기계에 의존하는 생산직 노동자와 비슷하게 컴퓨터에 의존하는 새로운 노동자 계층을 만들어내는 것은 아닐까?[5] 이러한 질문들은 더 자세히 검토되어야 할 것이다.

물론 현재 진행되고 있는 경영의 혁명적 변화가 단순히 컴퓨터와 소프트웨어 때문만은 아니다. 현재의 자본주의에서, 언제나 이윤율을 기준으로 측정되는 성과의 개선은 경영자의 효율성의 개선을 필요로 한다. 문제는 바로 이것이다. 다시 말해 경영직의 증가에 따라 관료적인 경향이 자연스럽게 심화되는 것을 극복하고 어떻게 효율성을 향상시킬 수 있을 것인가? 위계와 자발성이 어떻게 결합될 수 있을 것인가? 어떻게 명령과 창의성이 조화될 수 있을 것인가? 이를 해결하기 위해서는 명백하게 수평적 관계의 발전과 성가신 위계의 축소가 필요하다. 새로운 조직과 경영은 이러한 과제에 직면해 있다.

위기를 극복하는 과정에서, 20세기 초반과 후반 모두 넓은 의미에서 경쟁에 관한 정책에서 근본적인 변화가 나타났다. 19세기 후반의 법률 변화에 의해 주식회사와 기업결합이 가능하게 되었던 것처럼 신자유주의 시대에도 법과 그 적용 모두에서 기업결합에 대한 태도의 변화가 나타났다.

상당한 논란이 있은 후 1930년대 대공황의 말기에 기업결합에 대해 상대적으로 엄격한 법률이 도입되었다. 이는 매우 특별한 방식의 집중을 촉진했는데 그 핵심은 대규모 금융기관으로부터 상대적으로 독립적인 대규모 비금융기업이었다. 이러한 집중은 거대 복합기업 conglomerates의 형성으로 이어졌고 기업 경영자의 자율성 증대와 함께 사업의 다각화가 나타났다.[6] 그러나 신자유주의와 함께 상황은 근본적으로 변화했다.

1980년대 초에 기업집중에 대해서 우호적인 경향이 나타난 것을 이해하려면 전반적인 경제상황을 고려해야 한다. 절대적 수준에서 그리고 특히 일본과 비교해서 노동생산성 상승률이 낮아졌다는 인식이 퍼졌고 이는 미국에서 효율성 열풍을 가져왔다. (시카고 학파가 제시한) 새로운 이론들이 이러한 상황에서 급속하게 힘을 얻었다. 자본주의의 국제화가 이제 전 세계적 수준에서의 경쟁의 문제를 제기했다. 법률은 어떻게든 미국의 대기업이 경쟁을 위해 필요한 조건들을 갖출 수 있도록 지원해야만 했다. 이러한 전환에서 소외된 부문은 변화에 적응해야만 했다. 이러한 변화는 물론 국제화라는 현실을 반영한 것이었지만 또한 금융 헤게모니의 부활을 반영한 것이기도 했다. 1980년대 동안 더욱 직접적으로 금융이 경쟁과 관련한 주도권을 쥐었고 생산체제, 집중, 기업인수, 더 일반적으로 재산권의 네트워크를 강화하는 엄청난 구조조정을 주도했다. 사법부의 상당한 묵인 속

에서 이러한 전환이 금융의 주도로 이루어졌고 지금도 계속 전개되고 있다.[7]

현재의 기업인수와 합병의 성과에 관해서는 논란의 여지가 있다. 그중 몇몇은 실패로 끝났다. 기업 간의 동의나 이해의 발전이 적어도 집중을 용인하는 태도변화만큼이나 중요하다는 이론이 등장하고 있다.

이 경영혁명의 두 번째 단계에 나타난 변화가 사회구조에 미친 영향들은 첫 번째 경영혁명에 비해서는 작은 것처럼 보인다. 적어도 그것들은 이전과는 다른 상이한 특징을 가지고 있다. 지금은 이미 경영자와 사무직 노동자가 중요한 사회계층이 되었고 소유가 경영으로부터 분리되었으며 생산적 노동이 높은 수준의 감독을 받고 있다. 이러한 전환은 이미 완성되어 있으므로 더 이상 새로이 달성될 필요는 없을 것이다. 대신 오늘날 나타나고 있는 모습과 같은 양적인 변화나 형태의 변화가 나타날 수 있을 것으로 보인다.

18장
금융 헤게모니의 두 시기, 20세기 초와 20세기 말

신자유주의에서 나타난 금융의 지배적인 역할이 자본주의 역사에서 선례가 없는 것은 아니다. 19세기 말에서 대공황까지의 기간이 당시에 막 탄생한 현대금융이 헤게모니를 쥐었던 시기였다. 이러한 상황은 1930년대의 공황과 2차 세계대전으로 인해 중단되었다. 따라서 신자유주의는 당시 금융이 일단 후퇴한 다음에 그 지배를 재확립한 것으로 해석될 수 있다.

19세기 말에서 1933년까지와 1980년대 이후, 금융이 지배한 이 두 시기를 비교하는 것은 여러 가지 교훈을 던져준다. 이를 통해 우리는 금융 헤게모니의 의미와 금융이 헤게모니를 가진 상황과 관련된 위험을 더 잘 이해할 수 있다. 금융권력은 어떤 영역에서 어떤 수단을 통해 행사되는가? 두 시기의 특징은 각각 무엇인가? 이 두 시기 중간의 시기의 본질은 무엇이었는가? 몇몇 전선에서 금융이 퇴각할 수밖에 없었을 때 어떠한 변화가 나타났는가? 당시에 확립된 제도들의 특징은 무엇이었는가? 그것들은 덜 자본주의적이었는가? 이러한 질문들에 대답하기 위해서는 방대한 연구가 필요하다. 이 장에서 우리는 거시경제 정책과 제도적 틀에 관련된 문제들에 초점을 맞출 것이다(이는 화폐, 금융기관의 통제뿐 아니라 경제활동의 일반적 수준과 그 안정성과 같은 정책의 목표와 관련이 있다).

19세기 말에 금융은 그 스스로 제도적인 환경을 만들어내었다. 당시에 지주회사와 금융회사의 네트워크, 주식시장의 중심적인 역할, 주주를 지원하는 신용체계 등 대규모 주식회사와 경영혁명의 발전이 수반되었다. 금융은 자신의 기준과 이익에 따라 경제를 지배했다.

19세기 말과 20세기 초에 걸쳐 금융기관들의 성장과 함께 화폐 메커니즘도 엄청나게 성장했다. 통화량도 크게 증가했다. 1880년에서 1차 세계대전 사이에 지폐와 동전과 은행예금을 합한 통화량은 산출보다 훨씬 빨리 늘어났다. 1880년에는 통화량이 산출의 3분의 1 미만이었으나 1920년대에는 3분의 2 이상으로 증가했다. 이후에는 비슷한 수준을 유지했다. 이러한 발전에서 가장 두드러진 것은 은행예금의 증가였다. 1880년에는 은행예금 잔고가 유동자산의 2배였는데 1921년에는 8배, 1929년에는 11배로 늘어났다. 이와 함께 당연히 신용체계가 급속히 성장했다. 금융업자, 교수들, 경제학자들, 정치가들은 이러한 변화를 빨리 이해하지 못하고, 여전히 현금만을 '통화'라고 불렀다. 금융시스템의 발전은 통화의 이와 같은 발전을 반영하는 것이었다. 주식시장이 기업자금을 조달하는 데에 중요한 역할을 했고, 은행은 비금융기업들보다 주식투자자들(가계와 금융기관)에게 더 많은 자금을 대출했다. 이는 발행된 증권의 매각과 이미 유통 중인 증권의 거래를 촉진하기 위한 것이었다.

이러한 화폐금융 구조에는 분명히 위험이 존재했다. 금융 메커니즘은 더욱 강력해졌지만 중앙집중적인 통제체제는 별로 발전하지 않았다. 이 시기 내내 통화창출의 주체는 사금융이었으며 그들은 자신의 목표에 따라 거의 제한받지 않고 이 과정을 지배했다(《상자 18.1》). 신용을 통한 통화의 창출은 시장의 작동과 밀접히 연관되어 있었지만, 금융시장은 잘 알려져 있듯 무척 불안정한 것이었다. 대기업과 대규모 금융기관의 발전은 확실히 이러한 화폐금융 과정의 변형을 필요로 했지만 그것의 안정성을 보장해줄 수단은 부족했다.

1907년에 전례 없는 금융위기가 발생해서 경제활동을 심각하게 위축시켰다. 은행 시스템의 개입과 함께 재무부도 소극적으로 개입을 했지만 이러한 조치는 은행창구의 지불정지를 막지 못했다. 이 위기는 전통적이고 사적이고 분산된 금융의 작동절차가 실패한 것으로 판단되어, 결국 1913년 연준을 설립시키기에 이르렀다. 그러나 연준도 사적 금융에 의해 지배되었으며 금융이 앞세우는 일차적인 목표들을 따라갔다. 금융은 금에 대한 통화의 태환성이 고정비율을 유지하고 있을 것과 위기 동안에도 은행이 정상적인 영업을 계속할 수 있는 것을 일차적인 목표로 삼고 있었다. 이전 위기의 특징이었던 은행창구에서의 지불정지만은 무슨 일이 있어도 막아야 했다. 경제활동과 고용에 대한 우려는 나중 문제였다. 이러한 문제들은 생산시스템의 파열이 간접적으로 금융 시스템을 불안정하게 만드는 한에서만 고려의 대상이 되었다.

그러므로 정책수단 그 자체와 정책수단의 용도를 혼동하면 안 된다. 연준의 지도자들은 1920년대에는 사고를 조금씩 변화시켰지만, 그래도 경제활동을 안정화시킨다는 생각이 일차적인 목표가 된 적은 결코 없었다. 금융은 스스로의 틀 속에 고착되어 너무 느리게 변화해 갔다.

〈상자 18.1〉
대공황 이전의 미국의 화폐금융 시스템

19세기 말과 20세기 초의 통화 시스템에서는 금이 개별 국가 차원에서는 물론 국제적으로도 핵심적인 역할을 해 '금본위제'라는 말을 낳았다. 국제거래를 포함해 일부 거래는 금으로 지불되었다. (모든 은행에 의해 발행된) 은행권은 (수수료만 내면) 금으로도 태환이 가능했고, 고정환율로 타 은행권과 교환하는 것도 가능했다. 태환성은 일정 기간 동안 정지되기도 했다. 미국에서 남북전쟁이 시작된 1861년부터 1879년까지 그랬던 것처럼 오랜 기간 정지되기도 했고, 위기 시기에도 정지됐다. 은행권 중에서도 최고의 지위를 차지하는 것이 남북전쟁 시기 재무부가 발행한 유명한 '그린백greenbacks'이었다. 정부는 한때 이것의 유통을 끝내려고 했으나 그렇게 하기가 쉽지 않았다. 은행권의 양과 은행예금의 액수는 금의 양보다 훨씬 많았고 제공된 신용의 규모에 따라 변동했다. 인플레이션은 통화의 금 태환을 위협할 것이므로 심각한 문제였다. 신용의 양은 자기규제적인 위계라 불릴 만한 메커니즘에 의해 규제되었는데 이는 시스템이 자율적으로 부과하는 규제체제였지만 실은 가장 강력한 은행들이 압도적인 역할을 하는 체제였다.

남북전쟁 이후 미국에서 확립되어 중앙은행(1913년 연준)이 설립될 때까지 지속되었던 이러한 시스템은 전국은행체제National Banking System로 알려져 있다. 이는 사적인 시스템이었는데 은행들은 법과 관행에 따라 자산의 일부를 준비금으로 보유했고 은행들 사이에 강력한 위계체제가 존재했다. 당시에는 뉴욕의 대은행들이 전체 시스템을 위한 준비은행의 역할을 수행하며 불균형에 대응했다. 여기서 불균형은 오늘날과 같은 (경제활동과 가격변동의) 거시경제의 불균형이 아니라 이를테면 준비은행과 지역은행 간의 자금이동과 같은 주로 금융 시스템의 내부적인 불균형이었다. 따라서 오늘날과 같은 의미에서 통화정책은 존재할 수 없었다.

위기 시에는 은행 시스템이 스스로의 붕괴를 방지하거나 위기의 범위를 제한하기 위해 조직적으로 대응했다. 은행의 파산이 방지될 필요가 있었고, 이와 똑같이 주식시장의 불안을 막기 위해 노력할 필요가 있었다. 은행 간 거래의 청산소가 이를 막기 위해 특별한 신용을 공급하기도 했다. 은행의 폐쇄가 불가피할 때에는 패닉을 제한하고 특정한 거래를 계속 유지하기 위해 청산소의 통제를 통해 폐쇄가 이루어졌다. 전체적으로 보면 이 시스템은 특히 뉴욕에 소재한 거대은행들의 헤게모니에 기초하고 있었다.

따라서 연준의 설립에도 불구하고 19세기 후반에서 대공황까지의 시기는 전체적으로 유사한 시기로 파악될 수 있다. 그 주요한 특징은 통화량과 화폐금융 기관의 폭발적 증가, 통제에서의 사금융의 헤게모니, 금융의 활동방식에서 유래한 상황대처의 지체 등이다.

대공황은 이러한 시스템에 심각한 타격을 가했다. 대공황 초기의 상황에 대해서는 다른 장에서 살펴볼 것이다(19장). 1933년부터 뉴딜정책과 함께 국가가 금융적 거시적 메커니즘에 강력하게 개입하기 시작했다. 이러한 개입은 금융권력을 심각하게 제한하는 법률과 규제 메커니즘을 설립하는 것을 통해 더욱 확장되었고, 이것이 전후 시기의 주요한 특징이 되었다(〈상자 18.2〉). 때로 '금융억압financial repression'이란 단어까지 사용됐다.[1]

국가와 기업계의 관계가 변하고 국가의 경제개입이 확장된 것은 바로 이러한 상황에서였다. 금융은 통화의 창출을 통제하는 독점력을 잃게 되었고 자본주의는 현대적인 상황에서 생존을 위해 필요한 제도들을 확립했다. 중앙은행의 활동은 금융의 전통적인 목표보다 더 광범위한 목표를 추구했다. 1946년 경제성장과 특히 실업을 해결하는 것을 정부의 책임으로 규정한 고용법Employment Act의 의회통과는 이러한 새로운 변화를 적어도 상징적으로 보여주는 것이었다. 이러한 정책들은 1960년대에 그 정점에 이르렀다.

그러나 이러한 변화는 또한 국제적인 특징을 가지고 있었다. 영국인 존 메이나드 케인스와 미국인 해리 덱스터 화이트Harry Dexter White가 1944년 브레튼우즈에서 조인된 협정의 탄생에서 수행했던 역할은 이미 잘 알려져 있다. 이 브레튼우즈 협정이 IMF와 세계은행의 창설로 이어졌다. 이 계획은 통화 간의 환율결정, 환율변화를 위한 원칙의 규정, 국제수지 문제를 겪고 있는 국가를 위한 신용제공, 국제 자본이동에 대한 통제 등 여러 내용을 포함했다. 이 계획은 또한 위기 시에 자금이동을 제한하는 것을 가능하게 했고, 이러한 자본이동으로 인한 희생자와 수혜자 국가들을 다 포함한 모든 국가들 사이의 협력체제도 고안되었다. 그러나 협정 그 자체와 협정의 필요성은 구분할 필요가 있다(〈상자 18.3〉).

〈상자 18.2〉
금융권력의 제한 : 뉴딜의 유산

대공황의 영향으로 형성된 새로운 제도적 틀은 1933년과 1935년의 은행법, 1934년의 증권거래법, 몇 차례의 개정을 거친 연준법으로 특징지어진다. 이러한 법률은 연준의 책임을 확대시키고 금융제도의 안정을 추구했다. 새로운 법은 주로 은행에 영향을 미쳤지만 비은행 금융기관에도 영향을 주었고 금융제도 안에서 분명한 업무구분을 했다.

  그중 중요한 조치들을 들면 다음 6가지 정도로 요약할 수 있다. (1) 저축을 유치하기 위한 은행들 간의 경쟁을 제한하기 위해 저축금리에 대해서 Q 규제가 실시되었다(당시 사람들은 이 규제에 의해 대부금리도 인하될 것이라고 생각했다). (2) 주식과 같은 투기적인 성격이 있는 증권을 포함한 은행의 보유자산에 대한 규제가 실시되었고, 증권취득을 위한 신용은 연준에 의해 설정된 마진의 제한을 따르도록 했다. (3) 저축을 보장하기 위해서 연방저축보험공사가 설립되었다. (4) 은행이 신중하게 운영되고 은행부문의 새로운 진입을 규제하며 경쟁을 제한하기 위해 연방저축보험공사와 정부가 임명한 연방공무원인 통화감독관Comptroller of the Currency에 강력한 권한을 부여했다. (5) 시장에서 주식이나 채권을 발행하는 모든 주체들은 그들의 재무상황을 공시하도록 했다. (6) 1933년 글래스 스티걸 법Glass-Steagall Act이 제정되어 예금은행이 기업의 주식과 채권을 인수, 배정하지 못하도록, 다시 말해 이러한 증권들의 발행에서 중개역할을 할 수 없도록 했다. 이 업무는 투자은행들business banks이 담당하도록 했다.[i]

---

i. T. F. Cargill, *Money, the Financial System, and Monetary Policy* (Englewood Cliffs, N.J.: Prentice-Hall, 1991).

금융은 그들의 특권을 약화시키는 이 계획에 대해 격렬하게 반대했다.[2] 중앙은행의 활동이 더 이상 사적 금융의 영역에 속하지 않게 된 상황에서, 중앙은행의 새로운 기능을 국제적으로 확대하기 위한 의도에서 만들어낸 국제기구들에 대해서도 사람들은 마찬가지의 생각을 갖고 있었다.

대공황과 2차 세계대전으로 인해 실제로 금융 헤게모니가 후퇴했지만 그 의미를 과장해서는 안 된다. 자본주의 논리(특히 이윤 극대화의 논리)는 유지되었고, 많은 사건들이 보여주었듯이 금융은 여전히 강력했다. 국가 수준에서, 그리고 국제적 수준에서 싸움이 계속되었다. 심지어 미국에서도 적극적인 케인스주의 장기부양 정책은 공화당 아이젠하워정부 하에서는 1950년대에 거의 사용되지 않았고 1960년대 초가 되어서야 채택되었다. 1958년의 불황이 끝난 이후 존 케네디의 자문관들은 경기가 활력이 없다고 생각했고, 재정적자를 통해 경제를 회복시키기 위해 세금을 낮추어 경기를 부양했다. 이는 훌륭한 시도였지만 비교적 일시적인 것이었다. 그 이후 유사한 개입이 잇따랐지만 원인이 무엇이든 간에 구조적 위기가 이미 시작되었고 인플레이션이 다시 고개를 들었다.

국제적인 수준에서 금융은 좌절하지 않고 IMF 구조와 신속하게 결합했으며 그들의 기호에 맞는 기구인 국제결제은행Bank for International Settlements을 만들어냈다.[3] 신자유주의 시기에는 국제적인 수준에서 금융 헤게모니를 회복하는 점진적인 변화의 움직임이 있었다. 유로마켓, 다시 말해 국내 중앙은행의 통제를 효과적으로 피하기 위해 자국 밖에서 (진짜든 가상이든) 은행영업을 하는 활동의 발전은 금융의 이러한 복귀에 우호적인 지형을 제공했다(〈상자 18.4〉). 그러

<상자 18.3>
브레튼우즈 체제와 그 해체

브레튼우즈 체제의 세 기둥은 고정환율제도, 자금이 필요한 국가에게 신용을 공여하는 국제 통화기구의 창설, 자본이동에 대한 제한이었다. 이 협정에서는 각국 통화 간 환율을 고정시키는 것(약간의 변동은 허용)으로 원칙을 정했지만 환율은 IMF와의 협의와 동의에 기초해 어느 정도까지는 조정이 허용되었다. IMF는 '금만큼 가치 있는' 것으로 생각되는 특정 통화의 신용의 공여를 통해 어려움에 빠진 국가들을 일시적으로 도와주기 위해 개입할 수 있었다. 이 협정의 6-3항은 적어도 위기상황에서는 국제 자본이동을 제한(외환통제)할 수 있도록 했다. 외환통제의 규정을 세세히 정의하고 끊임없이 조정하도록 한 것은 좋은 자본이동과 나쁜 자본이동을 구분하기 어렵기 때문이었다. 오늘날에는 투자의 기간에 따라 장기적 자본이동은 좋은 것으로 단기적 자본이동은 나쁜 것으로 대체로 구분한다. 이런 구분은 어느 정도 타당해 보인다. 자본 구분의 기준이 이렇게 모호한 것은 유입된 자본이 위기 시에 탈출하지 않기를 바라는, 조금은 헛된 기대와 관련이 있다.

1960년대 말의 세계적인 통화위기의 전조가 되었던 첫 번째 어려움이 닥치기 이전에는, 유럽의 국가들과 일본은 자신들이 사용할 수 있는 두 가지 조치를 다 사용했다. 즉, 환율의 재조정과 자본의 국제적 이동의 제한(다양한 외환통제)이었다. (국제수지 적자의 증가, 외환준비금의 감소로 인해) 인플레이션의 차이로 한 통화가 과대평가되었다고 생각되면 자본소유자들은 임박한 평가절하를 기대하고 그들이 보유하고 있던 통화를 다른 통화로 바꾸려고 했다. 그리고 그들은 환율의 재조정이 이루어진 후에는 자기들이 팔았던 통화를 다시 사들이기도 했다. 따라서 환율의 조정은 외환통제의 강화와 함께 시행됐다. 후에는 외환통제가 완화되었다.

2차 세계대전 이후 최강의 지배력을 지니게 된 미국의 지위는 처음부터 유일한 것이었다. 금만큼 가치 있는 통화로 IMF의 신용이 공여되어야 한다고 규정한 조항이 미국의 통화인 달러에 핵심적인 역할을 부여했고 달러를 국제통화로서 모든 현실에서 사용되도록 만들었다. 미국금융의 행동반경이 제한될 수도 있었지만 미국의 헤게모니는 확고해졌다. 미국은 통화를 재조정하는 기회를 사용하지 않았다. 미국은 그럴 필요가 없었거나 이러한 재조정은 달러의 지위와 명백한 갈등을 빚는 것이었기 때문이다(1970년대 달러화의 가치 재조정이 필연적인 상황이 되자 미국은 시스템 전체를 붕괴시키는 쪽을 선택했다). 미국은 세계 통화위기가 다가오는 때까지 통제를 실시하지 않았는데, 이 시기는 바로 미국의 상업적 지배력이 약화된 1960년대 말이었다.

고정환율제를 포기하고 변동환율제로 이행할 필요성이 이때 처음으로, 그리고 일시적으로 대두되었고, 마침내 1973년에 공식적으로 고정환율제가 포기되었다. 이것이 새로운 화폐금융질서의 첫 번째 단계였으며 이후 신자유주의가 등장하게 되었다. 자본이동에 대한 제한은 미국에서는 1974년에 제거되었다. 이는 1979년 영국, 이후 (1986년의 단일유럽법Single European Act과 1988년 유럽연합 집행위원 및 장관회의에서의 결정을 거치며) 다른 유럽 나라들, (1989년의 자유화규약Code of Liberalization의 채택을 통해) 모든 OECD 회원국들로 확산되었다.

브레튼우즈 체제의 붕괴는 미국의 주문에 따른 포기로 볼 수 있다. (IMF 통화로서) 특별인출권special drawing rights이란 것이 나오긴 했지만 달러가 국제통화의 자리를 차지하고 있었으므로 미국의 패권이 약화되면 브레튼우즈 체제는 유지될 수 없었다. 세계경제에는 달러로부터 충분히 자율적으로 그 최초의 구상에 맞게 세계통화를 만들어내고 보장할 진정한 국제통화기구가 존재하지 않았다.[i] 1970년대의 국제통화위기는 그러한 체제를 만들어낼 수 있는 기회일 수도 있었으나 반대로 미국금융의 주도로 다시 달러의 우위를 선언하는 원칙들이 확립되고 말았다. 각국의 경제로부터 경제정책의 자율성을 빼앗아간 것은 세계화 그 자체가 아니라 세계화의 신자유주의적 궤적이었다.

---

i. 케인스는 이러한 세계통화에 '방코르bancor' 라는 이름을 붙였다.

나 결정적인 타격은 거대한 자금이 미국에서 서유럽으로 이전되어 미국이 달러의 태환성을 정지시키고 유럽과 일본이 변동환율제를 선택하게 된 1971년 달러위기였다. 1971~1973년에 서유럽 나라들은 자신들의 통화에 대한 평가절상 요구를 피하기 위해 환율통제를 강화하며 미국의 압력에 저항했다. 이러한 조치가 실패하자 그들은 결국 변동환율제로 이행했다. 이는 브레튼우즈의 종언을 의미하며, 환율과 자본이동에 대한 국가통제의 종언을 의미했다(《상자 18.3》).

미국은 이 위기의 한복판에 서있었다. 브레튼우즈 체제는 사실상 달러가 세계경제를 지배하고 있는 상황에서 달러의 중심성을 선언해 준 것이었다. 1970년대 초까지는 미국의 인플레이션이 대부분의 다른 나라들에 비해 낮은 수준으로 유지되었고 환율의 재조정은 전통적으로 다른 나라들에 의해 이루어졌다. 1971년부터 미국에 안정적인 무역흑자 대신 무역적자가 발생했으며 이러한 새로운 역사적 상황은 체제의 기반을 약화시켰다. 미국에서는 세계경제의 구조적 위기의 발단은 이윤율의 위기가 아니라 미국경제가 다른 국가들(특히 일본이나 독일)의 발전에 의해 위협받는 세계적 차원의 경쟁과정으로 인식되었다는 것을 잊지 말아야 한다.[4]

이러한 사건들과 금융권력의 회복과 어떤 관계가 있는지는 그 이전에 나타난 갈등의 맥락에서 살펴보면 쉽게 이해할 수 있다. 브레튼

〈상자 18.4〉
금융 헤게모니를 회복시킨 터전, 유로마켓

유로마켓은 1957년 국제적 지불위기를 겪으며 1950년대 후반에 확립되었다.[i] 1960년대 초 유로마켓의 중심지는 주로 런던이었고 처음에는 영국과 미국 행정부의 지지를 받았다. 이러한 시장에서 런던 금융시장이 지녔던 이점은 이해하기 쉽다. 미국이 유로마켓을 지지한 것은 놀라운 일이었다. 미국의 이런 태도는 두 가지 이유에 기인한 것이었다. 첫째 금융, 더 정확하게는 뉴욕의 은행들이 그들의 활동을 런던으로 옮겨 뉴딜의 유산, 특히 필요지불준비금과 금리의 규제를 피할 수 있다는 것을 알게 되었다.[ii] 둘째, 달러가 해외에 축적되자 태환성이 위협받게 되었고 국제통화로서 달러의 지위가 약화되었다. 하지만 유로마켓의 통화는 달러였다. 맞건 틀리건, 미국정부는 유로마켓이 달러가치를 안정화시키는 수단이 될 수 있다고 생각했다. 마지막으로 유로마켓은 그 사업이 전 세계에 확장된 기업들이 자금을 이리저리 이전할 수 있는 여유를 제공했다. 생산시스템이 점점 국제화되는 것과 함께 자연스럽게 국제금융이 성장했던 것이다. 이러한 발전은 전통적인 국가 단위의 규제를 넘어서는 것이었다.

i. 기술적이고 구체적인 측면에 대해서는 G. Dufey and I. Giddy, *The International Money Market* (Englewood Cliffs, N.J.: Prentice-Hall, 1994)를 참조하라.
ii. "예를 들어, 미국 내 신용이 축소되던 1966년과 1969~1970년에 미국 금융기관들은 금리상한 규제를 피하기 위해 유로마켓을 거치는 '우회로'를 선택했다." E. Helleiner, *States and the Reemergence of Global Finance: From Bretton Woods to the 1990s* (Ithaca, N. Y.: Cornell University Press, 1994), p. 88.

우즈 붕괴 이후의 협상이 거의 같은 주제의 토론이 이루어졌던 브레튼우즈 성립 이전의 협상들과 서로 비슷했다는 점은 놀라운 일이었지만 그 입장은 변화했다. 미국은 자신의 지배가 위협당하는 것을 인식하자 이제 정책을 180도 전환하여, 브레튼우즈 체제에서 수용된 외환통제에 반대했고 시장의 신성함을 주창했다. 그 입장은 (밀턴 프리드먼Milton Friedman의 의견이 그대로 반영됐다고 전해지는) 1973년 초 의회에 제출된 대통령의 경제보고서 *Economic Report of the President*에 잘 나타나 있는데, 이는 재화와 서비스의 자유무역과 똑같이 자본도 자유로운 국제이동이 보장되어야 하며 자본통제는 철폐되어야만 한다는 것이었다. 이는 시장과 금융에 권력을 주는 것을 의미했다. 결국 케인스주의 체제의 국제적 측면, 특히 위기상황에서 자본운동을 일시적으로 제한할 수 있는 가능성이 사라져버렸다. 연준은 그 지위가 약화될 가능성을 인식하고 이러한 변화에 어느 정도 반대했지만 이러한 입장은 고립되고 일시적일 뿐이었다.

스태그플레이션의 첫 번째 시기였던 1970년의 경기침체부터 시작해 1970년대 전체와 1980년대 초반은 무척 불안정한 시기였다. 국내적 차원에서는 1970년대의 위기가 케인스주의 확장정책을 유발했고, 몇 년 동안 경제활동을 촉진하는 정책이 인플레이션을 유발하며 위기를 지연시켰다. 이러한 정책들은 비금융기업들에 나타나고 있던 문제점의 폭발을 지연시켰지만 치유책이 되지는 못했다. 인플레이션이 위기의 부담을 채권자, 다시 말해 금융에 지우고 비금융기업의 이윤율을 1970년대에 상대적으로 높게 유지시켜주었다(9장과 15장). 그러나 인플레이션이 심화되자 이는 케인스주의 정책의 조종을 울렸다.[5] 영국과 미국의 통화주의자들은 인플레이션을 공공의 적 1호로 지목해 가장 직접적인 방식으로 채권자들의 이익를 보호했다.[6] 또한 1970년대 초의 위기 이후 달러가 평가절하 되었는데(〈그림 12.1〉),

〈상자 18.5〉
1980년대 미국 금융 시스템의 규제완화와 새로운 규제

미국의 화폐금융 시스템은 단일한 것이 아니었다. 일반적인 이익이 각각의 특수한 이익과 충돌할 여지가 있었다. 금융은 1980년대에 규제완화를 지향했지만 동시에 인플레이션에 대해서는 단호히 반대했는데 이는 무척 엄격한 규칙과 구조를 필요로 하는 것이었다.

금리가 인상된 1979년 10월에 이미 몇몇 조치가 발표되었지만, 규제완화와 통화관리법 Regulation and Monetary Control Act은 1980년에 도입되었다. 이 법은 특히 경쟁환경을 회복(규제완화)하기 위한 것으로 알려져 있지만 동시에 연준의 능력(통화관리)을 강화했다.

1980년의 법률은 Q 규제를 점차 완화했다. 또한 새로운 계좌 개설이 허용되고 저축기관의 영업범위가 확대되었다. 1982년의 법은 저축대부조합의 최초의 위기에 대응해 이러한 개혁을 자금의 조달과 운용에까지 확장했다. 1988년에는 글래스 스티걸 법을 폐지하는 법안이 통과되었다. 이러한 조치들은 특히 뉴딜시기로부터 물려받은(〈상자 18.2〉) 금융 시스템에 대한 규제와 원칙을 상당히 완화하는 것이었다.

인플레이션을 막기 위해 통화정책을 강화하는 것에는 두 가지 장애물이 있었다. 하나는 미국 금융기관의 취약성이었고 다른 하나는 자본도피를 가능하게 하는 유로마켓의 존재였다.

미국의 금융기관과 관련해서는 연준의 권한을 강화하는 법률이 통과되었다. 당시 연준의 시스템에 참가하는 것이 자율적인 선택에 맡겨져 있어서 연준 시스템에 참여한 금융기관의 수가 계속 감소하고 있었다. 이 법은 예금을 받는 모든 금융기관(비은행 금융기관도 포함)이 의무적으로 참가하도록 했다. 과거에 연준은 언제나 이러한 조치를 요구했지만 의회와 행정부의 반대에 부딪쳤다. 이들은 은행 시스템의 자율성을 지지했던 것이다. 이제 화폐금융 시스템은 더욱 강력한 감독을 받게 됐다. 이는 규제완화의 신조와는 맞지 않는 것이었지만 금융의 가장 중요한 목표인 가격 안정을 위해서 지불되어야 할 대가였다.

유로마켓은 1960년대에는 바람직한 것으로 보였지만 이제 인플레이션을 막는 데 장애가 되고 있었다. 1979년 미국은 국제결제은행의 비호 아래 다른 국가의 중앙은행들이 유로마켓에서 은행의 활동을 규제할 수 있도록 하는 조치를 고안할 것을 요구했다. 이러한 시도는 (특히 영국을 비롯한) 국제 금융가의 강력한 반대를 불러일으켰고 규제조치는 거부되었다. 유로마켓을 규제할 수 없게 되자 미국은 국제금융기구IBFs를 뉴욕에 설립하여 유로마켓을 미국 국내로 끌어들였다.

이는 금융의 불만을 낳았다. 결국 이러한 사건들은 폴 볼커Paul Volker의 연준 의장 취임과 함께 결론을 맺었다. 그는 1979년에 통화정책을 급속히 변경해 어떠한 비용에도 불구하고 물가안정을 추구했고 신자유주의에 특징적인 고금리 정책을 도입했는데, 이는 1979년 쿠데타로 불린다. 더 전반적으로는 금융규제와 관련해서 새로운 법률적 구조가 확립되었다(〈상자 18.5〉).

금융은 이제 연준의 도움을 받아서 경제를 지배할 수 있게 되었고 통화를 창출하는 권력을 회복하고 대공황 이전에 나타났던 것과 비슷한 정책들을 강제했다. 중앙은행은 이제 시장의 협조가 가능한 경우에는 엄청나게 효율적으로 가격안정을 보장하는 역할을 수행할 수 있었다. 엄격한 통화정책과 금융시장의 권력이 동시에 나타난 것이 신자유주의 시대 금융 헤게모니의 표현이었는데 이는, 미국의 통화정책 수행의 효율성과 자본의 자유로운 국제이동으로 인한 국내외적 물안정이 결합되어 나타난 것이었다.

금융이 헤게모니를 쥐었던 20세기 초반과 20세기 후반의 시기는 상당히 유사하지만 똑같은 것은 아니다. 두 가지 측면이 구분되어야 한다. 하나는 가격안정과 관련된 것이고 다른 하나는 금융기관의 자유로운 활동에 관한 것이다.

20세기 초에는 국내외의 제도적 시스템과 이것이 강력한 사적 금융에 의해 지배받는 방식이 가격안정을 보장했다.[7] 1차 세계대전의 시기에만 인플레이션이 심화되었다. 1980년대에 다시 금융이 권력을 장악하자 이들의 첫 번째 관심사는 가격안정을 회복하는 것이었다. 이들은 국가 수준에서 이러한 목표를 케인스주의 제도를 통해 조용히 성취했다. 케인스주의 수단과 방법이 이러한 목표를 위해 무척 효율적으로 사용되었다. 누가 뭐라 해도 미국 정부와 연준, 그리고 통화정책은 그 어느 때보다도 강력했다.

　게다가 금융은 스스로 매우 위험한 활동의 자유를 얻게 되었는데 이는 대공황 이전의 수십 년간의 상황을 연상케 한다. 이러한 자유는 국내적 그리고 특히 국제적 차원에서 금융활동의 극적인 증가, 통화가치의 예측 불가능한 변동, 위험한 자본이동 등 엄청난 불안정성을 가져다주었다. 따라서 자본주의는 한때 문제가 되었던 일탈현상을 다시 보이기 시작했다. 1960년대에 이미 해결된 것으로 여겨졌던 국내외 금융위기와 주식시장의 불안이 그것이었다.

19장

1929년 위기가 남긴 교훈

19세기 말의 위기와 1970년대의 구조적 위기는 무척 유사하다. 어떤 이들은 이것을 다행이라고 생각할 것이다. 위기가 선례를 가지고 있고 그 선례의 위기가 극복되었다면 이번 위기도 똑같이 극복되지 않을까? 그러나 위기 이후 등장한 신자유주의 사회를 분석해 보면 그리 낙관적인 것은 아니다. 위기의 종언이 모두에게 다행스러운 것은 아니며, 위기 뒤에는 많은 이들이 반대할 만한 사회가 기다리고 있다.

이것만 해도 너무 낙관적인 것이다. 우리가 알고 있듯 19세기 말의 위기의 끝에는 수십 년의 대공황이 이어졌으므로 두 기간을 비교하는 것은 무서운 일이기도 하다. 이런 파국의 가능성은 농담일 수도 있지만, 많은 경제학자들은 여전히 두 시기를 비교한다. 이런 위험이 우리 앞에 놓여 있는가? 이것이 이 장과 다음 장이 대답하고자 하는 질문이다. 하지만 두 시기를 직접 비교하기 전에 대공황으로 이어진 상황을 살펴볼 필요가 있다.

지금까지 우리는 19세기의 구조적 위기의 종언에 대해서 주로 경제적인 측면을 살펴보았다. 기업의 기술과 조직에 진정한 혁명적 변화가 있었고 이 경영혁명은 기술과 분배와 관련된 주요한 변수의 경로를 변경시켜 이윤율을 회복되도록 했다. 따라서 대공황은 역설적인 특징을 지니고 있다.[1] 이렇게 바람직한 변화가 왜 파국으로 치달았을까? 여기서 다시 미국의 사례로 돌아가 보자.

19세기 후반의 위기가 끝나갈 무렵 자본주의 체제는 취약점을 감추고 있었다. 그것은 두 가지로 구분되는데, 첫 번째는 기술이 생산시스템의 다양한 구성요소에 미치는 불균등한 영향과 관련이 있었고 두 번째는 화폐금융의 기관 및 정책과 관련이 있었다.

미국경제의 첫 번째 약점은 생산시스템이 매우 '이질적'이라는 점이었다. 당연한 일이지만, 20세기 초에 나타난 기술, 조직, 경영의 변화가 모든 기업에게 나타난 것은 아니었다. 그러나 그것보다 더 심각한 문제는 생산시스템 내에 두 가지 구성부문이 뚜렷한 차이를 보이기 시작했다는 점이다. 한쪽은 이러한 전환과 얽혀 급속히 발전되고 있었고 다른 한쪽은 이러한 움직임에서 소외되어 그 이점을 활용할 수 없었다.

그런 이중경제의 형성은 경영혁명의 양식에 내재된 위험이었고 이미 그 안에 싹이 심어져 있었다. 혁명적 변화는 몇몇 대기업의 변화였고 금융의 비호를 받으며 전개되었다. 엄청난 액수의 자본을 관리하던 주요 금융회사들은 기존의 기업에 대해서는 통제력을 장악하고 새로운 기업들을 설립했다. 이러한 변화는 운송과 통신 산업에서 시작해 점점 다른 산업과 유통부문으로 확산되었다. 당시 이 기업들은 그 규모로 인해 독점기업이라 불렸지만 각 부문을 완전히 장악한 것은 아니었다. 수많은 전통적인 소규모 기업들이 그들과 함께 경쟁했다. 이 기업들은 그들의 경영을 개혁하고 새로운 기술을 도입할 수 있을 만한 규모가 아니었으며 따라서 금융은 이들에게 관심을 기울이지 않았다. '이질적'이라는 단어는 바로 이러한 현상을 말한 것이다. 20세기 초의 미국경제는 주요 부문에서 새로운 대기업들과 고루한 조직과 기술에서 못 벗어난 낡은 기업들이 혼재하고 있는 특징을 보였다.

1920년대의 자동차 산업은 이러한 이중성을 매우 잘 보여준다.[2] 흔히 생각되는 것과는 달리, 낡은 기술을 사용하는 많은 소규모 생산공장들이 (포드나 GM과 같은) 대기업과 공존하고 있었다. 이들 소기업들은 최신의 기술과 조직혁신으로부터 소외된 상태였다.

이렇게 불균등하게 발전되고 성과가 다른 기업부문이 혼재된 상황은 기이한 것임에 틀림없다. 어떻게 소기업들이 이런 환경에서 생존할 수 있었을까? 앞에서도 보았듯이 반독점법은 대기업의 발전을 가로막지는 않았지만 전통부문에 어느 정도의 보호를 제공했다. 또한 가격구조가 점진적으로 변화해서 대기업들의 이윤을 침해하지 않으면서도 후진적 부문에게도 어느 정도의 수익성이 유지되었다. 후진적 부문은 사라질 운명이었지만, 1920년대 경기가 좋았을 때에는 부채가 늘어나긴 했지만 여전히 살아남았던 것이다. 1929년, 비록 공황은 아니었지만 경제가 심각한 침체에 빠져들자 이 부문은 생존하기 어렵게 되었다. 파산이 증가했고 부채가 상환되지 않았으며 은행 시스템이 위기에 빠졌고 이는 다시 생산시스템의 위기를 가져왔다.

불안정성의 두 번째 요소는 화폐금융 기관, 그리고 화폐금융 정책과 관련이 있었다. 금융 헤게모니의 첫 번째 시대는 금융구조가 취약하고 거시경제에 대한 통제과정이 느리게 확립되었다는 특징을 지니고 있었다(18장).

대공황은, 여전히 생산시스템에서 중요하지만 후진적인 부문에 잠재되어 있던 위협과 통제되지 않는 화폐금융 시스템이라는 두 요소의 영향이 누적된 결과였다. 1929년의 경기침체recession는 이와 같은 과정을 거쳐 불황depression으로 발전했다.[3]

그 과정을 여기서 자세하게 서술하는 것은 불가능할 것이다. 모든 것은 1929년 중반 보통의 경기침체에서 시작되었다. 산업생산은 1929년 2월에 그 정점에 달했지만 9월에는 26퍼센트가 하락했다.[4] 엄청나게 폭등했던 주식시장은 10월에 폭락했다. 중앙은행과 은행시스템이 주식 투자자를 구제하러 나섰고, 이전의 패닉에서 그랬던 것처럼 주가는 신속히 안정되었다. 주식시장의 위기가 경기침체나 불황을 촉발한 것은 아니었다. 1930년 초에는 경제활동이 더 이상 하락하지 않고 안정되는 듯했지만 회복되지는 않았다. 1932년 초 위기가 더 심각해졌고 1933년에는 기업이 파산하고 물가가 폭락하며 은행위기가 닥쳐왔다. 경제는 여전히 신용을 필요로 했지만 대출금 상환의 중지로 인해 은행 시스템은 신용창출의 역할을 거의 포기했다. 은행들은 대신 별로 수익이 높지 않지만 덜 위험했던 정부채권의 보유를 선호했다. 1933년 초반 이후 은행위기, 즉 은행들의 파산이 심각해졌다. 루스벨트Roosevelt는 후버Hoover에게서 정권을 넘겨받던 바로 그 날 밤, 전국적인 차원에서 은행 시스템을 폐쇄한다고 발표했다.

이 은행영업 정지선언은 루스벨트가 정권을 잡은 후 내린 첫 결정이었는데, 이는 신성시되던 기존의 정통적 화폐이론에 사로잡혀 금융에 의해 위기가 제대로 관리되지 못하던 상황을 끝장내고 뉴딜정책의 시발점이 되었다.

생존 가능하다고 생각되었던 은행들은 신속히 다시 영업을 시작했다. 이 패닉의 시기에 확립된, 이른바 첫 번째 뉴딜이라 불리는 시스템은 매우 놀라운 것이었다. 생산시스템의 여러 부문들이 위원회에서 조직되었고 정부의 주재로 고용주와 노동자가 함께 머리를 맞댔다. 이러한 정책의 목표는 시장에서의 분배비율을 합의하는 것을 통해 당시 자기 파괴적인 경쟁이라 불리던 경쟁행위를 방지하기 위한 것이었다. 또한 이 정책은 최저가격과 최저임금을 설정해서 디플레이션을 막아냈다. 혼란이 지나간 이후, 이러한 시스템은 헌법에 위배되는 것으로 선언되었다. 원자재 수입품의 가격을 높여 물가의 폭락을 막기 위해 달러가 평가절하 되었다. 정부는 균형예산을 고수했지만 당시의 표현으로는 "펌프로 물을 끌어올리기 위해 물을 넣는" 노동 프로그램을 시작했다. 당시의 지배적인 사상은 자유방임주의 laissez-faire와는 반대로, 한편으로는 노동자의 구매력을 높여서 충분한 수요를 창출하고 다른 한편으로는 파국의 원인으로 생각되던 금융을 규제하는 것이었다. 동시에 정부는 부실채권의 인수와 화폐금융 시스템의 작동의 규제를 통해 금융이 스스로 회복할 수 있는 수단을 제공했다(〈상자 18.2〉).

이러한 엄격한 조치들에도 불구하고 생산시스템의 구조조정이 계속되었고 공장폐쇄와 정리해고가 잇달았다. 1933년 이후 회복되던 산출은 1937년 다시 하락했는데, 이에 따라 루스벨트는 예산적자를 늘리고 미국경제의 상당부분을 케인스주의 경제학에 기초하여 관리했다.[5] 미국경제가 위기에서 빠져나온 것은 사실 전쟁 발발에 따라 국가의 강제적인 통제를 통해 경제활동을 그 생산 가능한 한계까지

밀어붙인 덕택이었다.

대공황을 설명하는 과정에서 제쳐두었지만 위기의 국제적인 측면도 무척 중요했다. 미국은 위기의 원인이었던 경제적 전환의 중심에 있었기 때문에 세계적 위기의 한복판에 자리 잡고 있었다. 생산시스템의 이질성과 화폐금융 혁신의 정도는 미국이 가장 높았던 것이다. 미국과 세계의 나머지 나라들 간의 관계는 양방향으로 작용했다. 미국경제의 파산은 세계무역과 금융을 불안정하게 만들었다. 이와 반대로 국제 통화금융 메커니즘의 안정성은 특히 프랑스를 필두로 금본위제로 복귀하려는 노력에 의해 더욱 약화되었고, 이는 전반적인 디플레이션을 더욱 심화시켰다. 위기의 국제적인 특성으로 인해서 위기 극복을 위해서는 각 선진국의 국내정책과 함께 국제협력이 필수적이었다. 그러나 각국의 경제회복을 조화롭게 조정할 수 있는 국제기구는 존재하지 않았다. 런던과 뉴욕의 금융시장은 서로 경쟁했던 것이다. 세계 통화체제에서 나타난 이러한 이중적 리더십이 흔히 위기의 주요한 원인으로 제시되지만[6] 그 반대로도 주장될 수 있다.[7] 어찌 됐든 그러한 임무를 수행할 국제금융기관을 건설하기 위해 헌신할 수 있었던 주체가 어느 나라에도 존재하지 않았다. 현재의 시기와 뚜렷하게 다른 이 시기의 중요한 특징 중 하나는 기존의 정통적 화폐이론과 금본위제의 고수였는데 이는 파국적인 디플레이션을 가져올 위험을 안고 있었다.

대공황은 방지될 수 있었을까 아니면 필연적이었을까? 다른 정책들이 파국을 막을 수 있었을까? 이러한 질문들은 여러 가지 문제들을 제기한다.

첫째, 언제가 적극적인 경제개입을 위해 최선의 시기였는지 질문해 보아야 한다. 위기가 처음 시작된 1932년이었을까? 과열된 경제가 임박한 불황을 예고하던 1929년이었을까? 중앙은행이 만들어지고 그 임무가 확정된 1913년이었을까? 화폐금융 메커니즘이 급성장하던 20세기 초반이었을까, 아니면 미국경제의 이중성이 나타나기 시작하던 19세기 말이었을까?

이런 질문들은 우리가 당시를 생각하며 대안의 정책들을 제시할 수 있는 선에서만 제기되어야 한다. 역사를 다시 쓰는 과정에서 우리는 제도들을 개혁하는 데까지 나가도 되는 것일까, 아니면 제도적인 틀은 놔두고 대안의 정책만을 생각해보는 정도에서 그쳐야 하는 것일까? 우리는 반드시 당시 미국의 통화시스템 안에서, 그리고 그것이 갖고 있던 문제점들에서부터 시작해야 한다는 것은 확실하다. 그럼에도 불구하고 당시 적극적인 개입이 필요했던 것이 분명하며 이는 곧 제도에 대해 재검토해 볼 필요가 있다는 것을 의미한다.

당시의 위기는 이제까지 다른 책들에서 주장했던 것처럼 경제정책의 실수로 인한 것이 아니었다.[8] 그렇다고 해서 당시에 실수가 없었다고는 말할 수 없다. 대공황이 경제를 엄청난 위험과 전례 없는 상황에 이르도록 한 데는 몇 가지 요인들이 원인을 제공했다. 미국경제는 지금까지 생산시스템의 이질성과 화폐금융 메커니즘의 급성장이라는 이 두 가지의 불안정을 급등시키는 요인을 내부에 갖고 있던 적이 없었다. 1929년에 경제관료들은 이것을 모르지 않았다. 처음에 그들은 심각하고 독특한 경제문제에 대해서 '견실한 금융' 원칙이라는 낡은 자세를 고수했는데 그 영향은 끔찍했다. 그러나 비정상적인 상황이 이 정통파 교리에 대한 근거 있는 비판을 막지는 못했다. 이 교리는 지배계급과 가장 후진적인 분파에서 가장 선진적인 분파까지 그 정도의 차이를 반영해 이 계급 내의 특정분파의 이해를 대변하는 것이었다. 1907년 금융패닉과 1921년 위기 등 이전 위기들의 영향으로 인해 금융은 제도적이고 정치적인 틀을 발전시켰지만 여전히 그 과정은 신중하고 느리게 진행되었다. 이러한 발전은 이제 등장하고 있던 문제들을 해결하기에 충분하지 못했다. 특정한 역사적 상황에서 문제가 되는 것은 지배계급의 이러한 책임이다. 대공황의 상황은 지배계급을 경악하게 했는데, 이는 위기상황에서의 지배계급의 경험 부재와 그들의 기득권에 대한 고수로 인해 더욱 심각했다.

이러한 역사적, 사회적 조건, 권력과 학습과정의 한계가 극복될 수 있었다면 위기가 방지될 수도 있었다고 말할 수도 있을 것이다. 그렇다면 어떻게 했어야 했을까? 두 가지 차원에서 대응이 가능했을 것이다. 첫째, 위기로 이어진 조건에 대해서는 두 가지 형태의 국가개입이 필요했다. 한편으로는 후진적인 부문이 수동적인 보호로부터 이득을 얻을 수 없도록 하는 동시에 스스로 구조조정해서 변화하도록 도와서 그렇지 않으면 사라지도록 만들었어야 했다. 다른 한편으로는 화폐금융 메커니즘이 사적 금융으로부터 독립된 거시경제의 안정을 규제하는 집중화된 국가개입 형태에 발맞추어 발전하도록 만들었어야 했다. 이는 금융, 즉 은행과 주식시장의 협소한 이익이 아니라 경제활동에 목표를 맞추는 진정한 통화정책에 필요한 제도들을 확립하는 것을 의미한다. 둘째로, 위기 상황에서는 적자에 기초한 공공수요나 지속적인 신용공급을 통해 기업들을 강력하게 지원했어야만 했다. 이전에 후진적 부문이 사라지지 않았다면 위기 상황에서는 더 많은 지원을 했어야 했다.

당시의 관료들이 그런 조치를 취하지 않은 것에 대해서 비난하는 것은 무척이나 순진한 일이다. 지배계급은 그런 식으로 변화하지 않는다. 그들은 지식과 사건의 예상에 기초하여 행동하지 않으며 스스로 생각하기에 그들의 이익과 상충되는 행동을 하지 않는다. 오직 폭력적인 위기만이 대전환을 만들어내는 것이다.

대공황의 분석에서 가장 놀라운 점은 19세기 말의 구조적 위기의 종언 자체가 다시 위기를 맞았다는 것이다. 19세기 후반의 위기는 엄청난 효율성을 지닌 대규모 주식회사로 대표되는 새로운 생산시스템의 확립으로 이어졌다. 그리고 이전과는 다른, 생산시스템과 긴밀히 결합된 새로운 금융시스템을 등장하게 했다. 이러한 변화는 당연히 이러한 전환에 상응하는 화폐금융 시스템의 성장으로 이어졌다. 그러나 이러한 발전과 함께 거시경제에 대한 적절한 관리는 확립되지 않았다. 생산시스템의 이질성의 심화에도 불구하고, 당시의 시기는 기술진보를 설명하는 주요변수(노동생산성과 자본생산성)에는 특히 도움이 되었던 시기였고, 또한 분배와 임금, 이윤율 등에도 좋은 시기였다. 대공황은 이러한 상황을 혼란스런 방식으로 파열시켰는데, 한편으로는 더 좋은 환경을 만들어내었고 다른 한편으로는 억압했다. 그러나 이러한 모순은 단지 겉보기만 그런 것이었고, 이것이 '위기의 종언의 위기'라 표현되는 개념이다.

20장

자본이동과 주식시장 열풍

주요 선진국에서 전개되었던 대공황 당시의 상황과 현재의 상황은 매우 유사하다. 가장 일반적인 수준에서는, 두 시기 모두 구조적 위기가 끝난 시기였다. 19세기 말의 위기에 이은 20년 동안 자본주의는 심대한 전환을 겪고 새로운 기술진보를 향해가고 있었다. 오늘날의 변화는 그 정도의 사회적 영향을 미치지는 않았지만, 넓은 의미의 경영에서 이루어지고 있는 조직과 기술의 혁신은 기술변화와 관련된 주요 변수들, 그중에서도 특히 자본의 이윤율을 높여주는 자본생산성의 새로운 전개과정을 만들어내고 있는 것으로 보인다.

대공황의 분석이 우리에게 주는 교훈은 위기의 종언 뒤에는 다른 위험이 뒤따라온다는 것이다. 더구나 적절한 정책과 제도를 통해 시스템을 전체적으로 안정시키기 위한 관리를 하는 일 없이, 기업의 전환이 화폐금융 부문의 혁신과 맞물리게 되면 사태는 더욱 심각해진다.

구체적으로 들어갈수록, 국면마다 두 시기의 유사점은 더욱 두드러진다. 1920년대처럼 1980년대 이후에도 기술변화의 물결은 기업들에게 불균등하게 영향을 미쳤다(다국적기업은 이득을 얻었지만 각국의 수많은 중소기업들은 부채를 제때 갚지 못했고 새로운 기술에 적응하는 데 어려움을 겪었다). 금융혁신도 상당히 진전되었고 주식시장은 폭등했다가 2000년 이후 폭락했다. 그리고 금융 스캔들이 일어나고, 은행위기가 닥치고, 은행 이외의 금융기관들의 파산이 증가했다. 이 모든 것은 이제 1930년대와 비슷한 위기가 닥쳐올 가능성이 있음을 보여준다.

20세기 초반의 수십 년간을 분석해보면, 기술과 조직 면에서 나타난 기업의 이질적 구성으로 인한 위협이 1929년에 시작된 불황 이후 기업파산과 물가폭락이 전개된 1930년대 공황 시기에 뚜렷하게 나타났다. 따라서 1980년대 중반 이후 나타난 생산시스템의 이질성도 (주가가 폭락한) 2000년의 심각한 경기침체와 같은 시기에 그 영향이 뚜렷해질 잠재적인 취약성의 원천으로 해석될 수 있다.

1990년대의 주가폭등과 2000년 이후의 폭락은 어떤 위험을 지니고 있을까? 누구나 1929년 10월의 주가폭락을 기억하고 있으며, 사람들은 이러한 사건을 가지고 흔히 현재의 상황과 대공황을 비교한다. 주가폭락 외에도 은행위기(1930년과 1933년 사이에 나타난 은행의 연쇄적인 파산), 경제를 불안정하게 만드는 갑작스런 환율변동, 혹은 사기업이나 정부의 채무 지급불능 상태를 생각해볼 수 있다. 메커니즘과 형태 면에서 비교할 만한 사례는 얼마든지 많이 있다.

1990년대 후반에는 주식시장의 심각한 폭락과 더 광범위한 금융위기의 가능성은 단지 신자유주의에 대한 급진적인 비판가들만 우려한 것이 아니었다. 이러한 가능성은 연준의 관료들과 주요 국제금융기구 관계자들도 인식하고 있었고 계속 발표되는 선언문의 단골 주제가 되었다. 물론 그들의 고백은 확신, 우려, 경고 사이에서 기술 좋게 균형을 유지하고 있었지만 그 안에 담긴 내용은 명확했다. 세계경제가 금융위기로 인해 위협받고 있다는 것이었다.

어떻게 그렇게 명확하게 이런 이야기들이 거론될 수 있었을까? 현실의 전개 자체를 생각하면 이해하기 쉽다. 전 세계에서 국제 통화금융 위기가 발생해서 세계의 금융기관들의 관료들이 그 현실적 위험을 깨닫게 된 것이었다. 사람들은 여전히 1987년의 주가폭락을 기억했고 일본이나 통화금융 위기를 겪은 몇몇 나라들은 경제를 회복하기 위해 안간힘을 쓰고 있었다. 많은 전문가들은 선진국의 주가가 상당히 고평가되어 있다는 데 동의했고 이제 그 재조정이 이루어지고 있다.

주가폭등(《그림 15.4》)은 미국뿐만 아니라 프랑스에서도 놀라운 것이다(독일과 영국의 주식시장도 비슷한 변화를 보여주었다). 미국의 경우, 1982년에서 2000년 사이 인플레이션으로 조정된 주식가격이 5배나 폭등했다. 2000년의 주가는 1974년 폭락 이전까지는 유지되었던 1965년 고점의 2.9배였다. 이런 주가의 수준에 대해 어떻게 평가할 수 있을까? 여기서는 두 가지 흔히 사용되는 수치를 통해서 2000년 미국주가의 수준이 얼마나 높은지 살펴보고 현재 나타나고 있는 조정의 정도를 생각해보자.

주가를 측정하는 데 흔히 사용되는 비율은 기업들의 순자산(부록 B)에 대한 상장주식 시가총액, 다시 말해 기업의 주식 수와 주가를 곱한 것의 상대적인 값이다. 주식의 시가총액은 시장에서 매겨지는 기업가격이다. 반면 회계상 기업의 가치는 다르게 측정된다. 이 비율은 이 두 평가치의 비율인데 이는 흔히 토빈의 q로 알려져 있다.

〈그림 20.1〉은 미국에서 이 비율의 변화를 분기별 자료를 통해 보여준다. 1952년에서 1963년 사이에 이 값은 약 0.5에서 1로 상승했고 1968년에는 약 1.3으로 더 높아졌다. 주가의 변동처럼 이 값도 1970년대의 구조적 위기 기간에는 크게 하락했다(기업의 순자산은 상당히 안정적인 반면 이 값을 갑자기 변하게 하는 것은 주가이므로 주가 변동과 이 값의 변동이 함께 나타나는 것은 당연하다). 이 수치의 변화는 세 시기로 나누어지고 1995년에는 다시 1에 가깝게 상승했다. 이후 이 수치는 급등하여 2000년 1분기에는 1.8에 이르러서 1960년대의 기록을 깼다. 이러한 주가폭등이 1990년대 후반의 특징이었다. 이 비율은 2000년 이후 다시 급락해 2002년 4분기에는 약 0.83에 이르렀다.

신경제와 관련이 있는 주식들이 이러한 변화를 이끌었다. 이 부문의 기업의 순자산과 주식의 시가총액의 비율은 환상적인 수준까지 폭등했는데 이는 나스닥NASDAQ 지수의 급격한 상승에 잘 나타난다. 나스닥 지수는 1999년 8월에서 2000년 3월 사이에 극적으로 폭등했다. 이 기간 동안 나스닥 지수는 110퍼센트 급등한 반면, 스탠다드앤푸어 500 지수Standard & Poor 500는 거의 상승하지 않았다. 그 이전에는 나스닥과 스탠다드앤푸어 500이 비슷하게 움직였으므로 나스닥의 폭등은 1995년 이후가 아니라 1999년 이후에 나타난 주가의 급등을 전반적으로 설명해준다.

주가의 수준은 또한 기업의 수익이라는 관점에서도 분석될 수 있다. 기업주식의 시장가치는 기업의 총이윤에 대해 주가수익 비율로,

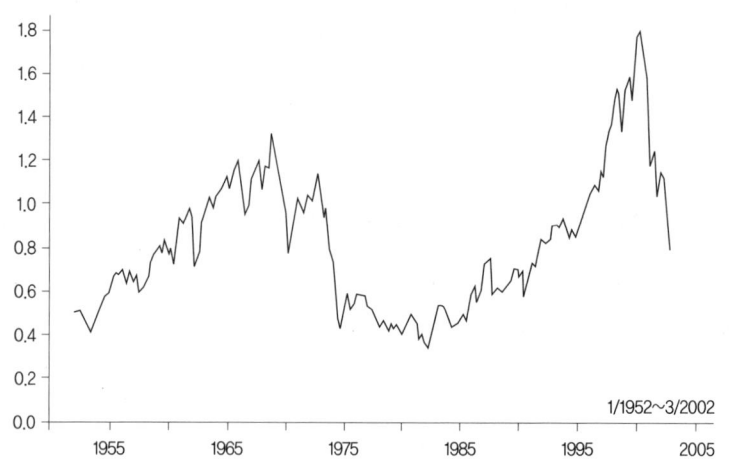

그림 20.1 기업들의 순자산에 대한 상장주식 시가총액의 비율(토빈의 q) : 미국, 비금융기업.

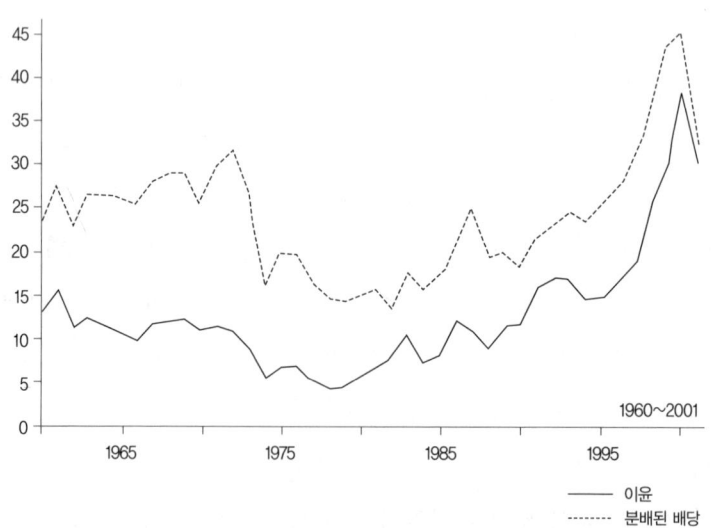

그림 20.2 이윤과 분배된 배당에 대한 상장주식 시가총액의 비율 : 미국, 비금융기업.

혹은 분배된 배당에 대한 비율로 나타낼 수도 있다. 〈그림 20.2〉가 미국에서 이 두 비율의 변화를 보여준다. 이윤의 일부만이 배당되므로 배당에 대한 주가의 비율이 수익에 대한 비율보다 명백하게 더 높다.

〈그림 20.2〉에 나타난 수익에 대한 주가의 비율은 1990년대 후반 주가의 폭등을 보여준 〈그림 20.1〉의 분석을 확인해준다. 1960년과 1972년 사이 주식의 시장가치는 이윤보다 10배 내지 16배 더 높았지만 주가가 기업의 이윤감소에 과도하게 반응하며 하락해 5미만으로 낮아졌다. 1980년대 후반 이 값은 위기 이전의 단계와 거의 같았지만, 이후 급상승해 2000년에는 이윤보다 39배나 높았다.

배당에 대한 주가의 비율을 보여주는 두 번째 그래프도 비슷한 모습을 보여준다. 초기에는 별로 변화가 없다가 구조적 위기의 기간에 하락했고 그 이후 폭등했다. 주주에게 배당된 이윤의 비율이 두 그래프 사이의 차이를 설명해준다(〈그림 9.5〉). 위기 동안 배당이 줄어들었으므로 이 비율이 1960년대에 주가수익 비율에 비해 덜 가파르게 하락했다. 이후의 상승에도 불구하고 이 비율이 위기 이전 수준까지 급하게 회복되지는 않았으며 1985년 이후 점진적인 상승을 보여주었다. 2000년의 비율은 구조적 위기 이전의 수준보다 훨씬 높아졌다. 따라서 주식가격은 배당에 비해서도 높은 것으로 보이지만 신자유주의 시대에는 배당이 증가했으므로 이윤과 비교한 것보다는 덜 높아 보인다.

그 반대의 수치를 살펴보는 것도 흥미로울 것이다. 다시 말해 이윤이나 배당을 주식의 시장가치로 나눈 값이 그것이다. 〈표 20.1〉은 이 값들을 보여주는데 동일한 결과를 알 수 있다.[1] 2000년의 값은 위기 이전(1963년에서 1973년 기간)에 비해 특히 낮다. 이윤 대 주가 비율은 위기 이전 8.7퍼센트에서 2000년 2.6퍼센트로 떨어졌고 배당 대 주가 비율은 위기 이전 3.7퍼센트에서 2000년 2.2퍼센트로 떨어졌다. 배당 대 주가 비율이 덜 하락한 것은 역시 배당의 증가를 반영한 것이었다.

주가의 현재 수준을 고찰하는 일은 홍미로운 일이며 주가의 변화가 신자유주의 미래와도 많은 연관이 있지만 한 가지 주의해야 할 점은 주가의 수준에 대해서는 어떤 적절한 이론도 확립된 상태로 존재하지 않는다는 점이다. 여기서 우리는 투기적 거품이나 그와 유사한 이론을 채택하지 않는다. 우리가 채택한 매우 일반적인 분석수준에서 주가는 두 가지 논리를 반영하는 듯하다. 첫째, 기업은 기업 내부의 성장을 추구하는 대신에 다른 기업에 금융투자를 할 수 있다는 면에서 어떤 가치를 지니고 있다. 둘째 주식보유는 주주에게 어떤 소득, 다시 말해 배당을 보장해준다. 신자유주의는 주가를 이 두 측면 모두에서 끌어올린다. 기업합병의 물결이 나타났고 더 일반적으로는 기업 간에 상호 의존하는 네트워크가 발전되었으며(13장), 배당은 2차 세계대전 이후 전례가 없이 높아졌던 것이다. 그러나 이론적인 기초를 생각지 않아도, 이러한 분석은 부문 간 그리고 기업 간의 이질성이 상당히 높다는 점이 고려되지 않았으므로 전반적으로 적용되는 데는 한계가 있다.

미국에서 최근의 폭락이 일어나기 전에 주가가 폭등한 원인으로

〈표 20.1〉 주식에 대한 수익률(퍼센트)

	1960~73	1974~85	1986~95	2000
이윤/주식의 시가총액	8.6	15.9	7.7	2.6
배당/주식의 시가총액	3.7	6.2	4.6	2.2

때때로 뮤추얼펀드와 펜션펀드의 급성장이 지적되기도 한다(《그림 13.2》). 이러한 설명은 결코 만족스럽지 않다. 우리가 보았듯이 펀드의 성장은 이전에 가계가 보유하고 있던 증권을 펀드로 이전했기 때문에 나타난 현상이었을 뿐이다. 전체적으로 볼 때, 펀드가 성장했건 아니었건 가계는 이전보다 더 많은 주식을 보유하고 있지는 않다(《그림 13.4》). 따라서 다른 요인을 분석하지 않고 펀드에 의한 주식수요의 증가가 주가를 상승시켰다고 주장하는 것은 옳지 않다.

매우 기초적인 것이긴 하지만 이러한 근본적인 지표들을 받아들인다면, 이것들은 명백히 투기적 과잉상태를 보여주고 있다. 이 지표들은 2000년 고점의 주가의 수준은 이전의 고점에 비해 2배가 될 만큼 경이적으로 폭등했고 이제 예상한 바와 같이 다시 하락하고 있음을 보여준다.

이러한 변화는 대공황 시기와 무척 유사하다. 금융 헤게모니의 두 시대 모두 비슷한 위험을 만들어내었던 것이다. 그러나 우리의 분석에 따르면 1930년대 공황의 근본적 원인이 월스트리트 주가의 폭락이 아니었음을 잊지 말아야 한다. 주가폭락은 1929년에서 1931년까지 전개된 위기의 초기단계에 기여했다. 그러나 연준은 주식의 대량투매를 방지하기 위해 신속하게 금리를 낮추었고 시장에서 활동하던 금융기관들은 새로운 자금을 얻을 수 있었다. 이러한 적극적 개입이 당시의 주가폭락을 멈추게 했던 것이다.

시장의 투기 이외에 현재 상황의 주요한 특징 중 하나는 국제 통화 금융 시스템의 불안정성인데, 이는 11장에서 금융위기의 전염과 관련해서 논의했었다. 몇몇 나라의 위기를 보게 된 데 따른 두려움이 다른 나라, 특히 중심부 국가들의 경제를 불안하게 만드는 것은 흔한 일이 됐다. 이것은 금융 헤게모니의 첫 번째 시대와는 다른 특징이라는 점이 지적되어야 할 것이다. 1920년대에는 비록 통화준비금도 존재했지만 국제통화 체제는 기본적으로는 금본위제였다.[2] 통화가치는 금에 대한 비율로 정해졌다. 당시에도 자본이 전 세계에서 유통되었지만 신자유주의 시대에 고유한 자본운동의 활력은 존재하지 않았다. 국가들은 금의 유통, 따라서 자본의 유통을 통제했던 것이다. 이제 신자유주의 시대에 고유한 불안정의 요소를 살펴보자.

국제적 통화금융의 발전 과정에서 금융은 스스로 해결하기 어려운 문제를 만들어냈다. 그것은 자본이동의 자유를 금융이 두려워하는 중앙집권주의까지 가지 않으면서 금융안정과 양립하도록 만드는 것이다. 신중한 규제와 끊임없는 압력이라는 자기규율을 넘어서는 접근방식은 대체적으로 중앙집권적인 국내와 국제 금융기구의 사후적 개입이었다. 사적 자본은 자유롭지만, 이들 정부와 국제기구들은 준칙을 부과하고 활동을 감독하는 것을 통해 금융을 규율하고 위기 시에는 번영의 회복에 기여하는 척하며 신속하게 개입한다. 이런 상황은 금융이 국제기구를 진정한 세계중앙은행으로 발전시킬 수 있고 동시에 이들을 통제할 수 있는 능력을 가질 수 있다는 점에서 놀라운 것이다. 이러한 일은 미래에는 가능할지 모르지만, 실제로 미래에 실현되기까지 이런저런 우여곡절을 거쳐야 할 것이다. 이것이 달성된다면 이는 국가적인 통화기관이 완성되는 것과 유사할 것이다(18장).

미국에 의해 주도되는 신자유주의 세계의 강점과 약점이 어떻게 조화를 이룰 수 있을까? 신자유주의 세계는 위기의 종언이 가져올 위기로 다시 빠져들 것인가? 역사가 그렇게 규칙적으로 반복될 것인가?

새로운 중대한 위기를 촉발할 만한 조건들이 존재하고 있는 것은 분명하지만, 조정이 필요하다는 사실이 이러한 변화가 꼭 파국적인 위기로 나타나야 함을 의미하는 것은 아니다. 생산부문에서 가장 후진적인 부문은 적응하거나 아니면 제거되어야 할 것이며 하나의 불황의 시작 혹은 여러 불황들이 이들에게 가장 강력한 압력을 가할 것이다. 주가는 조정의 범위와 신속성 정도는 여하 간에 조정되어야만 할 것이다. 환율변동과 자본의 과도한 이동은 규제되어야만 할 것이다. 미국경제의 내외부적 불균형과 부채증가는 억제되어야만 할 것이며 이것이 가장 어려운 조정이 될 것이다. 그러나 조정의 필요성은 분명하지만 그 방법은 아직 뚜렷하지 않다. 세계사에 책임이 있는 이들이 그 피해를 최소화하며 이러한 이행을 주도할 것인가? 이것이 신자유주의의 선택과 양립하는 것일까?

금융은 현재 분명히 대공황을 염두에 두고 있을 것이다. 이를 확인하는 관료의 이야기를 들어봐도 이는 분명하다. 금융은 대공황과 같은 파국에서는 그들이 엄청나게 손해를 볼 것이고 이보다도 더 중요하게 그 권위가 약화될 것임을 알고 있다. 그러나 잊지 말아야 할 사실은 1930년대식의 공황이 벌써 시작되었다는 점이다. 중심국에 어떤 혼란이 나타나면 국가개입이 강화될 가능성이 있지만, 국가개입이 상황을 반전시킬 수 있다는 얘기는 아니다. 우리는 1929~1933년에 나타난 것과 같은 자유방임주의가 나타나지는 않을 것이라고 말할 수 있다. 금융이 상황을 장악해서 새롭고 더 집중화된 신자유주의를 도입하거나 아니면 우리 모두를 신자유주의 너머로 몰고 갈 것이다. 이러한 미래의 가능성은 금융뿐 아니라 다른 사회적 세력에도 달려 있다.

2000년에 나타난 미국경제의 성장률 하락과 새로운 경기침체의 전개를 1929년과 비교해보면 매우 시사적이다. 주식의 가격은 조정되고 있다. 거시경제적인 안정화는 주가가 하락하고 있는 시기에는 분명히 쉽지 않을 것이다. 주식시장의 연착륙과 경제의 부양이 동시에 관리되어야 할 필요가 있다. 주가하락은 통화정책의 필수적인 전달벨트인 금융 시스템을 불안하게 만들 수도 있다. 몇몇 정책은 이미 시험되었지만 아직 모르는 길도 많이 남아있다. 2001년 9월의 사건은 공공지출을 자극하고 미국정부가 경제활동을 부양하는 것을 더 촉진하는 결과를 낳았다. 그러나 1930년대 미국경제의 공황은 2차 세계대전을 통해서만 끝이 났음을 잊지 말아야 할 것이다. 경제의 불황과 더 심각한 위기들의 발생을 막기 위해 금리인하 외에도 더욱 직접적인 공공지출을 통한 경제활동 촉진이 이루어졌다.

그러나 미국이 헤게모니를 가지고 있는 상황에서 신자유주의는 필연적으로 모순에 직면해 있다. 그것도 주변부 나라들의 금융위기를 활용하여 미국의 금융기관과 금융안정을 보호하는 것과 갈등하는 모순이다. 지금까지는 이러한 위기가 미국 경제에 미치는 영향은 일정한 수준으로 억제되어 왔지만 전 세계로 이런 위기가 퍼져나갈 위험은 엄연하게 존재한다.

2000년에 불황이 시작되었으니 이제 우리는 케인스주의 정책의 부활에 대해 이야기해야 할까? 이미 지적했듯이 신자유주의는 주요 자본주의 나라들의 안정을 목표로 한 정책들을 약화시키지 않았다. 오히려 그 반대였다. 정책수단은 그대로이다. 변화된 것은 정책목표였다. 예산정책과 통화정책도 마찬가지이다.[3] 2001년 가을 현재의 문제는 경제를 부양시킬 것인가 아닌가가 아니라 어떻게 부양시킬 것인가이다. 간단히 말해서, 통화정책을 제외하면 선택의 문제는 가장 하위계층이고 위기에 취약한 계층에게 도움이 되도록 실업 급부금과 같은 지출을 증가시킬 것인가, 아니면 상류층에게 도움이 되도록 고소득층의 세금을 깎을 것인가 하는 것이다. 이에 관한 논쟁은 미국의 민주당과 공화당의 전통적인 당노선을 따라 전개돼왔다.

21장

금융이 헤게모니를 쥐었던
두 시기 사이의 간기, 번영의 30년

신자유주의에 대한 가장 열렬한 지지자들은 2차 세계대전이 끝난 후 1970년대까지, 유럽과 일본을 필두로 선진 자본주의 나라들이 올린 경제성과에 대해 말하면 심기가 불편해진다. 이 시기는 '영광의 30년'이라고 흔히 불린다. 신자유주의자들은 이 시기의 성장과 진보는 필연적으로 일시적인 것이었으며 따라서 구조적 문제점들이 결국 위기로 이어졌다고 주장한다. 몇몇 좌파들은 이 시대가 가장 끔찍한 형태의 착취를 제거하지 못하고 오히려 심화시켰다고 주장하며 그 30년이 번영의 시대가 아니었다고 주장한다. 그러나 대부분의 사람들은 당시를 그리워한다.

2차대전이 끝난 후 20~30년간 지속된 번영을 이끌어준 두 기둥이 있었다. 하나는 기술진보와 성장을 위한 제도를 갖춰가는 데 이례적으로 좋은 여건들이었고 또 하나는 흔히 케인스주의라 불리는 경제정책이었다. 유럽과 일본은 노동생산성이 급속히 상승하고 또한 자본 대 노동 비율이 상승해 미국경제를 빠르게 따라잡고 있었다. 미국에서와 마찬가지로 자본생산성도 높았다. 이러한 발전을 배경으로 사회적 투쟁이 사회보장 시스템과 결합해 노동자들의 구매력을 상당히 높여주었다.[1] 몇몇 나라들에서는 국가가 전국적 생산시스템을 발전시키기 위한 산업정책에 착수했다. 때로는 국가가 국영기업을 통해 생산시스템의 중요한 요소들, 특히 일부 기초산업과 공공서비스 분야를 직접 떠맡았다. 브레튼우즈 협정은 해외투자를 허용했지만, 실제로는 각 국가들이 환율을 통제하고, 환율의 조정이 필요하다고 느낄 때는 언제나 자본운동을 일시적으로 제한할 수 있도록 했다(《상자 18.3》). 완전고용을 촉진하고 경제활동의 안정과 성장을 촉진하기 위한 정책들이 시행되었다. 인플레이션이 어느 정도 허용되었고 실질금리는 낮은 수준으로 유지되어 기업과 같은 투자의 주체나 주택을 구매하는 가계와 같은 이들에게 소득이 이전되었다.

그러나 기술변화의 과정이 제도나 정책과 맺고 있는 관계가 매우 밀접해서, 기술진보에 유리한 여러 조건들이 사라지고 구조적 위기가 표면화되자 앞의 정책들을 추구하던 모든 노력들이 실패로 끝나고 말았다. 전후의 번영을 뒷받침하던 공식들은 모든 상황에 예외 없이 일반적으로 적용될 수 있는 것은 아니었다. 그러나 그 교훈은 무척 중요하다.

여기서는 2차 세계대전 이후 번영의 시기의 주요한 3가지 측면, 즉 기업의 경영, 국가의 역할, 자본의 국제화의 방식에 대해 살펴보자.

전후 금융권력의 약화가 보여주는 특징 중 하나는 소유주에 대한 경영자의 자율성의 증대였다. 1960년대와 1970년대 나타난 이러한 변화를 수량적으로 보여주는 연구가 있는지는 확실하지 않지만 미국과 영국의 많은 학자들은 이러한 사실 자체는 뚜렷하게 인식했다. 특히 미국의 경우, 경영자 자본주의에 관한 많은 연구들이 있는데, 이는 임금을 받는 경영자가 상대적으로 자유롭게 기업을 경영하고 그들의 권력을 행사했다는 것이다.[2]

이 시기의 기업 내 권력에 관한 소유주와 경영자 사이의 논쟁은 앞 시기에 나타난 소유주(주주)의 권력을 경영자로 이전하는 것에 대한 대응을 떠올리게 한다.[3] '기업 지배구조corporate governance' 라는 단어가 신자유주의에서 나타난 기업에 대한 금융의 규율을 표현하기 위해 흔히 사용된다. 금융은 소유주의 권력을 회복하고 경영자가 주주의 이해에 복속하기를 요구했지 소유주가 기업을 직접 경영하기를 요구하는 것은 아니다.

약간은 관료화되었거나 다원적인 종류의 경영권력에 관한 연구가 제시되었다. 존 케네스 갈브레이스John Kenneth Galbraith와 같은 이들은 20세기 초의 이론들을 발전시켜 경영자들, 특히 기술자들에게서 주주에 대해 상당한 자율성을 지니고 수익성보다는 성장과 기술진보를 더욱 중시하는 기업 지도자들을 보았다.[4] 기업은 소유주, 경영자, 임금노동자, 노조, 그리고 공적 당국 등 다양한 참여자들 간의 타협의 장으로 이해되었다. 프랑수아 블로크-레네François Bloch-Lainé는 이러한 관점에서 1960년대의 프랑스를 분석했으며 새로운 기업 지배구조를 지지했다.[5] 그는 이 새로운 기업지배구조에서 사회화의 진전, 집산주의에 대한 하나의 대안을 발견했다. 이 학자들은 20세기 초의 경영자 이론의 지지자들처럼 경영자를 개화된 기업의 지도자로 생각했다.

어떤 용어를 사용하든 그리고 이런 종류의 자본주의의 원칙이 무엇이었든[6] 이 시기의 자본주의가 훌륭하게 작동했을 뿐 아니라 기술과 성장의 관점에서 보아도 효과적이었다는 것은 강조하고 넘어가야 할 것 같다. 전후 번영의 시기에는 주주의 권력은 진보를 가로막지 못하도록 상당히 억제되었다.

2차대전이 일어난 이후 국가가 담당했던 경제적 역할에 대해서는 광범위한 논의가 진행 중이다. 거시경제 정책이나 사회보장 시스템을 발전시킨 것을 말하는 것이 아니다. 경제를 주도하는 국가의 개입은 그보다 훨씬 깊은 수준으로 이루어졌다. 그것은 미국에서든, 유럽과 일본을 포함한 그 외의 모든 선진 자본주의 나라들에서든 마찬가지였다.

국가는 연구와 기술진보에서, 일반적으로 말해 산업의 발전에서 핵심적인 역할을 담당했다. 군사무기, 우주개발, 전자 등의 산업에서 국가가 적극 개입했던 미국도 마찬가지였다. 정부가 사적인 산업들에 명령을 내리고 그 명령이 기업활동과 신기술의 발전을 촉진했다. 유럽과 일본, 한국과 같은 나라들은 국가의 금융지원과 산업정책에 기초하여 연구·개발을 수행했다.

일본의 국제통상산업성(이하: 통산성)Ministry of International Trade and Industry(MITI)이 이런 논의에서 자주 거론된다.[7] 1990년대 일본이 위기를 맞기 전에는 미국경제를 추격하고 미국과 경쟁하는 일본의 놀라운 능력이 많은 이들의 관심을 끌었는데, 이러한 발전전략은 수출을 지향했기 때문에 더욱더 관심을 끌었다. 통산성은 1925년 설립되었다. 미국의 뉴딜 초기(19장)와 유사하게 국가와 흔히 관료라 불리는 기술직, 관리직 경영자들이 핵심적 역할을 담당했다. 통산성은 성장과 기술진보를 지향하며 무척 실용적인 방식으로 활동했다. 통상성의 활동은 민간 대기업과 강력한 국가개입 양쪽 모두를 통해 이루어졌다. 위기로 인해 필요해지면 통산성은 중소기업들을 보호해야만 했지만 동시에 집중을 촉진하는 역할도 수행했다. 이 과정에서 보호주의가 중요한 역할을 했다. 때때로 통산성은 프랑스식 계획을 연상시키는, 세계시장 마케팅에 대한 거대한 연구활동을 한 것으로 묘사되지만, 이러한 연구에는 몇몇 인센티브 혹은 제한 등이 함께 포함되어 있었다. 한국의 발전도 비슷한 식으로 전개되었다.[8] 이들 나라들에는 신자유주의가 유럽에 비해 느리게 도입되었고 부분적으로만 부과됐다. 이렇게 볼 때 우리는 '2차 신자유주의 쇼크'에 관해 이야기할 수 있다(⟨상자 21.1⟩).

스웨덴은 또 하나의 흥미로운 사례를 제공한다. 스웨덴의 사회민주주의 정부는 노조의 지지에 기초해 경제를 현대화하는 노력을 기울였다. 스웨덴 정부는 1951년 렌-마이드너Rehn-Meidner 모형을 시스템의 핵심적인 정책으로 도입했는데 이는 임금인상을 규제하는 소득정책이었지만 동시에 산업적인 목표도 지니고 있었다. 노동자의 연대를 보장하기 위해 동일한 직업에 대해 동일한 임금이 보장되었다. 그 결정과정에서 사회민주주의자들은 기업들의 성과 차이도 고려하지 않고, 가장 선진적인 기업들만이 이윤을 낼 수 있는 수준에서 임금이 결정됐다. 기술과 조직이 후진적인 기업들이 임금을 낮추어 활로를 찾는 것을 허용하지 않았다. 따라서 덜 선진적인 부문들은 현대화하거나 아니면 사라지는 수밖에 없었다. 반면 성공적인 기업들은 어느 정도의 수익성을 보장받았다. 정리해고는 피할 수 없었지만 정부는 투자를 촉진하는 정책들에 기초해서 일자리를 늘리고자 노력했다. 이러한 거시경제 관리와 함께 직업을 잃은 노동자들을 재훈련시

〈상자 21.1〉
발전모델에 대한 도전: 일본과 2차 신자유주의 쇼크

일본은 비금융기업의 성장을 돕기 위해 은행을 통해 신용을 제공했다. 그 액수는 프랑스의 경우보다 훨씬 크다. 일본의 기업 여신 지원은 특별 제도, 특혜적 조건, 기업에 유리한 금리(실질적으로 마이너스 금리)에 의해 이루어졌다.[i] 이러한 시스템에 기초해 은행 시스템과 기업 간에 자원이 이전되었으며 주로 기업들이 이득을 얻었다. 1979년 쿠데타와 함께 미국처럼 일본 자본시장의 금리도 상승했지만 은행들이 이 금리를 적용하지 않기 때문에 비금융기업은 단지 제한적으로만 영향을 받았다. 1980년대 초반까지는 무척 컸던 자원의 이전은 그 후 감소했지만 1990년대 초반까지도 여전히 시스템은 유지되었다. 이런 방식으로 일본은 1차 신자유주의 쇼크에 강력하게 저항했다.

일본의 놀라운 성장능력을 약화시킨 것은 2차 신자유주의 쇼크였다. 이것은 1985년에서 1990년 사이, 기업의 금융조달 구조가 은행에서 신자유주의에 전형적인 자본시장으로 변화한 시점에 발생했다.[ii] 〈그림 21.1〉에 이러한 변화가 잘 나타나 있다. 여기에 나오는 변수 중 하나는 은행의 신규여신이고 또 하나는 자본시장(주식, 채권, 기업어음)에 대한 수요이다. 양쪽 모두 총화폐금융 자산으로 나눈 값이다.[iii] 이 그림을 보면 조달된 자금 총액과 자금들의 상대적인 가치를 한 눈에 알 수 있다. 1960년에는 은행 신규 대출의 비중이 높아 자본시장을 압도했다. 1970년대의 위기 이후 이윤율이 하락하자, 자본축적이 정체되었고 은행신용의 수요도 감소했다. 그러나 여전히 은행신용이 가장 중요한 부분이었다.

우리가 지적했듯, 은행신용과 비교해서 자본시장에서의 자금조달 수요가 크게 증가한 것은 바로 1985년에서 1990년 사이의 기간이었다. 이 5년은 정확하게 금융버블의 시기였고 이런 변화가 바로 버블을 촉진했다. 주가는 급등해 1990년에는 주식시장의 역할이 미미했던 이전의 고점에 비해 5배나 높아졌다. 이 5년 동안 은행들은 부동산부문에 자금을 대출해 우리가 잘 알고 있는 투기 열풍을 만들어냈다. 2차 충격은 1990년대 일본경제를 위기와 정체에 빠뜨렸다. 〈그림 21.1〉에서 뚜렷이 나타나듯 은행과 자본시장의 자금에 대한 수요가 동시에 급락했다. 이 시기에 비금융기업은 투자를 줄였으며 은행 시스템은 75퍼센트나 되는 자산가격 하락으로 나타난 버블의 폭발에 심한 타격을 입고 통화정책의 전달벨트 역할을 수행하지 못하게 되었다. 한편 주택구입을 위해 부채를 많이 진 가계는 부채부담에 짓눌리게 되었다.

〈그림 21.2〉는 일본과 미국의 성장률 변화를 비교해서 보여준다. 일본의 성장률은 1960년대에는 10퍼센트에 이를 정도로 무척 높았다. 미국과 유럽 국가들과 유사하게 일본도 1970년대에 위기를 겪었지만 그 성장률은 1991년까지는 여전히 높았고 일본의 구조적 위기는 유럽에 비해 덜 심각했다. 2차 신자유주의 쇼크는 1980년대 후반의 높은 경제성장 시기에 찾아왔다. 이 시기에는 일본 모델이 미래의 새로운 길을 여는 것으로 묘사되었고 미국경제는 그 경

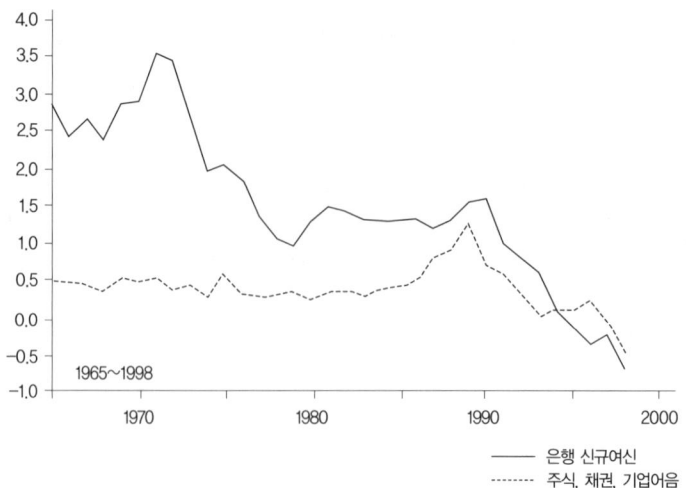

그림 21.1 일본 비금융기업의 자금조달의 외부재원(총화폐금융 자산에 대한 비율, 퍼센트).

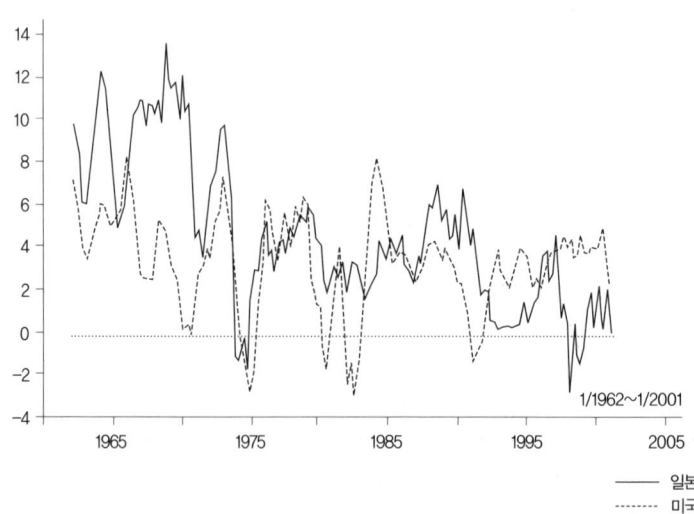

그림 21.2 각 분기별 연간 성장률(퍼센트) : 일본과 미국. 이 변수는 지난해의 같은 분기에 대한 해당 연도 각 분기의 성장률을 나타낸다.

쟁력을 잃은 것으로 생각되었다. 그러나 파티는 단지 일시적이었고 1990년대 일본경제는 급속히 불황에 빠져들었다. 일본은 1차 신자유주의 쇼크로부터는 스스로를 방어할 수 있었지만 2차 쇼크는 일본의 경제모델을 붕괴시켰다.

아직 부분적이지만 일본경제의 신자유주의화의 두 가지 특징을 주목할 필요가 있다. 금융의 지배는 자본의 자유로운 이동과 금융부문의 높은 이윤을 의미하며, 이는 금융 스스로를 위한 것이지 비금융기업의 활동에 대한 자금조달을 지향하는 것은 아니다. 이 두 특징은 모두 금융의 활동공간의 확장과 규제와 전통적인 제한을 폐지하는 것과 관련이 있다.

더욱 완전한 분석을 위해서는 무엇보다도 일본의 기술과 분배의 변화를 검토해야 할 것이다. 자료를 살펴보면 급락한 이윤율이 1980년대에 회복되지는 않은 것으로 보인다. 일본 모델은 이윤율의 하락에도 불구하고 축적을 지속할 수 있었을까? 일본 모델은 기술변화에 나쁜 경향을 반전시킬 능력이 있었을까? 이러한 경향은 반전될 수 있을까? 신자유주의 규율은 어떤 역할을 할까? 그것은 일본경제에 어떤 비용을 물릴까? 대안의 가능성은 어느 정도일까?

---

i. K. Miyashita and D. W. Russell, *Keiretsu: Inside the Hidden Japanese Conglomerates* (New York: McGraw-Hill, 1994).
ii. T. F. Cargill, "Central Banking, Financial and Regulatory Change in Japan," in M. Blomström, B. Gangnes, and S. La Croix, eds., *Japan's New Economy: Continuity and Change in the Twenty-First Century* (Oxford: Oxford University Press, 2001), pp. 145–161.
iii. 13장에서 미국과 프랑스의 분석에서 사용했던 것처럼 총고정자본과 재고를 사용하는 것이 더 좋겠지만 일본의 경우 이 변수를 구할 수 없었다.

키는 정책과 기금들을 함께 도입했다. 이러한 정책들과 함께 통제권을 벗어난 인플레이션이 일어나지 않도록 끊임없이 수요를 감시했다.[9]

이렇게 다양한 요소가 혼합된 생산관계(그래도 아직은 자본주의적인 생산관계)를 일일이 설명하는 것은 불가능할 것이다. 이러한 생산관계는 그래도 여전히 자본주의적 생산관계라고 할 수 있으나 변화를 야기하고 변화에 상응하는 권력구성을 만들어내는 역할을 한다.

이러한 관계는 국가기구의 관리자, 노동자와 노조, 경영자와 소유주를 포함한 일부 기업인들 간의 광범위한 연대 안에 들어있는 잠재력을 보여준다. 이는 케인스주의 타협이 보여주는 것 이상으로 더 광범위한, 금융에 대한 전반적인 억압이었다. 이러한 상황에서는 케인스주의 이론을 넘어선 정책들도 도입될 가능성이 있었다. 금융이 다시 권력을 장악하기 전인 1970년대에 금융은 정말로 이러한 정책들을 두려워했다. 이러한 경험들을 갱신하고 확장하는 것을 막은 힘은 무엇이었을까? 왜 스웨덴의 사회민주주의자들은 임금의 증가를 억제하는 것 이외의 다른 정책들을 생각할 수 없었을까? 왜 일본경제는 신자유주의 조류에 문을 열고 말았을까? 그러는 동안에 국제금융은 미국의 헤게모니 하에서 다시 상황을 그들의 손에 장악하게 되었다.

금융 불안정은 논외로 하고, 구조조정과 집중화에서 담당한 역할을 통해 금융은 세계경제의 지금과 같은 체계, 즉 기술을 발전시키고, 이윤율을 높이며, 심지어 경제성장까지도 촉진시킨다고 주장하는 그런 체계의 기원이 되었다는 자부심을 갖고 있다. 이윤율이 상승한 데는 임금동결뿐 아니라 자본생산성 향상도 기여했으며 금융 덕분에 효율성이 상승되었다고 그들은 말한다.

이는 참으로 어려운 문제이다. 전환이 1970년대의 위기가 끝나면서 시작된 변화가 경영인들의 책임영역인 기술과 조직에까지 영향을 미쳤다고 해도, 그 범위가 광범위해 생산시스템의 주요한 구조조정을 명령한 주체로부터 독립적으로 추진될 수는 없었다. 이 과정에서 중심적 위치를 차지했던 만큼 금융은 이러한 발전의 핵심적 요인이었다. 이는 다시 19세기 말의 위기의 종언과 놀랄 만큼 비슷하다(17장).

금융은 적어도 3가지의 변화와 중요한 관련이 있다. 첫째, 금융은 합병과 조직화 그리고 자금조달 등을 통해 거대기업에서 거대한 경영단위를 만들어내는 데 중요한 역할을 했다. 둘째, 모든 기업들을 고려하면 신자유주의는 전반적으로 기업의 자체 자금조달이라는 특징을 띠고 있지만(13장) 금융은 자본을 신기술 부문으로 배분하는 핵심적인 역할을 했다. 마지막으로 새로운 형태의 기업 지배구조를 통해 금융은 효율성의 상승이 필요하다고 강요하며 이윤율에 모든 것을 복속시켰다. 이런 여러 영역에서 신자유주의의 특징들을 쉽게 찾아볼 수 있는데 이는 신자유주의의 목표, 피지배 사회계급과 국가들이 부담하는 비용은 도외시하는 그 오만, 신자유주의에 특징적인 금융 불안정이라는 위험 등을 포함한다. 이 모든 것은 이윤추구를 위해 효율성을 추구하는 공격적이고 폭력적인 형태의 자본주의를 규정한다.

다시 아까의 질문으로 돌아가 보자. 구조조정에서 수행한 중요한 역할을 통해 금융이 새로운 단계의 자본주의의 긍정적인 특징에 기여했다고 주장할 수 있을까? 케인스주의 정책보다 훨씬 더 심각하게 생산수단의 사적 소유권에 영향을 미치는 급진적인 대안이 금융의 역할을 대체할 수 있을까? 그런 대안이 없다면 금융이 스스로 독점화한 활동에 관여하는 것이 놀라운 일은 아니다. 그러나 전후 번영의 시대는 기술변화와 구조조정에 관해서는 금융지배 없이도 이런 일이 이루어질 수도 있음을 보여준다. 바로 이 시기에 무척 많은 것이 성취되었던 것이다.

케인스주의 정책이나 다른 대안적인 정책들이 실패한 한 이유로 세계화가 흔히 제시된다. 우리는 각 정부의 행동의 자유가 제한된 세계체제 안에서 살고 있다는 것이다. 이것은 사실이다. 금리나 통화의 변동에 대한 기대에 기초한 자금이동이 환율을 불안정하게 만들 수 있다는 것은 잘 알려져 있다. 통화와 신용은 시장에서 끊임없이 협상되고 재협상된다. 어떤 주체들에게는 문제가 환율의 위험으로부터 경고를 받거나 더 나은 대부조건으로부터 이득을 얻는 것이지만, 다른 주체들에게는 중요한 것은 이러한 거래로부터 얻는 이윤이다. 이러한 메커니즘은 독립적인 정책을 제한하거나 때로는 불가능하게 만든다. 신자유주의 세계화가 아닌 다른 세계화를 생각할 수도 있었을까?

2차 세계대전이 끝날 무렵 고안된 브레튼우즈의 제도들과 전후의 그 이용을 현재의 IMF의 역할과 혼동하면 안 된다. 이 기관들은 전후 번영과 유럽과 일본의 발전에서 중요한 역할을 했다(〈상자 18.3〉). 미국의 지배를 회복하기 위해 필요하지 않았다면 고정환율이나 자본이동의 제한을 포기할 이유가 별로 없었다. 논리적으로 말하자면 달러위기는 세계적인 국제기구들을 새로이 조직해 사적 이익으로부터 더 독립적인 국제기구가 되도록 했어야 했다. 그러나 그 반대의 정책이 시행되었다. 브레튼우즈에서 설립된 기관들은 필요에 따라 개혁되어 자본이동과 특히 해외에 대한 직접투자를 가로막지 않게 되었다(2차 세계대전 종전과 위기 사이에 미국자본이 유럽, 특히 프랑스 5공화국 초기에 밀려들었음을 생각해 보라). 다국적기업의 발전은 국민적인 발전전략과는 잘 맞지 않았다. 예를 들어 일본과 한국경제가 이룩한 엄청난 성과가 이를 잘 보여준다.

사실 2차대전 이후 수십 년간을 특징지었던 사회경제적 틀은 위기가 표면화되자 위기해결 능력이 없다는 것이 증명되었듯이 1970년대 구조적 위기의 도래도 막을 수 없었다. 그렇다고 해서 전후에 나타난 번영의 시대에 기여했던 원칙들로부터 대안이 찾아질 수 없다는 것을 의미하는 것은 아니다. 그것은 단지 찾아지지 않았을 뿐이다. 명백하게도 문제는 그런 대안을 생각해낼 만한 지적인 능력이 부족했다는 것이 아니다. 문제는, 헤게모니를 다시 확립하기 위한 금융의 투쟁에 직면한, 케인스주의 타협의 내적 갈등을 보여주는 사회 정치적 조건이었다.

5부 | 전진하는 역사

자본주의의 작동과 그 역사적 전환은 여러 방식으로 평가될 수 있다. 케인스주의적인 설명은 자본주의에는 완전고용과 금융안정을 자동적으로 보장할 수 있는 메커니즘이 없다는 점을 강조한다(22장). 이런 관점에 따르면, 이 문제점들은 치유될 수 있으며 체제는 개혁될 수 있다. 이를 위해서는 완전고용을 유지하고 사적 금융을 규제하기 위한 집단적인 약속이 필요할 것이며 이는 바로 국가의 책임이다. 이러한 문제점을 극복하면, 자본주의적 생산양식은 효율적일 수 있으며, 사회정의를 보장하고 한 국가의 세계적 지배를 막는 대신 전 세계적으로 경제적으로 정의로운 체제를 만들어내는 개혁으로 충분할 것이다. 이런 노력이 있다면 자본주의는 아마도 가장 덜 나쁜, 받아들일 수 있을 만한 체제의 외양을 띨 수 있다는 것이다.

우리의 분석은 이러한 진단이 자본주의의 중요한 문제들 중 하나를 적절히 지적하고 있음을 보여주지만, 동시에 그 한계도 보여준다.

케인스주의 관점의 한계는 적어도 아래의 두 가지 점에서 뚜렷하다.

첫째, 무엇보다도 자본주의는 심각하고 장기적인 구조적 위기를 야기하는 역사적인 경향들을 지니고 있다. 거시경제 정책은 위기를 방지하거나 치유하는 데 충분하지 못하다. 어떤 환경에서 효과적인 제도와 정책은 다른 환경에서는 더 이상 그렇지 못하며 체제의 보다 근본적인 전환이 필요할 것이다. 케인스가 자본주의로부터 제거하고자 했던 실업은 단지 생산자원의 사용과 축적이 제대로 통제되지 못한 경제의 징후만이 아니다. 실업은 또한 자본주의에 고유한 기술변화의 효과이자 그 규제 메커니즘의 효과이기도 하다. 기술변화를 제거하기는 불가능하며 바람직하지도 않을 것이다.

둘째, 이러한 경향, 위기, 정책 등의 과정 이면에 특권계급의 권력과 부, 지배와 착취 등이 핵심적인 쟁점이다. 역사적으로 이러한 계급적 요소들이 관련되어 있는 체제의 재구성을 통해서 인간사회로의 진전이라고 하는 운동이 추구되어 왔다. 1930년대의 대공황과 2차 세계대전 직후의 수십 년 동안의 금융에 대한 억압과 신자유주의 시대의 금융의 헤게모니는 이러한 관점에서 이해되어야만 한다. 자본주의의 역사는 계급투쟁에 의해 지배되며 지배계급은 패퇴시키기 어려운 것이다.

케인스주의적 관점의 한계는 중요한 실천적 함의를 지니고 있다. 거시경제의 통제는 장기적으로 보아 충분한 효과를 발휘하지 못한다. 케인스주의 정책은 앞서 설명한 정치경제적 상황에 의해서 주기적으로 약화되고 있다. 예를 들어 거시경제 정책은 이윤율 위기의 영향을 해결하지 못한다. 번영을 회복하기 위한 정책이 실패하면 기존의 정치적 타협과 구성에 전환을 가져다주는 조건이 되며, 이것이 바로 1970년대의 역사이다. 그러나 이 책의 분석은 또한 그 선택이 정치적 구성과 그 기반이 되는 경제적인 경향에 기초하고 있으며, 따라서 그것은 근본적으로 취약하며 잠재적으로 일시적인 특징을 지님을 강조한다.

케인스주의 관점은 이러한 한계가 있으므로 자본주의의 동학에 대한 더 광범위한 이해가 필요한데 우리는 마르크스의 자본주의 분석에 대한 해석으로부터 이를 도출하고자 한다. 그것은 경제적이고 정치적인 측면 모두를 포괄한다. 이것이 23장에서 다룰 내용이다. 그러나 그 목표는 단지 분석적인 것이며, 인간사회의 발전의 새로운 대안적 경로를 규정하는 것은 지금의 우리의 분석을 넘어서는 것이다.

22장
케인스주의 해석

이 책에서 분석된 내용, 특히 금융의 지배를 분석한 3부는 케인스주의를 적용해 해석할 수도 있다. 자본주의에 대한 케인스의 비판, 적어도 현재 전해지는 케인스의 주장은 자본주의의 모든 측면을 다루지 않는다. 케인스는 (주변부 나라들, 불평등, 환경, 장기에 대한 분석 등) 여러 중요한 내용들을 간과했지만 여전히 중요한 점을 지적했다. 요약하면, 자본주의는 사적 금융이 거시경제 과정, 다시 말해 경제활동과 고용의 일반적 수준, 그리고 금융안정을 통제하지 않는 한에서는 잘 작동할 수 있다는 것이다. 거시경제 과정에 대한 통제는 공적이고, 중앙집중적이며, 일반적인 이익의 관점에서 책임을 져야 할 일이다. 이러한 분석은 상당히 일리가 있으며 살펴볼 만한 가치가 있다. 이 장의 목표는 케인스주의 분석에 특징적인 이론적 도구를 분석하는 대신 케인스주의에 내재한, 자본주의에 대한 일반적인 관점의 특징에 대해서 분석하는 것이다.

케인스주의 분석은 1920년대와 대공황 시기 영국의 우울한 상황에 대한 관찰에서 시작되었다. 통화정책과 예산정책 말고도 케인스는 영국을 선진적인 사회경제로 발전시키기 위한 야심 찬 프로그램을 구상했는데 이는 영국을 세계 다른 지역으로부터 상당히 고립시키는 것을 의미했다.[1]

끔찍한 세계공황 속에서도 낡은 도그마는 쉽게 도전받지 않았다. 정통 화폐이론에서 벗어날 수 있는 사람이라면 당시 자본주의를 다소 급진적으로 비판하고 야심찬 개혁을 제안하는 개혁을 제안하는 주장들을 많이 접할 수 있었다. 그러나 2차 세계대전 이후에는 케인스주의 거시경제학이 등장해, 경쟁자인 신고전파 이론을 완전히 일소시키지 못한 상태에서 새로운 정통파로 확립되었다. 21세기의 초엽에는 학계에서 케인스주의 이론이 상당히 약화되었지만 여전히 살아있다.

왜 케인스주의 이론이 등장했던가? 왜 이 이론이 아직도 신자유주의의 반격에도 불구하고 살아남아 있는가? 학문적인 수준에서는 무엇보다도 정부통제 하에서 중앙집중화 된 개입에 대한 필요성이 있었다. 그러나 이 이론의 생명력은 상당부분 더욱 일반적인 정치적 내용에 기인한다. 케인스에 따르면 주류이론의 주장과는 달리 개인의 이익의 합이 전체의 이익과 같은 것은 아니라고 한다.[2] 특히 사적 금융의 이익은 거시경제의 불안과 총수요의 부족으로 이어진다. 케인스주의 이론은 특정한 목표를 지닌 국가의 손에 강력하게 집중화된 권력을 쥐어줄 필요성을 강조한다.

모든 경제이론은 그 내부에 중요한 권력의 문제를 반영하며 사회적 관계에 깊이 뿌리를 두고 있다. 그러나 케인스주의 이론에 특징적인 것은 그것이 지배계급의 다양한 분파들 간의 타협뿐 아니라 대중운동이 고양되는 상황에서 이 분파들과 피지배계급들 간의 타협을 표현한다는 점이다.

이러한 사회구조와의 관련성이 너무 강해서 케인스주의 정책의 정의 자체를 모호하게 만들기도 한다. 케인스주의 정책까지 포괄하는 전 사회적 맥락이 케인스주의 거시경제학의 한계를 넘어서는 사회보장 시스템의 발전을 가져왔다. 이러한 발전은 기술발전에 의해 상당히 촉진되었다. 기술발전은 임금 증가율이 상승하는 가운데서도 이윤율이 증가하는 조화로운 소득증가를 가능케 했기 때문이다. 결국 케인스주의 이론은 20세기 중반에 이루어진 타협의 이론이 됐다.[3]

케인스주의 이론이 이렇게까지 확대되더라도 핵심 논지는 여전히 타당성을 갖고 있다는 점을 잊지 말아야 한다. 그것은 케인스주의 이론이 자본주의에 관한 하나의 입장을 명백하게 취한다는 점과 체제의 작동에 대해 근본적으로 평가한다는 것이다. 이 이론의 내용은 오늘날에도 여전히 흥미로우며 다음과 같이 요약될 수 있을 것이다.[4] 자본주의 경제의 메커니즘은 자원을 다양한 부문에 배분하고 생산될 상품의 양과 가격을 정하는 데 무척 효율적이다. 비록 기술변화가 케인스주의 경제학의 주요한 관심사는 결코 아니었지만, 케인스는 또한 기술진보를 촉진하는 자본주의의 능력에 대해서 비판하지 않았다. 그러나 그 한계까지는 잘 작동하지만 이 체제에는 뭔가 문제가 있다. 생산능력과 노동력이 적절한 수준까지 활용되는 것이 보장되지 않는다는 것이다. 케인스의 언어에 더 가깝게 표현하면, 총수요의 수준이 적절하도록 보장되지 않는다는 것이다. 수요는 때때로 과다할 수도 있지만 무엇보다도 문제는 수요부족이다. 이것이 케인스의 생각에 국가개입의 필요성이 등장한 이유이다. 통화와 신용의 창조는 사적 기관에 맡겨져서는 안 되며 적어도 감독되어야만 한다. 만약 신용체계가 더 이상 대부자의 역할을 할 수 없다면 국가가 개입해야만 하는데 이것이 최종 대부자의 역할이다. 만약 금융기관의 신용이 채무자를 찾을 수 없다면 주저 없이 국가의 지출능력에 의존해야 하며 이렇게 해서 재정적자를 통해 총수요를 확충할 수 있다. 따라서 우리는 대칭적인 표현으로, 최종 차입자로서의 국가의 역할을 이야기할 수도 있다. 즉 중앙은행을 통해서는 최종 대부자, 정부재정을 통해서는 최종 차입자가 되어 국가는 자금을 공급하고 또 지출하는 것이다.

케인스는 금융을 공격한 것이 아니라 보수적인 정책과 금리 생활자를 공격했다. 그는 금융가들을 적극적인 주체인 투자기회를 찾는 금융업자와 아무런 기능 없이 투자만 하는 것으로 묘사한 기생계급으로 구분했다. 후자는 이자와 배당만을 받아먹고 사는 이들이었는데 케인스는 이들을 안락사시킬 것을 주장했다. 또한 그는 금융시장, 특히 주식시장을 엄청난 불안정을 일으키는 주범으로 비난했다.[5]

주로 지배계급에 제한된 원래의 케인스주의 타협은 1930년대의 공황상태와 깊은 관련이 있다. 공황과 씨름하던 프랭클린 델라노 루스벨트 대통령에 대한 케인스의 입장에 케인스의 관점이 잘 나타난다. 케인스가 보기에 뉴딜은 그가 반대하지는 않았지만 그가 보기에는 위기에 대응하는 데 그다지 중요하지 않은 개혁들을 수행하는 일에 얽매어 있었다. 케인스에 따르면 경쟁의 고통을 완화하는 시스템은 불필요했다. 그는 임금노동자의 구매력을 증가시키는 것에 대해서는 반대하지 않았고 그것이 그의 사회철학에 맞는 것이 틀림없었지만 그가 옹호했던 정책은 다른 것이었다. 그것은 바로 투자를 완전고용에 필요한 수준까지 촉진하는 통화정책과 재정정책의 결합이었다. 이 정책들은 위기 시에는 정당화되었지만 케인스는 그것의 일반적 중요성을 또한 인식했다. 그는 국가는 어떠한 상황에서도 경제를 국가 대신 기업이나 투자자의 개인적인 선택에 맡기지 않고 총수요를 관리하며 경제과정을 통제해야 한다고 생각했던 것이다.

미국에서 이러한 교훈은 대공황으로부터 회복되던 경제가 다시 불황에 빠진 1937년과 전쟁경제의 필요로 인해서 케인스가 제안했던 것보다 훨씬 더 광범위하게 국가가 경제를 관리하게 되었던 2차 세계대전 때까지 받아들여지지 않았다. 전쟁이 끝나자 기업과 금융은 국가개입의 연장에 대해서 집단적으로 저항했다. 케인스주의 거시경제 관리정책은 이제 타협의 해결책이 되었지만, 여전히 시장을 지지하는 편과 뉴딜과 전쟁경제의 경험을 더욱 발전시키고자 했던, 당시 '계획가'라고 불리던 이들 모두에게 불만을 던져주었다.

케인스주의 분석모형은 국제기구를 설립하는 데도 적용되었다. 케인스는 대공황 기간의 통화질서의 혼란과 국제무역의 붕괴에 충격을 받았고 주요한 국제금융기구의 필요성을 인식했다. 세계의 통화메커니즘을 관할하고 중앙은행들을 통제하는 기구가 필요했다. 그 근본적인 생각은 개별 국가 수준에서의 생각과 같은 것이었다. 자본주의는 적어도 거대한 수요관리와 관련해서는 시장의 상호작용을 통해서 자율적으로 스스로를 규제할 수 없다. 따라서 관리되지 않으면 1930년대 대공황 시기에 국내경제에서 수요가 붕괴했던 것처럼 국제경제도 붕괴할 수 있다. 그러므로 세계적인 신용기구가 국제통화 메커니즘을 관리해야만 한다. 전반적인 경제활동과 고용수준을 관리하는 각 국가의 역량은 이 기관들의 규제를 받아야 하며 이는 자본운동에 대한 제한이 가능함을 의미한다. 그러한 규제는 사적 금융에게 맡겨질 수는 없다.

뉴욕의 주요 은행들의 반대로 인해 미국과의 협상은 쉽지 않았으며 브레튼우즈에서 채택된 계획은 특히 자본운동에 대한 제한에 관해서 케인스의 원래의 프로젝트에는 한참 못 미치는 것이었다(《상자 18.3》).

케인스의 아이디어는 그의 시대의 문제에는 훌륭하게 적용되었다. 우리는 구조적 위기이며 금융위기인 20세기 말의 위기에 관한 분석을 통해 케인스의 진단이 옳았고 중요했음을 다시 한번 확인했다. 거시경제 상황과 금융기관에 대한 규제가 사적인 손, 다시 말해 금융에게 맡겨져서는 안 되는 것이다.

이 책의 다른 중요한 주제는 20세기 후반의 구조적 위기의 원인이 대공황의 원인과는 같지 않다는 것이다. 1970년대에 시작된 위기는 1930년대의 대공황과 비슷하지 않았다. 그러나 집중화되고 국가적인 혹은 국제적인 개입의 필요성에 관한 케인스의 의견은 오늘날에도 타당하다. 이것은 특히 1970년대의 위기가 극복된 이후의 상황이 대공황 이전의 시기와 비슷하며 따라서 심각한 위험이 존재하므로 더욱 그러하다(19장).

현재의 문제를 포함해서 자본주의 역사에 관한 케인스주의 시각은 무척 합리적이다. 최근의 정치상황이 신자유주의의 반격을 막고 다른 사회적 연대를 통해 위기를 극복할 다른 방식의 대안적 정책들을 실행하는 것을 불가능하게 만들고 있는 것은 안타까운 일이다. 그러나 케인스와 수십 년의 거시경제 정책의 교훈이 완전히 잊혀진 것은 아니며 금융이 거시경제 정책의 틀을 완전히 망가뜨리지는 않았다. 통화정책은 가격안정을 보장할 수 있는 가장 훌륭한 수단이며 인플레이션에 대항하는 하나의 무기이다. 금융이 그것을 통제하게 되었다. 금융은 이전의 타협이 가지고 있던 사회정치적인 제한에서부터 해방되기 위해서 중앙은행을 정부로부터 분리했고, 자신의 목표가 실현되도록 하는 방법을 잘 알게 되었다. 중앙은행은 이제 금융을 위한 기관이 되었다. 유럽중앙은행ECB의 기능에 대한 정의는 이것을 잘 보여주는데, 그것은 먼저 무엇보다도 가격안정을 보장하는 것이다. 이러한 규율은 동시에 통화금융 시장의 상호작용에 의해 강제되고 그 작동과 얽혀 있다.

따라서 금융의 지배는 비록 케인스의 원래의 목표와는 달리 사적 이익에 복무하긴 하지만, 케인스주의 이론의 몇몇 교훈을 포함하고 있다. 1980년대의 금리인상은 이것을 뚜렷하게 보여준다. 물론 통화정책은 인플레이션을 막는 데 효과적일 수 있고 케인스도 이를 부정하지 않았다. 그러나 케인스는 채권자를 금리의 인하를 통해 천천히 약화시켜 특권을 행사하지 못하도록 하려고 했다. 그의 입장은 1980년대에 유행한 생각과는 완전히 반대인데, 당시는 공급 측면의 이론과 정책이 유행이었다. 높은 금리는 저축에 도움이 되고 공급 측 경제학의 논리에 따라 투자에도 도움이 될 것이라 생각되었고, 또한 레이건 시대에 흔히 이야기되었듯 고금리는 빈들거리는 게으름뱅이들을 제거하는 데에도 도움이 될 것이라 여겨졌다. 이는 완전히 반(反)케인스주의적인 교리였다.

현재의 금융은 언제나 그랬듯이 금융제도의 불안정에 내재한 위험도 인식하고 있다. 이러한 우려는 위기가 빈발했던 19세기 화폐 시스템의 핵심적 관심사였으며 아직도 사적인 금융부문과 IMF, 세계은행, 국제결제은행 등 국제기구의 주요한 고려사항이다. 그러나 이에 관해서 진보가 이루어졌는지는 뚜렷하지 않다. 위험이 인식되긴 했지만, 빈발하고 있는 화폐금융 위기들이 보여주듯 위기는 여전히 빈발하고 있다.

1980년대와 1990년대의 국제 통화금융 위기는 케인스주의의 신뢰성을 다시 환기시켰다. 이 위기들은 주변부 나라들의 외채문제, 멕시코, 일본, 한국, 라틴 아메리카 등의 금융위기, 그리고 주요 선진국의 위기들을 포함한다(11장). 비록 브레튼우즈로부터 발전한 국제통화제도가 신자유주의 질서에 복무하게 됐지만 그것은 아직도 정치적인 케인스주의 이론을 보존하고 있다. 이러한 케인스주의 조류는 신자유주의에 매우 비판적이고, 케인스주의 정책을 목표로 지향하며, 이들 제도의 중요성을 다시 강화하고자 한다(〈상자 22.1〉). 일부 유엔 기구들의 생각도 동일하다. 그들의 비판적인 입장을 차치하면, 그들이 주장하는 것은 애초의 브레튼우즈 구상과 케인스의 전반적인 생각과 비슷하다. 통화금융 시장은 잠재적으로 위험하고, 강력한 국제기구들이 세계경제의 적절한 작동을 보장해야만 한다. 이러한 프로그램은 이상주의적이지만 선견지명이 있는 방식으로 포스트 신자유주의의 주된 노선을 규정한다(〈상자 22.2〉).

케인스주의가 혁명적인 미래를 꿈꾸는 이들에게 개량주의라고 비난을 받아야 할까? 케인스주의적인 관점에는 분명히 현재에도 중요한 주목할 만한 요소가 있다. 지배계급의 한 분파는 케인스의 노력에 의해 약화되고 그들의 특권이 제한된다고 느꼈다. 그러나 케인스주의로 인해 변화한 것이 결코 적지는 않았지만, 자본주의로부터 구제

〈상자 22.1〉
어느 케인스주의자의 주장: 조지프 스티글리츠

컬럼비아 대학의 조지프 스티글리츠Joseph Stiglitz는 신케인스주의new Keynesians의 중요한 학자이다. 그는 클린턴 행정부 1기 대통령 경제자문 위원회의 의장으로 일했고 세계은행의 주요한 경제학자로서 1997년에서 2000년까지 세계은행의 부총재를 지냈다. 그는 2001년 노벨경제학상을 받았다.

2000년 4월 출판된 논문에서[i] 스티글리츠는 신고전학파와 케인스학파 둘 모두를 비판했다. 이 두 학파는, 1990년대의 통화금융 위기관리 문제에서든, 전에 사회주의였던 나라들이 자본주의로 이행하는 것에 관한 문제에서든, 서로 전혀 입장이 다른 두 가지 정책이 입안되는 데 영향을 미치거나 그러한 정책을 정당화시키는 일을 하곤 한다. 그러나 스티글리츠는 이 두 가지 이론이 서로 다르다고 보지 않는다. 신고전파 이론의 이면에는 미국 재무부와 IMF, 궁극적으로 '미국의 금융이익'의 작동과 '선진 산업세계'의 영향이 있음을 쉽게 알 수 있다. 미국을 중심으로 한 부유한 나라들의 이익에 대해, '고통을 받는 나라들의 사람들'의 이익이 대립된다. 그는 IMF의 비민주적인 의사결정 과정을 비난하고 길거리에 나선 이들을 이해하고자 한다.

동아시아 위기에 대한 스티글리츠의 분석은 가끔 훨씬 좌파적인 이들의 비판과 유사해진다. 자본의 자유화, 그리고 자본 흐름의 자유화에 대해서 그는 이런 논평을 했다. "1990년대 초반, 동아시아 국가들은 그들의 금융시장과 자본시장을 자유화했다. 이것은 저축률이 이미 30퍼센트가 넘었던 그들에게 더 많은 자금이 필요했기 때문이 아니라 미 재무부의 압력을 포함해 국제적인 압력이 가해졌기 때문이었다."

그리고 위기 이후 강제된 정책에 대해서는 이렇게 말했다. "가장 중요한 점은 이것이다. 미국과 IMF가 그런 정책들을 추진한 것은 우리든, 혹은 그들 자신이든, 그와 같은 정책들이 동아시아에 도움이 될 것이라고 믿었기 때문이었던가, 아니면 그 정책들이 미국과 선진 자본주의 나라들의 금융이익에 도움이 될 것이라고 믿었기 때문이었던가? 만약 우리가 이 정책들이 동아시아에 도움이 될 것이라고 믿었다면, 그런 증거가 어디 있었는가? 이 논쟁의 참여자 중의 하나로서 나는 증거를 확인해야만 했다. 그러나 그런 증거는 없었다."

---

i. 2000년 4월 17일 출판된 논문에서 인용되었다. J. Stiglitz, "What I Learned at the World Economic Crisis," The Insider, The New Republic Online, 17-04-2000. http://thenewrepublic.com/041700/stiglitz041700.html). 또한 Joseph Stiglitz, *Globalization and Its Discontents* (New York: W. W. Norton & Co., 2002), 송철복 옮김, 《세계화와 그 불만》, (세종서적, 2002)를 참조하라.

〈상자 22.2〉
세계적 문제를 다룬 유엔개발계획 보고서

유엔개발계획UNDP의 1999년 보고서에는 "인간성과 평등을 위한 새로운 세계적 지배구조"라는 제목의 장이 있는데 여기에는 놀라운 제안이 담겨 있다. "유엔과 브레튼우즈 제도가 확립되었던 1940년대의 놀라운 비전과 인류의 관심사를 다시 상기하자. 당시에는 완전고용이 가장 중요한 목표였다."[i]

이러한 언급 다음에는 브레튼우즈에 제출한 케인즈의 협상원안과 브레튼우즈의 제도들의 전후 활동방식에 대한 칭송의 말이 이어진다. 현재 중요한 것은 "21세기의 세계적 지배구조를 건설하는 것"이며 전 세계에 대해 미국의 헤게모니, 즉 'G-1'이라는 비아냥을 받는 독점적인 미국의 권력 대신 UN의 통제를 확립하는 것이다. 그 내용은 국제기구들을 민주화하고 그들이 발전과 평등에 복무하도록 하는 것이다.

---

i. United Nations Development Program, *Human Development Report 1999* (New York: Oxford University Press, 1999), p. 111.

될 수 있는 모든 것은 구제되었다. 이 때문에 큰 양보를 해야 했지만 그것은 자본주의가 금융의 주도 하에 빠져 들어갔던 모순과 대중적인 투쟁의 부상에 비추어 예상할 수 있었던 양보였다. 케인스의 업적은 역시 개량주의적 성격을 갖는 것이었다. 훌륭하게 개방적이지만 여전히 사회적으로는 제한적인 그의 관점은 지난 수십 년 동안 도처에서 와해돼 온 보다 급진적인 길, 즉 현실 사회주의와 사회민주주의에 대한 유일한 대안이었다.

23장

자본의 동학을 넘어서

자본주의를 개혁하기는 어렵다. 그것은 단순히 기본적인 경제 메커니즘과 정책, 특히 거시경제의 관리를 미세조정하는 것이 복잡하기 때문만은 아니다. 완벽하고 지속가능한 정책적 틀은 존재하지 않는다. 마르크스의 분석으로부터 배울 수 있는 주요한 교훈 중 하나는 자본주의가 점점 완벽하게 진화해가는 체제가 아니라는 점이다. 각 단계의 발전은 현존하는 생산관계를 대체하지만 새로운 도전의 조건을 만들어낸다. 역사의 본질은 이러한 끊임없는 전환의 지속적인 과정이다.

특권적인 소수의 권력과 소득은 중요하다. 역사는 한편으로는 소수의 이러한 지배를 영구화하기 위한, 다른 한편으로는 다른 이들에 의해 더욱 바람직한 사회질서를 성취하기 위한 끊임없는 투쟁이다. 따라서 계급투쟁이 역사의 원동력이 되는 것이다.

앞 장들에서 분석된 백여 년 동안의 자본주의의 역사는 이러한 분석이 적절함을 잘 보여준다. 20세기는 이른바 '권력구성power configurations' 이라 부를 만한 것의 연속으로 이해되어야만 한다. 이러한 구성은 계급투쟁 그 자체로 인해 계급지배가 결코 절대적이거나 수월한 것은 아니라는 사실을 보여준다. 다양한 차원에서 타협이 이루어져야만 한다. 상대적으로 안정적이거나 불안정한 사회구성이 끊임없이 확립되고 또 파괴된다.

23장은 논의를 종합하는 장이다. 이 장에서 우리는 이 책의 분석을 더 광범위한 수준에서 요약하고 일반화할 것이다. 또한 계급구성에 대해서 더 논의할 것인데 이는 이 장의 주요한 목표와 관련이 있다. 우리는 기본적인 경제 메커니즘을 넘어서는 사회관계의 중요한 역할뿐 아니라 이 두 요소의 상호보완적인 특징에 대해서도 초점을 맞출 것이다.

경향과 구조적 위기

문명화된 자본주의에 관한 케인스주의적인 꿈은 1960년대에 몇몇 나라들에서 거의 실현된 것처럼 보였다. 경제학자들은 위기, 실업, 빈곤의 종언을 성급하게 축하했다. 그러나 이러한 들뜬 환희는 1970년대에 경제가 위기에 빠져들자 곧 끝장이 나고 말았다. 낙관주의는 옳지 않았지만, 돌이켜보면 그 반대로 자본주의의 임박한 종말을 예측했던 주장도 마찬가지로 틀린 것이었다. 자본주의는 어느 때보다도 심각하고 장기간에 걸친 위기에 빠져들었던 것이 아니라, 구조적 위기에 빠져들었다가 스스로를 변형시켜 위기를 극복해 내었던 것이다. 비판받을지도 모르지만, 어떻게 보면 위기들로부터 새로운 자본주의가 출현하고 적어도 다른 위기가 발생하기 전에는 지난 문제들을 처리하는 것으로 보인다. 자본주의의 변화는 개별 행동이 아니라 엄청난 정치적인 이해관계를 지닌 집단적인 실천에 달려 있다. 이러한 형태의 자본주의의 작동은 생산양식의 본질 그 자체에 뿌리를 박고 있다.

이 책에서 이미 그러한 갈등의 시기에 관한 몇몇 사례를 살펴보았다. 핵심적인 쟁점은 기술변화의 정도와 형태, 이윤율과 임금상승에 대한 기술변화의 영향(2부), 복잡한 금융제도와 착취의 과실을 나누는 메커니즘을 통한 투쟁, 체제의 안정성에 대한 위협(3부) 등이다. 자본주의가 잘 작동하려면, 경제활동의 변동을 통제하는 제도적 틀의 조정뿐 아니라 조화롭고 질서 있는 기술진보(이것도 분명 자본 및 노동과 관련이 있다), 임금의 변화, 생산의 증대, 노동력의 증대가 필수적이다. 현실에서는 이러한 변화들이 대체로 서로 독립적으로 일어나며 다양한 이해관계와 연관되어 있다. 한동안 잠재되어 있던 부조화는 어느 순간 갑자기 표면화된다. 이러한 부조화는 결국에는 해결되겠지만, 그것은 격렬한 위기가 닥침으로써 조정을 불가피하게 만드는 주관적, 객관적 조건이 마련되고 현실의 실상이 드러나며 변화를 가로막는 한계들이 극복된 다음에야 가능한 일이다. 이러한 패턴은 언제나 동일하다.

갈등 → 위기 → 전환 → 위기의 해결

가장 일반적인 수준에서 볼 때, 이러한 자본주의의 경로, 다시 말해 위기를 방지하지 못하고 오히려 위기의 결과로 나타나는 사후적인 대응이 자본주의의 변화능력뿐만 아니라 구조적 위기와 실업을 설명해준다. 무엇보다도 이윤율이 저하하는 국면은 이러한 갈등을 강화하거나 심화시킨다.

주류 경제학자들은 이윤율을 거의 다루지 않지만 이윤율을 평가하고 극대화하는 것이야말로 사기업의 경영에 가장 핵심적인 일이다. 이윤율의 저하가 감지되기만 해도 이 바람직하지 않은 경향을 반전시키기 위해 체제의 전환이 필요하게 된다. 우선, 이윤율이 하락하지 않으면 기업들이 조화를 유지하기 위해 기술변화의 특정한 속도와 형태를 촉진할 이유가 없다. 둘째로, 산업, 연구와 훈련에 관련된 필요한 정책들을 추진할 수 있는 제도들이 존재하지 않거나 미약하다. 더 근본적으로 보면, 진보를 위한 조건은 순수하게 기술적이거나 제도적인 것이 아니라 재산소유의 형태 및 자본주의의 본질과 관련이 있는 것이다.

노동력의 이용 가능성이 집합적으로 규제되는 방식은 자본주의의 이런 사후적인 동학을 잘 보여준다. 자본축적은 가용인구의 한계에 주기적으로 직면한다. 이러한 상황에서는 계급투쟁이 흔히 구매력을 높이는 결과를 가져오기 쉽다. 하지만 다른 시기에는 위기가 다시 산업예비군을 증가시키고 임금규율을 강제한다. 이민이나 여성노동도 때때로 촉진되지만, 다른 상황에서는 이민이 너무 과도하다고 이야기되고 여성은 집으로 돌아가 주부 일을 해야 한다고 권고된다. 이것이 자본주의가 그 발전을 관리하고 그 문제점들을 해결하는 방식이다.

그러나 부조화와 위기에 대응해서 나타나는, 그리고 체제를 영속화시키는 이 모든 변화들이 동일하지는 않다. 예를 들어, 이는 중앙은행이나 국제기구를 설립하는 것 혹은 기업 관련법의 수정이나 특정 금융사업을 규제하거나 규제를 완화하는 등으로 다양하게 나타날 수 있다. 이 모든 개혁들은 중요한데, 그것들은 넓은 의미에서 기술적인 필요조건으로 요구되며 체제가 직면하는 문제의 본질에 의해 결정된다.

갈등상황에 대한 격렬한 반응은 조정을 필요로 하고 그 과정에서는 다양한 사회계층들이 불평등하게 부담을 진다. 이것이 자본주의의 역사적 동학에 의해 나타나는 유일한 문제는 아니며, 이 책의 범위를 벗어나는 다른 요소가 존재한다. 자본주의는 인간사회의 전반적인 발전과 경제, 생태계, 생활방식, 사고와 관련된 계획을 수용될 수 없는 방향으로 이끌었다. 이러한 발전은 무척이나 근본적이고 장기적이어서 미래에도 이를 교정하기가 쉽지 않을 것이다.

자본의 동학을 이렇게 해석하는 것은 이전 장들에서 제시된 케인스주의적 관점보다 더욱 광범위한 것이다. 케인스주의는 거시경제의 균형과 조화를 통합적으로 관리하는 것에 기본적으로 제한되어 있으며 분석적으로도 제한적이다. 이 책의, 특히 2장의 주장을 뒷받침하는 더 야심 찬 다른 해석이 있는데 이제 이를 명확하게 살펴보자.

역사의 방향

우리는 이제 마르크스주의 역사이론의 응용과 확장을 위해 이 이론의 몇몇 근본원칙들로 돌아갈 것이다. 먼저 생산력과 생산관계의 변증법에 관해 이야기하고자 한다. 적어도 자본주의에서 이 변증법은 사적 주체가 여전히 누리는 폭넓은 자율성에도 불구하고 생산의 점진적인 사회화를 요구한다. 이 분석 틀의 주요한 특징을 추상적으로 되풀이하는 대신, 그것의 설명력에 초점을 맞추어 살펴보고자 한다.

생산관계

자본주의 생산관계의 핵심적인 특징은 생산수단의 사적소유와 대부분의 사람들이 임금노동자로 전락한다는 점이다. 소수의 개인은 그들이 소유한 공장, 기계, 자연자원으로부터 부를 얻는다. 이 재산은 복잡하고 다면적이며 다른 형태로 변화할 수 있으며 그 형태 자체도 변화한다. 이것은 그 대상인 상품을 가지고 무엇을 하거나 그것을 팔거나 또한 사용할 수 있는 권리를 포함하며, 이는 어떤 기술적 전문성을 가지고 있음을 의미한다. 이러한 소유관계는 기업주가 생산수단을 소유하고 노동자를 고용하며 생산과 생산물의 판매, 서비스의 제공을 통제하고 이윤을 얻는 소규모 기업의 경우에는 파악하기 쉬운 형태로 나타난다. 하지만 더욱 발전된 수준에서는 이해하기가 더 어렵다.

미국의 19세기 후반은 이 생산관계가 심대하게 전환을 겪은 시기였다. 자본의 소유가 자본의 기능으로부터 분리되었는데, 이는 한편으로 엄격한 의미에서 재산소유와 경영이 분리됨을 의미한다. 한편에서는 생산수단의 소유자이자 경영자였던 적극적인 자본가들을 대신해 채권자와 주식소유자들이 소유자를 대표하게 되었고, 다른 한편에서는 경영자와 사무관리자가 적극적인 자본가의 기능을 떠맡아, 마르크스의 표현에 따르면 '자본의 공복'이 되었다. 이리하여 하나의 자본가가 둘로 갈라졌으며 이제 자본가라는 개념은 이전과 같은 직접적이고 개인적인 의미를 잃게 되었다. 이러한 변화는 자본주의적 소유권을 생산력의 진보에 맞게 적응시킨 것이었으며 생산력 발전을 더욱 촉진했다.

이와 관련하여, 직접적 생산자인 노동자와 노동의 관계도 중요한 변화를 겪었다. 작업장의 새로운 조직화는 생산에서 노동자의 자율성을 더욱 약화시켰고, 동시에 그의 노동을 더욱 평범한 것으로 만들어 노동에서 노동자가 가진 유일한 것, 즉 노동의 노하우가 사라지게 됐다. 이러한 박탈은 기계화만큼 오래된 것이지만, 조립라인 생산은 노동의 감독과 과학적 조직화의 책임을 진 관리자나 사무원, 사무기술을 가진 기술자와 전문가 범주를 증대시켜, 노동자의 기술박탈을 이전보다 훨씬 높은 수준으로 만들었다. 생산적 노동자는 이제 그 어느 때보다 기계의 부속물로서의 성격이 강하게 되었고 그의 직무는 다른 사람에게 더욱 쉽게 이해할 수 있는 것이 되었으며 스스로의 주도력을 잃게 되었다.

따라서 이러한 생산관계의 전환은 자본, 노동의 두 극과 관련이 있는 두 가지의 측면을 지니고 있었다. 자본의 소유는 경영과의 관계에서 점점 더 자율적으로 되었고 경영은 봉급을 받는 특별한 대리자에게 위임되었다. 생산적 노동의 본질은 근본적으로 변화했다. 따라서 자본주의는 여전히 자본주의였지만 재구성되어 나타났다.

19세기 말의 경제위기가 이러한 이중적 전환의 조건이 되었다. 이 위기의 종언은 이러한 생산관계의 변화와 복잡하게 관련이 있다. 이 시기에 나타난, 광범위한 의미의 경영의 발전이 효율성을 상승시켰고 이윤율을 회복시킬 수 있었다. 자본주의 생산양식의 내부모순이 새로운 생산관계의 재구성을 촉발시켰고 적어도 일시적으로는 그 재구성된 생산관계의 동학을 촉진했던 것이다.

1929년 대공황과 2차 세계대전은 이러한 발전을 더욱 촉진했다. 그러나 이 사건들은 다시 한번 폭력적으로 소유자의 권력을 침해했다. 비록 소유자들이 당시까지 화폐금융 메커니즘에 대한 통제권을 유지했지만, 이제 그들은 그들의 통제권을 부분적으로 국가, 다시 말해 이러한 임무를 떠맡은 공무원들에게 이전해야만 했다. 그들은 국경을 넘어서 자본을 이동시키는 자유에 대한 제한을 받아들여야만 했다.

이것이 왜 그리 중요한가? 신용에 기초해서 통화를 창출하는 것은 은행의 특권이었으며 사전의 자본축적을 필요로 하지 않는다. 그러므로 이 권리를 국가에 양도하는 것은 자본소유자들이 누리는 독점적 권리를 침해하는 것이었다. 자본가들에게 이러한 위험은 위기로 인해 물가가 올라가서 화폐가치가 하락하고 소득이 자본주의 채권자들로부터 기업들에게 이전되는 과정에서 가장 뚜렷하게 나타난다. 이 과정에서는 생산수단의 소유는 직접적으로 중요하지 않은 반면 이미 대부된 자본의 보존은 특히 중요하다.

자본소유자들의 권력에 대한 이러한 제한은 체제의 작동방식을 변화시켰다. 2차 세계대전 이후 등장한 케인스주의 이론에서는 자본가의 자산을 보존하는 것이 더 이상 유일하게 중요한 목표가 아니었다. 고용, 임금, 사회적 보호 등 전반적인 경제활동이 중요한 목표로 고려되었다. 이는 개별적인 자본주의적 소유권에 대해서가 아니라 그 집합적 표현에 대한 새로운 침해를 의미했다. 전체 자본가 계급이 자산을 유지하고 활용하기 위해 흔히 부과하는 게임의 규칙은 이제 새로운 상황에 맞추어 변화해야만 했다. 기업경영뿐만 아니라 이러한 수준에서도 이제 자본주의는 더 이상 똑같은 자본주의가 아니었다.

자본주의는 19세기 말과 1929년 대공황으로부터 회복되었지만 이는 중대한 전환을 그 대가로 수반했던 것이다. 동시에 혼합경제라 불리는 몇몇 나라들에서는 더욱 혁신적인 진전이 이루어졌다. 생산조직의 전 부문은 국가의 통제 아래로 들어갔으며 특히 공공서비스라 불리는 명확하게 집단적인 중요성을 지닌 특별한 서비스가 되었다. 국가는 특정부문을 수익성이 있도록 만드는 것을 도와주었다(여기서 특정부문이란 금융부문에 대비해서 주로 비금융부문이었으며 정부는 또한 기업에게 값싼 수송서비스와 에너지를 제공했다). 교육이나 연구와 같은 주요한 사회적 기능이 국가에 의해 직접 수행되었다.

계급

계급사회가 어떻게 작동하는가에 관한 마르크스 분석의 핵심에는 생산관계라는 개념 자체 외에도 생산관계와 계급 사이의 관계도 있다. 특정한 계급구조는 특정한 생산관계의 구성에 상응한다. 이는 봉건주의에서 영주와 농노, 길드 장인, 자본주의에서 자본가와 노동자 등 각 생산양식마다 그러하다. 생산관계의 전환은 자본주의의 사회구조의 중요한 전환이라는 형태로 나타나는 것이다.

이러한 분석은 《공산당선언 Communist Manifesto》의 해석방식에 한정되어서는 안 된다. 《공산당선언》에서는 자본가와 노동자 사이의 대결과 자본주의를 파국으로 몰고 가는 갈등의 심화로 표현되는 단순화된 계급구조의 원칙들을 설정해놓았을 뿐이다. 이러한 관점에서 보면, 혁명이 유일하게 가능한 길이며 필연적인 역사적 과정이다. 마르크스의 다른 분석들에서는 더욱 복합적인 해석들이 제시되어 있다. 그러한 해석들에서는 새로운 계급이 중요한 역할을 담당한다.

19세기 말 이래 나타난 주요한 변화는 경영직과 사무직 노동자계급의 출현이었다.[1] 경영자 혁명이 자본가도 노동자도 아닌 이들 집단의 발전을 촉진했다. 자본가들에게 고용된 임금노동자로서 그들의 지위는 피착취자이지만, 자본가의 기능을 실행하는 주체로서 그들은 말하자면 자본가를 대신하는 것이다. 그들은 생산관계에서 특별한 지위를 가졌는데 이는 그들의 사회적 지위가 계급적이라는 것을 의미했다.

자본가 기능을 행사한다는 면에서는 경영직과 사무직 노동자가 한 집단으로 보이지만, 경영직과 사무직 사이의 직무분할을 단지 기술적인 분할로 이해해서는 안 된다. 이 분할은 한편으로는 구상과 지도 기능을, 다른 한편으로는 실행기능을 집중시키는 위계적 규칙에 따라 구조화된다. 구상하고 조직하며 권위를 가지고 통솔하는 경영자의 지위는 실행하는 노동자의 지위와 틀리며, 여기서 우리는 새로운 계급대립을 발견한다. 그것이 적용되는 방식과 불러일으키는 갈등이 그 일상적인 분할을 구체적으로 규정하는 것이다.

이러한 발전, 즉 기업의 기능에 대한 경영자의 직접적이고 집합적인 지배의 일반화가 다른 피고용자와 생산적 노동자의 차이를 감소시키는데 기여한다. 비록 이들은 여전히 자본과 생산에 대한 특정한 관계에 의해 구분되지만 이 두 집단은 점점 하나의 동일한 피지배계급으로 통합되는데, 이로써 피고용자와 육체노동자를 피감독자로 한데 결합한다.[2]

소유와 경영의 분리는 자본주의적 소유권에 대한 하나의 위협이다. 소유주는 이것이 권력상실을 의미한다는 것을 처음부터 알고 있었다.[3] 이 문제는 부분적으로 일종의 소유와 경영의 접합점인 이사회의 존재로 해결되는데, 이사회에서는 여전히 적극적인 소유주가 어느 정도는 소유의 파트너인 최상위 경영자와 교류한다. 이사회는 양 구성집단을 이어주며 정보가 교환되고 자격이 규정되며 타협이 이루어지는 공간이다. 바로 여기서 신자유주의의 틀 안에서 소유주의 자격이 규정되고 부과된다. 결정을 실제로 구체화하는 일은 최상위 경영층에게 돌아간다.

공적 부문에서도 사기업과 마찬가지로 경영직과 사무직 노동자의 수와 중요성이 늘어난다. 사회화의 과정은 어떤 규모의 기업이든 한 기업의 경계를 확실히 넘어선다. 이 공적 서비스 부문의 피고용자들이 자본주의적 생산관계와 맺는 관계는 덜 직접적이지만 그들은 여전히 경제, 사회적 재생산 과정의 일부분이다.[4] 이 지점에서 우리는 거시경제 정책, 산업정책 혹은 연구, 교육, 개발 등과 관련해 주목했던 그들의 기능을 다시 발견한다. 그들의 경험에 따라 약간의 차이는 있지만, 그들의 삶의 방식이나 세계관은 서로 유사하다. 그들은 넓게 보면 동일한 사회적 우주에 속해있으며 동일한 계급의 특정한 분파로 파악되어야만 한다.

권력과 투쟁

계급투쟁은 자본주의의 전환의 주요한 동력이다. 권력과 그와 관련된 부를 추구하는 모든 표현은 권력과 투쟁의 전체 시스템이 만들어지는 계급구조에 기초하고 있다. 우리는 이 구조의 주된 원칙들을 이제 다시 살펴볼 것이다. 국가는 계급권력을 구체화하고 이러한 상호작용과 대립에서 핵심적이며, 따라서 사회의 계급적 본질로부터 분리될 수 없다.

국가

마르크스주의 역사관은 국가에 매우 특별한 지위를 부여한다. 이런 맥락에서 국가는 정부나 행정부만이 아니라 더 광범위한 제도들을 의미한다는 데 유의해야 한다. 여기서 우리는 이 책의 목표를 넘어서는 중요한 측면, 즉 국민국가들 사이의 대립은 제쳐두고자 한다.

모든 제도가 스스로의 논리에 기초해 현실에 존재하지만 국가는 여러 관계들에서 볼 때 자율성이 없다. 마르크스의 표현에 따르면 "국가권력은 허공에 떠있지 않다."[5] 많은 점에서 이 책은 국가의 본질과 국가와 계급 간 관계를 정의하는 것이 중요함을 강조한다. 이 점에서 우리는 선언과 실천을 주의 깊게 구별해야 한다.

신자유주의의 주장은 국가를 비효율적인 행정부, 그 자체로 선(善)인 시장과 사적 자발성에 대한 침해라는 점에서 전면적으로 부정한다. 현실에서 신자유주의자들이 국가와 관련해서 부정하는 것은 케인스주의 타협국가인데, 특히 그중에서도 가장 근본적인 자본주의적 관계와 소유주의 우위를 의문시하는 타협국가다. 케인스주의는 집중화된 거시경제 통제, 성장과 안정이나 완전고용의 보장, 사회적 보호, 불평등과의 싸움, 국유화까지 다양한 노력들을 포함한다.

그러나 신자유주의에서는 지배계급의 권력과 수입이 국가를 통해 보장된다. 국가가 지향했던 집단적인 계급이익의 추구를 위해 개별 주체의 자유가 제한된다.[6] 게다가 주요한 혼란의 시기에는 언제나 경제, 외교, 정치, 군사적 수준에서 국가의 공개적인 개입이 지배적으로 된다.[7] 이러한 사례는 무수히 많다.

이러한 신자유주의적 현실과 관점은 국가의 경제적 역할의 중심성에 관한 케인스주의의 주장과 관련이 있다. 케인스주의자들이 요구하는 것은 전반적인 국가개입이 아니라 자본가는 관심이 없는 완전고용, 구매력 증가, 사회적 보호라는 목표를 달성하기 위한 조치들이다. 타협의 형태와 정도에도 계급의 이해가 반영되어 있지만 케인스주의에 대한 이러한 오해에도 다양한 계급의 이해관계가 반영되어 있다. 케인스주의 정책과 국가개입을 단순히 동일시하는 것은 구체적이지 못하며, 역사, 사회, 정치적 맥락을 추상화하는 것이기 때문에 옳지 않다.

계급투쟁, 대자적 계급

또 하나의 근본적인 테제는 계급투쟁이 역사의 동력이라는 것이다. 이것은 마르크스 경제학의 일반화된 표현을 사용한 것이지만 《공산당선언》의 전망이 가진 한계를 넘어서 보아도 계급투쟁이 사회변화를 추동한다는 것은 아무리 강조해도 지나치지 않다.

아주 도식적으로 말해, 계급투쟁에 대한 분석은 지배계급과 피지배계급 간의 갈등, 그리고 지배계급 내부의 분열이라는 두 가지 모순을 포괄한다. 지배계급과 피지배계급 간의 투쟁은 전환의 주된 동력이자 지렛대로서 기본적인 생산양식에 개입한다. 지배계급 내부의 분열은 어느 정도의 한계 안에서는, 이들 기본 갈등에 기초하고 있다. 지배계급의 이러한 내부모순은 어떤 분파가 더욱 직접적으로 권력을 행사하는가와 그들 간에 이루어지는 타협이 어떤 것인가에 따라 자본주의의 시기를 구분해준다. 이러한 관점에서 보면, 역사의 동학의 일반원칙은 19세기 이래 결코 변하지 않았다. 그러나 그 내용을 이해하기 위해서는, 자본주의 생산관계가 끊임없이 발전하며 이에 상응하여 계급구조가 새롭게 변화한다는 사실을 먼저 인식해야만 한다.

앞에서 살펴본 계급의 정의는 계급을 생산관계에 대한 관계에 기초해서 분석한다. 그러나 현실의 투쟁에서 계급은 사회세력을 형성한다. 이런 관점에서는 흔히 계급은 대자적 계급으로 인식된다. 생산관계에서 차지하는 지위에 기초한 즉자적 계급의 정의와 특정한 역사적 조건에서 투쟁의 주체로서의 계급의 정의가 갖는 함의에는 분명히 약간의 차이가 있다. 일반적으로 어떤 행동은 흔히 전위로 불리는 소수파에 의해 처음 시작된다. 이 과정 내에서는 제도가 중요한 역할을 한다. 예를 들어, 노동계급은 한 기업이나 작업장의 개인이나 집단의 행동뿐 아니라, 역사적으로 노동조합과 정당을 통해서 행동하는 것이다(이것은 자세히 논의할 가치가 있다).

사회세력으로서의 금융

계급투쟁의 분석의 이러한 범주들은 주로 노동계급에 적용되어 왔다. 그러나 이는 일반원칙이며 지배계급에게도 적용되어야만 한다. 우리는 금융이 20세기와 21세기 자본주의가 확립되는 방식의 일부분이라는 의미에서 금융을 대자적 자본가 계급으로 부른다.

금융이 생산수단의 소유의 자본주의적 관계가 인격화된 것으로 뚜렷하게 등장한 것은 19세기 후반 소유와 금융이 분리되면서부터이다. 금융은 주요한 금융기관과 지배계급의 우월하고 적극적인 분파를 포함하는데 이들은 주요한 소유자(채권자와 주식소유자)이며 직접적인 경영에는 관여하지 않지만 때때로 소유권을 구체화한 기구

(이사회, 은행, 기금 등)에서 적극적으로 활동하고 있다. 금융은 그때 이후 자본주의의 동학과 계급투쟁에서 주요한 세력으로 등장했다.

금융의 정의 내에 사회집단과 기관들이 혼재하는 것은 대중투쟁을 분석하는 데 노동자 정당과 노조를 언급하는 것보다 더 혼란스러운 것은 아니다. 이는 지배계급의 우월하고 적극적인 분파임을 보여주는 중요한 측면이다.

1. 자본주의 관계가 소유와 경영으로 분할되자 소유주의 권력행사가 위험에 처했기 때문에 그런 기관들에 권력이 집중되는 것이 지배계급이 영속화하는 데에 필수적이었다. 그 내부에서 나타난 엄청난 금액의 자금 집적, 이들 기관의 조직화로부터 나오는 권력, 전문가를 고용할 수 있는 능력 등이 소유와 경영의 거리에도 불구하고 생산수단의 소유의 권력을 강화시켰다. 따라서 소유기관들은 현대 자본주의의 현실과 투쟁에서 핵심적인 권력이다. 물론 그렇다고 해서 지배계급이 그들 스스로의 고용주 조직이나 정당을 가지지 않는 것은 아니다(혹은 더 정확하게는 지배정당의 장악, 이것의 기능은 인구로부터 광범위한 표를 얻게 해주는 것이다).

2. 그러나 자본주의 소유의 주체는 또한 개인이고 가족이다. 가장 부자이고 권력이 강한 이들이 가장 중요한 역할을 수행한다. 이 핵 주변에 전위가 형성된다. (경영과 상당히 분리된, 특히 비금융기업의) 소유는 증권, 주식, 신용 등을 통해 구체화되며 따라서 금융적 성격을 띠지만 복잡한 결합을 통해 금융과 비금융 부문 모두를 포괄한다.

금융회사를 소유한 자본가들은 어느 정도로 이중적인 금융가로 파악될 수 있는데 이들은 금융기관의 소유자이며 그 기능 중 하나는 자본을 집중시키는 것이다. 미국 사회학자들은 전후 미국사회의 (주식 소유자와 다양한 기업 이사회의 구성원들인) 금융자본가 분파를 분석했는데 이들의 재산과 권력은 금융기업과 비금융기업 모두에 영향을 미치는 것이었다.[8] 이 자본가 분파는 가장 중요한 지배계급, 다시 말해 지배계급의 최상층부에 속한다. 동시에 이 연구들은 소규모는 아닌 다른 여러 자본가들이 이런 의미에서는 금융에 속하지 않음을 보여준다. 이러한 자본가들에게 한편으로 금융활동과 다른 한편으로 산업, 무역, 서비스 간의 구분은 여전히 중요하다. 이러한 분석은 부문(금융과 비금융), 기능(소유주와 채권자), 개인과 가족 사이의 관계를 자세하게 보여준다.

사회세력으로서 경영자

노조와 몇몇 정당들은 투쟁과정에서 노동계급의 주체가 될 수 있지만, 경영자들이 스스로를 계급으로 각인하는 제도와 메커니즘을 규정하기는 쉽지 않다. 소유주의 감독으로부터 부분적으로 해방된 대기업들은 경영자의 권력을 위한 매개가 되지만, 그와 동시에 국가가 이러한 경영자 권력의 형성에 주요한 주체가 된다. 이는 구체제Ancien Régime와 놀랍게도 유사하다. 마르크스는 당시 등장하던 부르주아지가 그 권력을 확립하기 위해서 국가를 이용했음을 지적했다. 2차 세계대전 이후 수십 년 동안에는 경영자들도 똑같이 했다.

지배계급의 권력은 경영자가 중요한 역할을 차지할 수 있는 사회적 타협에 기초하고 있으므로 단지 자본의 소유가 의미하는 것보다는 더욱 복잡하다. 이러한 권력과 타협의 시스템이 우리가 앞으로 살펴볼 주요한 권력지형을 규정한다.

사회투쟁의 동학에서 3가지 권력지형

이러한 권력지형의 연속은 우리가 살펴본 자본주의의 경향과 위기의 분석모형 내에서만 이해될 수 있다. 19세기 말의 위기는 특정한 사회적 지형에서 현대적 금융의 탄생을 낳았다. 1929년 대공황은 새로운 타협이 확립되는 조건이었는데, 여기서 현대금융의 역할은 약화되었다. 지난 수십 년의 위기는 다시 금융이 지배적 지위를 차지하도록 만들었다. 각각의 경우에, 자본주의 생산에 내재한 경향이 대규모의 갈등상황을 만들어내었고 현실의 실질적 전환을 위한 조건을 창출했다. 이는 자본주의적 소유권의 형태가 철폐되지는 않고 진보적으로 진화하도록 만들었으며, 역사가 계속됨을 보여주는 것이기도 하다. 각각의 단계에 국가는 여러 가지 방식으로 갈등과 변화의 중심에 서 있었다. 그러나 이 동학의 핵심에는 모든 차원에서 계급투쟁의 시스템이 자리 잡고 있었다.

이러한 해석에 기초해 우리는 미국 자본주의가 100여 년 이상 거쳐 온 3가지 주요한 단계를 다시 검토할 수 있다.

금융 헤게모니의 첫 번째 시대

19세기 말, 자본가 계급은 대자본가, 소자본가, 농부와 산업 자본가 등으로 다양하게 분할되어 있었다. 다음 세기의 벽두에 나타난 생산관계의 전환은 이러한 사회현실을 매우 특별한 방식으로 변화시켰다. 이는 한편으로는 금융의 등장을 촉진했고 다른 한편으로는 자율성을 잃어가고 있지만 아직은 상당정도 소유주였던 산업 자본가의 등장을 촉진했으며 또한 점점 경영자와 사무직의 등장을 가속화했다. 이 시기는 현대금융의 권력이 강화되었고 이후 대기업의 경영자의 권력이 강화되었는데 이들은 고위층 경영자로서 소유주와 무척 가까웠다. 이것이 금융 헤게모니의 첫 번째 시대였다.

이러한 사회적 지형이 도래한 시기는 심각한 계급투쟁의 시기였다(《상자. 16.1》). 금융과 그에 연결된 대기업은 한편으로 전통적인 부문의 소유주들과 대립했고 다른 한편으로는 노동운동과 대립했다. 지배계급의 각각의 분파들은 대중투쟁을 이용하고자 했으며 동시에 그들과 대항했다. 경영자와 사무직들은 회사에서 조직자로서의 일을 담당했다. 그들의 정치적 역할은 자동적으로 인정된 건 아니지만 당시 형성된 타협에서 중요한 역할을 담당했고 이는 그들의 역사적 발전을 촉진했다. 이 타협은 전통적인 부문들에 어느 정도의 보호를 보장했고 노동자들에게 약간의 이득을 가져다주었으며, 대기업 중심의 새로운 자본주의의 길을 열었다.

케인스주의 타협

금융권력과 그 행사에 제한을 가한 것은 바로 1929년 대공황이었다. 뉴딜정책과 2차 세계대전을 거치며 기업과 국가기구 내부의 경영자들에 의해 상당한 진보가 이루어졌다. 이는 흔히 뉴딜연합이라 불리는 타협을 낳았다. 이 경험은 공공부문의 경영자들에 의해 주도되는 사회조직의 집중화를 더욱 발전시켰다. 그러나 뉴딜의 가장 야심 찬 개혁은 일시적이었다.

소련의 위협에 직면한 2차 세계대전은 다른 상황에서 1차 대전이 그랬듯이 지배계급에게는 혁명적 기운을 제거하기에는 엄청나게 좋은 수단이 되었고 이는 1950년대까지 지속되었다. 기술발전이 지배계급의 이러한 개혁지향적 전략의 채택을 크게 촉진했고 구매력 향상으로 이어졌다. 이 운동은 또한 새로운 중산층의 성장에 의해 강화되었으며 타협의 사회적 기초를 확장했다. 따라서 1930년대의 폭력과 대공황, 사회주의 국가의 등장이 혁명적 변화로 이어지지 않았던 것이다.

우리는 이미 전후의 케인스주의 타협에 대해서는 상세히 살펴보았다. 그것이 계급, 그리고 계급투쟁과 맺고 있는 관계를 명확히 살펴보면 그 중요성을 더욱 잘 알 수 있다.

신자유주의와 함께 나타난 금융 헤게모니의 두 번째 시기
세 번째 시기는 금융, 다시 말해 자본가와 자본주의적 소유권 제도가 소유와 경영이 분리된 세계에서 다시 헤게모니를 회복하는 시기였다. 이는 노동운동의 약화와 함께 나타났다. 마가렛 대처와 로널드 레이건의 공세는 노동자의 저항을 분쇄했다. 금융은 끈질긴 노력으로 다시 그들의 권력을 회복했는데 특히 국제적 수준에서 그 헤게모니를 재확립하기 위해 국제통화 체제의 위기(달러위기)와 1970년대에 시작된 구조적 위기를 활용했다(⟨상자 18.4⟩). 이들의 헤게모니는 미국의 지배를 통해 확립되었으며 금융 헤게모니와 미국의 권력은 하나의 동학으로 결합되었다.

공적, 사적 부문의 경영자의 연대와 이들이 노동계급과 맺은 타협은 이러한 금융의 공격으로 인해 유지되기 어려웠고, 다국적기업의 최상층 경영자는 부자들과 연합했다. 가장 진보적인 대안들이 발전된 국가들은 대부분 외부압력과 그들 내부의 지배계급 혹은 그 내부의 특정분파의 개입을 배경으로 무릎을 꿇고 말았다. 신자유주의는 지배계급의 한 분파가 지배적인 지위를 다시 차지하게 된 이러한 승리의 결과물이다. 신자유주의 정책과 그것이 고용, 위기, 위기의 해결에 미친 영향은 이 계급들의 이해를 단순하고 직접적으로 또는 더 복잡한 사회적 지형 내에서 간접적으로 표현하지만 언제나 계급구조와 관련이 있다.

신자유주의 타협

케인스주의 타협과 비슷하게 신자유주의도 타협에 기초한 것이다. 신자유주의 질서가 처음 나타난 것은 달러의 위기와 국제통화 체제의 개혁이 시작된 1970년대였는데, 기업 경영자의 최상층(무엇보다도 다국적기업)으로부터 지지를 얻지 못했다면 신자유주의 질서는 승리할 수 없었을 것이다. 자본운동의 자유화는 이들 기업들의 금융화의 길을 열었다.[9] 이러한 변화는 지배계급에 유리한 새로운 수입의 흐름으로부터 기업의 지도자들이 이득을 얻게 해 주었는데 이는 엄청난 보상을 통한 것이었다. 모든 경영자들이 이러한 연합에 합류한 것은 아니었고 많은 경영자들에게 부과되는 압력 때문에 심각한 갈등이 나타나기도 했다. 소유주와 최상층 경영자들 간의 이 연합으로 인해 몇몇 연구자들은 다국적기업의 전략이 신자유주의 내에서 독립적인 요소라고 주장한다. 이것은 틀림없는 사실이지만, 우리가 보기에는 이러한 분석은 더욱 발전되어야 하며 다국적기업이라는 제도 이면의 계급들이 규정되어야 한다. 이 회사들 내에서 소유주와 최상층 경영자들의 이익은 복잡하게 얽혀 있다. 소유와 경영의 얽힘은 이 최상층의 타협에 주된 동인이다.

금융권력은 또한, 특정한 금융소득 또는 주가상승에 의해 이득을 얻는 다양한 계층의 연금 생활자 혹은 미래의 연금 수령자를 포섭했다. 이는 중산층과의 타협인데, 이제 모든 이가 자본가가 된 것이었다! 그런 타협으로 인해 신자유주의의 계급적 현실이 부정되는 것은 아니며, 이는 오히려 그 자체로 계급지배와 현대 민주주의 사회에서 국가적 차원에서 이러한 지배의 행사를 위한 필수요건이다. 하지만 2000년에 시작된 것과 같은 주가하락은 이러한 타협을 위협하는 것이다.[10]

금융의 음모?

신자유주의를 금융권력으로 파악하는 것이, 이러한 질서가 몇몇 대은행이나 자본가들 가족들의 음모나 금융자본과 비금융자본 간의 정치적 갈등 혹은 대규모와 소규모 자본 사이의 갈등에 기인하는 것으로 파악하는 것을 의미하는 것은 아니다. 신자유주의에서 권력과 수입이 강화된 계급분파가 어느 것인가 하는 질문은 금융권력이 부활한 이 과정이 어떻게 주도되고 진행되는가 하는 질문과 밀접하게 관련되어 있지만 동일한 질문은 아니다. 첫 번째 질문은 결과(신자유주의 질서가 무엇인가)에 관한 것이고, 두 번째 질문은 그 메커니즘(어떻게 그것이 진전되었는가)과 관련이 있다.

신자유주의는 (기술변화, 이윤율의 경향, 위기와 같은) 저변의 객관적 조건에서 광범위한 역사적 지형, 그리고 특정한 집단이나 개인 혹은 기관들의 의도적인 노력(어떤 정당 혹은 정치를 지지할 것인가에 관한 선택)까지 포함하는 다양한 과정의 산물이다. 예를 들어, 1970년대 미국에서는 위협에 처한 미국의 우월적인 지위를 강화하기 위해 다양한 경제적 이해관계를 지닌 그룹들 사이에 통합이 발생했고 이는 구조적 위기의 영향과 그에 대한 대처방식과 결합되었다.[11] 소유주의 이해가 다국적기업과 그들의 상층부 경영자의 전략과 결합되었다.

그러나 특정한 사회집단, 비즈니스 환경, 그들과 밀접한 지식인들 사이에 일어난 의식적 합의의 수준을 과소평가하면 안 된다.[12] 금융의 새로운 권력으로 이어진 변화의 정치적 본질은 특히 영국과 미국에서는 무척 뚜렷했다. 그것은 상상할 수 있는 것 이상으로 의도적이고 엄청난 방식을 통해 조직되었고 재정적 지원을 받았다.[13] 비록 특정한 경제적 이해와 미국에서 민주당이나 공화당을 지지하는 투표 사이에 직접적인 연관을 찾기가 어렵다고 해도, 신자유주의를 상징하는 인물인 레이건의 선거운동은 금융적 부를 소유한 최고 부자들의 지지를 받았다.[14]

주로 미국에 관한 이러한 시각은 신자유주의가 어떻게 전 세계적으로 강화되었는가에 관한 검토를 통해 보완되어야만 한다. 아직도 진행되고 있는 이 과정은 신자유주의의 세계화를 현 시기의 가장 근본적인 특징으로 정의한다. 신자유주의가 세계적으로 강화되는 초기부터 유럽이 핵심적인 역할을 했다. 유럽 경제의 상호침투와 다국적기업과 국제금융 체제에 그들이 편입된 것이 중요한 요소였다. 유럽의 각 나라들은 그 역사적 궤적에 따라 특징을 지니고 있었고 현재도 그러하다. 이를테면 영국은 우월한 금융센터의 지위를 유지하려 하고 독일은 통화적 엄격성, 프랑스는 미테랑에 의해 잠시 중단되었지만 국가개입 전통으로부터 기존 정통주의 정책으로 후퇴하고 있었다. 세계자본에게 일본을 개방한 것은 또 하나의 결정적인 단계였다. 그렇다면 이 과정에서는 어떤 사회적 힘이 작동했던가? 이 과정의 일국적 그리고 국제적 차원은 어떠했던가? 세계금융의 영향을 얼마나 확인할 수 있는가? 각국의 고유한 특징은 어느 정도로 살아남았는가?

신자유주의를 넘어서

신자유주의는 자본주의의 근본적인 어떤 특징을 부활시키고자 하는 자본주의의 한 단계로 보아야 하지만, 신자유주의가 역사의 진행을 멈추게 하지는 않을 것이다. 신자유주의는 인류역사의 마지막 발전 단계는 아닐 것이다. 자본주의를 넘어서는 것은 예정되어 있다. 그 어려움에도 불구하고 우리는 세 가지를 말할 수 있다.

우선, 자본주의 역사의 영원한 특징인 생산의 사회화의 진전으로 나아가는 생산관계의 전환은 신자유주의에서 이전에는 알려지지 않았던 형태를 띠고 나타난다. 우리가 보기에 노조가 뮤추얼펀드나 펜션펀드를 통제하게 되어 일종의 사회주의로 이행된다는 주장은 그리 설득력이 없다.[15] 그러나 대규모 뮤추얼펀드나 펜션펀드와 같은, 전문화된 경영자에게 통제되는 초대형 금융기관이 소유관계의 새로운 전환의 길을 열어주고 지난 세기 초반 이후 이어져 오던 소유관계(주식회사)를 확장할 것은 틀림이 없다.[16]

두 번째로, 지배계급의 현재의 동학은 단기적으로는 그들의 수입이 증가함으로써 촉진될 것이고 나아가 그들이 지금까지 보여준 유서깊은 솜씨를 발휘함으로써 더욱 치밀하게 추진될 것이다. 지배계급은 국가를 상당부분 그들의 손에 장악하여, 국가통제로(케인스주의 타협의 국가의) 향하는 길에서 사회화의 진전을 막고 사적인 사회화를 유도하는 솜씨를 발휘해왔다. 이 지배계급은 밀려나거나 빼앗기는 일 없이 오랫동안 특권을 유지하고 싶어 한다. 적어도 이것이 그들이 미래의 시장에서 가지는 선택이다.

세 번째로, 신자유주의가 극복될 수 있는 방법은 아직 뚜렷하지 않다. 만약 자본주의가 금융의 과잉을 제어할 수 있다면 아마도 점진적인 개혁이 나타날 것인가? 반대로 심각한 금융위기를 맞는다면 폭력적인 전환이 일어날 것인가? 그 방법에 따라 결과가 다를 것임은 말할 필요도 없다. 만약 금융이 체제를 계속 유지하고자 한다면 어떻게든 붕괴를 막아야 할 것이다. 언제나 그렇듯 역사는 반복될 수 있기 때문이다. 자본주의의 경향과 위기, 대혼란, 위기의 종언, 위기의 종언의 위기, 다시 대혼란……. 그리고 금융은 위기에 처해 있다. 조만간 생산수단의 사적 소유권이 어떤 해체과정을 거치든 과거지사가 될 것이기 때문이다. 지배계급의 아들, 딸들이 그때 지배계급의 지위를 보존하는 데 성공할 것인가? 그들이 소유하고 있는 것들 가운데 어떤 부분이 어떤 형태로 그들의 소유로 유지되고 있을 것인가? 지배계급은 유지되고 있을 것인가?

보론 A. 저자들의 다른 연구

이 책에서는 저자들의 다른 연구에 대해 참고문헌을 주석으로 일일이 명기하지 않았다. 이곳 보론에는 독자들을 위해 다양한 주제와 관련한 저자들의 저작에 대한 정보를 정리해 놓았다. 출판되지 않은 연구물은 홈페이지(http://www.cepremap.ens.fr/levy/)에서 찾아보기 바란다.

G. Duménil and D. Lévy, *La dynamique du capital: Un siècle d'économie américaine* (Paris: Presses Universitaires de France, 1996)은 간단히 *La dynamique du capital*로 인용한다.

거시경제학

경기순환(경기과열과 경기침체)
La dynamique du capital, part Ⅲ.
G. Duménil and D. Lévy, "Being Keynesian in the Short Term and Classical in the Long Term: The Traverse to Classical Long-Term Equilibrium," *The Manchester School* 67, no. 6 (1990): 684-716.

실업
G. Duménil and D. Lévy, "Structural Unemployment in the Crisis of the Late Twentieth Century: A Comparison between the European and U.S. Experiences," in *Global Money, Capital Restructuring and the Changing Patterns of Labor*, ed. R. Bellofiore (Aldershot: Edward Elgar, 1999).

이윤율 하락의 결과
La dynamique du capital, chaps. 13 and 16.
G. Duménil and D. Lévy, "Why does Profitability Matter? Profitability and Stability in the U.S. Economy since the 1950s," *Review of Radical Political Economy*, vol. 25, no. 1 (1993): 27-61.

구조적 위기
La dynamique du capital, chaps. 20 and 23.
G. Duménil and D. Lévy, "The Great Depression: A Paradoxical Event?" CEPREMAP, Paris, no. 9510 (1995).
G. Duménil and D. Lévy, "La crise de 1929 et la dépression des années trente aux États-Unis:

Des événements paradoxaux?" *Économie et Sociétés*, (A.F. series) 22, nos. 4-5 (1996): 193-218.

정책들, 케인스주의 정책들과 신자유주의

G. Duménil and D. Lévy, "Dynamique du capitalisme et politiques de classe: Un siècle de capitalisme américain," communication at the symposium "*Karl Marx et la dynamique actuelle du capitalisme*," Université du Littoral, Dunkerque, Octobre 18-19, 1996, CEPREMAP, MODEM, Paris.

G. Duménil, M. Glick, and D. Lévy, "The History of Competition Policy as Economic History," *Antitrust Bulletin* 42, no. 2 (1997): 373-416.

G. Duménil and D. Lévy, "Keynésianisme américain et social-démocratie suédoise: Quels compromis?" *Actuel Marx* 23 (1998): 117-136.

G. Duménil and D. Lévy, "Pre-Keynesian Themes at Brookings," in *The Impact of Keynes on Economics in the 20th Century*, ed. L. Pasinetti and B. Schefold (Aldershot: Edward Elgar, 1999).

G. Duménil and D. Lévy, "Coûts et avantages du neolibéralisme: Une analyse de classe," in *Le triangle infernal: Crise, mondialisation, financiarisation*, ed. G. Duménil and D. Lévy, (Paris: Presses Universitaires de France, 1999).

G. Duménil and D. Lévy, "Costs and Benefits of Neoliberalism: A Class Analysis," *Review of International Political Economy* 8, no. 4 (2001): 578-607.

G. Duménil and D. Lévy, "The Nature and Contradictions of Neoliberalism", in *A World of Contradictions (Socialist Register 2002)*, ed L. Panitch and C. Leys (New York: Monthly Review Press, 2002).

기술과 분배의 추세

실증연구

G. Duménil and D. Lévy, *Profit Rates: Gravitation and Trends*, (Paris: CEPREMAP, MODEM, 1999).

G. Duménil and D. Lévy, "The Profit Rate: Where and How Much Did It Fall? Did It Recover? (USA 1948-2000)," *Review of Radical Political Economy* 34 (2002): 437-461.

기술변화의 이론과 모형

G. Duménil and D. Lévy, "A Stochastic Model of Technical Change, Application to the US

Economy (1869-1989)," *Metroeconomica* 46 no. 3 (1995): 213-245.

G. Duménil and D. Lévy, "Technology and Distribution: Historical Trajectories à la Marx," *Journal of Economic Behavior and Organization* 52 (2003): 201-233.

자본주의의 시기구분과 변환

시기구분

G. Duménil and D. Lévy, "Periodizing Capitalism. Technology, Institutions, and Relations of Production," in *Phases of Capitalist Development: Booms, Crises, and Globalization*, ed. R. Albritton, M. Itoh, R. Westra, and A. Zuege (Palgrave, London: Basingstoke, 2001).

G. Duménil and D. Lévy, "Sortie de crise, menaces de crises et nouveau capitalisme," in *Séminaire Marxiste, Une nouvelle phase du capitalisme?*, (Paris: Syllepse, 2001).

자본주의의 변환, 경영자 혁명

La dynamique du capital, part Ⅴ.

G. Duménil and D. Lévy, *Au-delà du capitalisme?* (Paris: Presses Universitaires de France, 1998).

G. Duménil and D. Lévy, "Rapports de production et structure de classe du capitalisme: 150 ans après," *Cahiers Marxistes* 210 (1998): 131-161.

경영자와 관리자

G. Duménil, *La position de classe des cadres et employés: La fonction capitaliste parcellaire* (Grenoble: Presses Universitaires de Grenoble, 1975).

G. Duménil and D. Lévy, "The Emergence and Functions of Managerial and Clerical Personnel in Marx's Capital," in *Bureaucracy: Three Paradigms*, ed. N. Garston (Boston: Kluwer Academic, 1994).

마르크스에 대한 해석

G. Duménil and D. Lévy, "The Dynamics of Historical Tendencies in the Third Volume of Marx's *Capital*: An Application to the U.S. Economy since the Civil War," in *Marxian Economics, A Reappraisal: Essays on Volume Ⅲ of Capital, Profit, Prices, and Dynamics*, ed. R. Bellofiore (London: Macmillan, 1998), vol. 2.

G. Duménil and D. Lévy, "Technology and Distribution: Historical Trajectories à la Marx," *Journal of Economic Behavior and Organization* 52 (2003): 201-233.

보론 B. 출처와 계산

이 책에서 사용한 자료는 미국과 프랑스의 국민계정 체계를 이용한 것이다. 이 체계는 몇 가지 예외를 제외한다면 일반원칙에 기초한 통합구조로 구성된다. OECD가 작성한 다양한 계정들을 추가적으로 사용했는데, 이 통계들은 장기간의 행위자들의 움직임을 분류한 전체적인 정보를 제공해 준다. 그러나 이것들은 특정한 행위자의 이질적인 특성(예를 들어 대기업과 소기업, 혹은 부유한 가계와 가난한 가계)을 고려하지 않고 있는데, 이것이 이들 연구의 큰 단점이다. 이 부분과 관련해서는 필요한 경우 전문적인 연구를 이용해야만 한다. 그런데 문제는 이들 연구는 기간이 일치하지 않으며 사용된 용어가 다른 연구에서 사용된 용어와 일치하지 않는다는 것이다.

나라별 주요 출처

프랑스
1. Institut National de la Statistique et des Études Économiques (INSEE). 우리는 1980년 분류를 사용한다.
   a. Accounts of institutional sectors
   b. Accounts of holdings
   c. Accounts of the variations of holdings
   d. National quarterly accounts
2. Ministère de l' Emploi et de la Solidarité (SESI): Social protection accounts
3. Pierre Villa: Capital stocks *(http://www.cepii.fr/francgraph/bdd/villa/mode.htm)*
4. Banque de France: Balance of payments and foreign commerce for France (appendixes to the annual report)

미국
1. Bureau of Economic Analysis (BEA)
   a. National Income and Product Account (NIPA) tables
   b. Gross Product Originating (GPO) data
   c. Fixed Assets Tables
2. Board of Governors of the Federal Reserve System: Flow of Funds Accounts of United State
3. Federal Deposit Insurance Corporation (FDIC)
   a. Bank Closings Report

  b. Changes in Number of Insured Commercial Banks
  c. Changes in Number of Insured Savings Institutions
4. Bureau of Labor Statistics (BLS)
  a. Employment, Hours, and Earnings
  b. Consumer Price Index
5. United States Long Term: G. Duménil and D. Lévy, The U.S. Economy since the Civil War: Sources and Construction of the Series, available on our website *(http://www.cepremap.ens.fr/levy/index.htm)*, Cepremap, Modem, Paris, 1994.

유럽과 미국
통일과 관련된 불연속을 피하기 위해 독일은 이전 서독에 한정했다.

1. OECD
  a. International Sectoral Database (ISDB)
  b. Flows and Stocks of Fixed Capital
  c. Economic Outlook
  d. Annual Labor Force Statistics
  e. Jobs Perspectives
2. Angus Maddison
  a. Monitoring the World Economy
  b. Standardized Estimates of Fixed Capital Stock

프랑스와 일본
1. Board of Governors of the Federal Reserve System: Foreign Exchange Rates
2. OECD, Economic Outlook (for purchasing power parities)

개발도상국
World Bank: World Development Indicators (WDI)

한국
International Monetary Fund (IMF): International Financial Statistics

특정변수의 계산
인플레이션과 주식배당의 가치상승으로 인한 부채의 가치저하에 대한 수정. 실질금리는 명목금리에서 인플레이션을 제한 값이다. $i_R = i - j$. 이 비율에 순부채량(부채에서 금융자산을 뺀 값)을 곱하면, 실질이전은 실제로 지불된 이자량 iD에서 부채의 가치저하 jD를 제한 값과 같다 $jD : i_RD = iD - jD$.

이 계산에서는 역사적 명목가치로 평가된 금융자산만을 고려해야만 했고 그것을 (주식지분과 주식에 대한 시장가격과 같은) 시장가치로 측정하지 않았다.

수익성의 계산은 주식가격의 변화로 인한 가격상승과 하락을 고려하지 않았다. 실질 혹은 잠재 이득과 손실의 구분은 통계적으로 유용하지 않다.

순자산 Net Worth

비금융기업들에 대한 이 변수의 계산은 미국과 프랑스가 약간 다르다.

프랑스 비금융기업 부문이 보유한 모든 주식은 이 부문의 자산으로 계산되는데, 여기에는 이 부문 내에서 기업들이 발행한 주식을 포함한다. 이 부문의 순자산을 추정할 때, 이중계산을 피하기 위해, 순자산에서 주식가치는 제해야 한다. 불행하게도, 두 종류의 주식(이 부문에 회사가 발행한 주식과 다른 부문에 발행한 주식) 사이의 구별은 불가능하다. 따라서 모든 주식가치를 제하거나 모두를 포함시키는 차선책을 택할 수밖에 없다. 보유한 주식이 주로 이 부문으로부터 나왔기 때문에, 첫 번째 방법, 모든 주식가치를 제하는 방법을 적용하도록 한다. 수입으로 받은 모든 배당은 제한다. 그렇게 되면 순자산은 다음과 같다.

순자산 = (총자산 - 보유자산) - 채무(부채)

미국 미국의 국민계정 체계에서, '자금흐름' 데이터베이스는 비금융기업에서 발행한 주식과 같은 부문에서 보유하고 있는 주식을 고려하지 않는다. 따라서 자산으로 보유한 주식은 그 부문에 의해 발행되지 않는다. 채무항목에서 실제 부채 다음 항목에는 미국에 투자한 해외직접투자 항목이 있다. 회사의 순자산은 소유자의 국적과 독립적으로 고려한다. 순자산은 다음과 같다.

순자산 = 총자산 - (채무 - 미국의 해외직접투자)

프랑스와 미국(금융) 자산의 일부인 주식지분(과 수입의 일부인 배당)을 포함했다.

금융, 비금융, 모든 기업의 정의

1. 2부에 제시된 그림들에서 '모든 기업'은 OECD의 *International Sectoral Database*에 의해 조사된 것과 같이 모든 산업들을 의미한다.
2. 비금융기업 Nonfinancial companies은 프랑스의 경우에는 INSEE 통계의 sector S10을 의미하고

미국의 경우에는 BEA와 연준의 통계에 제시된 Nonfinancial Companies Business을 의미한다.
3. 금융부문을 정의하기는 무척이나 어렵다. 프랑스의 경우, 금융부문은 모든 금융기관(INSEE 통계의 Sector S40)과 보험회사(Sector S50)를 의미한다. 그러나 이윤율을 계산할 때는 단지 금융기관만을 고려한다. 미국의 경우, 기업이 아닌 모든 펀드(펜션펀드와 뮤추얼펀드)와 연준과 같은 공적기관은 제외된다. 여기서는 금융기관을 시중은행Commercial Banking, 저축은행Savings Institutions, 보험회사Insurance Companies, 주식 중개인Broker에 제한한다(더 자세한 내용은 G. Duménil and D. Lévy, "The Real and Financial Components of Profitability (USA 1948-2000)," *Review of Radical Political Economy* (근간)을 참조하라).

기술적인 측면

1. 통계는 호드릭-프레스컷 필터Hodrick-Prescott filter의 도움으로 약간 조정했다.
2. 명목은 (유로나 달러로 표시된) 현재의 화폐단위를 의미하며 실질 혹은 실물은 명목변수를 국내총생산의 가격지수로 나눈 것을 의미한다. 통계는 특정연도의 화폐단위나 (기준년도를 1이나 100으로 한) 지표로 표시한다. 평균 증가율은 시간을 고려한 변수의 로그 회귀분석에 의해 계산했다.

역자 후기

1. 마르크스주의 위기이론의 새로운 부활

마르크스주의 위기이론이 새롭게 부활하고 있다. 이는 마르크스가 위기를 총체적으로 설명할 수 있는 체계적인 이론을 제시하지 않았다는 이유에서 '진정한' 마르크스주의 위기이론이 무엇인가를 두고 100년이 넘게 벌어진 논쟁을 알고 있는 사람들에게는 새삼스러운 일도 아닐 것이다.[1] 그렇지만 마르크스주의 위기이론이 제2인터내셔널의 자본주의 '붕괴이론breakdown theory' 논쟁 이후 이렇다 할 관심을 얻지 못했다는 점에서 보면 무척이나 새로운 현상이다.

새롭게 부활하고 있는 마르크스주의 위기이론은 '과거의 논쟁'을 '반면교사(反面敎師)'로 삼으면서도 '변화하는 자본주의의 새로운 모순'을 이해하는 데 초점을 맞추고 있다.

여기서 '과거의 논쟁'이란 마르크스 위기이론과 관련한 논쟁에서 가장 화려하면서도 치열했던 제2인터내셔널의 '붕괴이론' 논쟁을 뜻

한다.[2] 이 논쟁에는 자본주의의 미래와 변혁 가능성을 둘러싸고 당대의 이론가들이 모두 참여했다. '수정주의'를 주장한 베른슈타인, 제2인터내셔널의 지도적인 이론가인 카우츠키, 과소소비이론을 주장한 룩셈부르크, 시장의 무정부성에 기초해 불비례 이론을 주장한 투간-바라노프스키, 고정자본 증대에 따른 생산영역 간 불비례 이론을 주장한 힐퍼딩, 재생산 표식을 이용해 자신의 이론을 전개한 오토 바우어, 바우어의 재생산 표식을 이용해 자본주의 붕괴법칙을 설명하려 한 헨릭 그로스만 등 당시 저명한 이론가들 사이에 열띤 사상적 논쟁이 벌어졌던 것이다.

한편 '반면교사'라는 표현은 1970년대 이후 발전되어온 위기이론이 제2인터내셔널 논쟁에서 소외되었던 마르크스의 '이윤율 저하경향'에 대한 해석을 전면에 등장시켰다는 점을 가리키는 것이다. 제2인터내셔널의 위기논쟁은 마르크스가 자본주의 동학을 설명할 때 핵심에 두었던 이윤율 저하경향 자체에 주목하지 않고 이윤율을 단지 하나의 결과로만 취급했다. 그러나 1970년대 이후의 위기논쟁은 이윤율 하락을 위기의 가장 중요한 원인으로 파악하고 이에 기초하여 위기를 설명하고자 한다는 점에서 마르크스의 논점에 보다 가까운 논쟁이라고 할 수 있다.

마지막으로 '변화하는 자본주의의 새로운 모순'은 1970년대 이후 자본주의가 '구조적 위기'에 빠지고, 그 뒤 신자유주의가 득세하고 있는 것과 관련이 있다. 1970년대 이후 세계 자본주의는 오랫동안 침체를 겪은 바 있는데, 이러한 변화는 위기 이전의 '황금기(Golden Age)'와는 완전히 반대되는 현상이며 자본주의의 새로운 모순을 보여주는 것이었다. 따라서 1970년대 이후에는 위기이론이 주기적인 위기를 설명하는 데 초점을 두기보다는 이윤율의 지속적인 하락으로 인해 발생한 '구조적 위기'인 세계 자본주의의 장기침체를 설명하는 데 집중했다. 자본주의의 장기침체가 지속되는 구조적인 원인을 어떻게 설명해야 하는가가 새로운 과제로 대두된 것이다.

또한 1970년대 이후 전개된 위기논쟁에 참여한 사람들은 구조적 위기로 인해 자본주의의 성격이 어떻게 변화했는지에 대해서도 깊은 관심을 기울였다. 자본주의의 성격 변화에 대한 관심은 제2인터내셔널의 위기논쟁에서도 나타났지만, 당시의 논쟁은 자본주의가 붕괴하고 사회주의가 필연적으로 도래할 것인가를 둘러싼 정치적 입장의 차이를 반영한 것이었다. 이런 제2인터내셔널의 정치적 환경과 1970년대 이후 논쟁의 정치적 환경은 다르다. 1970년대 위기 이전 30년 동안 자본주의는 '황금기'를 경험했고, 사회주의의 전망이 강화되기보다 자본주의의 발전이 더욱 촉진되었다. 이러한 상황을 거쳐 최근의 논쟁은 자본주의의 붕괴가 아니라 그 구조변화에 초점을 맞추게 되었고, 위기 이후 도래한 자본주의의 성격, 즉 신자유주의 체제를 분석하는 데 집중되고 있다.

결국 최근 자본주의 위기이론은 1970년대 이후 자본주의의 '구조적 위기'와 이 위기로 인해 새롭게 등장한 자본주의 사회를 해명하는 과제를 풀어가는 과정에서 새로이 주목을 받고 있는 것이다.

2. 1970년대 이후 구조적 위기를 둘러싼 논쟁

이러한 마르크스주의 위기이론의 새로운 발전은 논쟁을 통해 이루어졌다. 두 차례에 걸친 논쟁에서 대부분의 논자들은 우선 1970년대부터 시작된 구조적 위기에 대해 설명하고 그 이후 나타난 사회를 신자유주의 사회로 규정했다.

첫 번째 논쟁은 자본주의 황금기와 1970년대 이후 장기불황을 어떻게 해석할 것인가를 두고 이루어졌다. 이 논쟁은 마르크스가 말한 이윤율 저하경향을 강조한 근본주의자들과, 과잉생산이론과 임금압박이론을 결합한 네오 리카디언Neo-Ricardian의 이윤압박이론Profit Squeeze Theory과 계급투쟁의 동학에 따른 조절양식과 축적체제의 변화를 강조한 프랑스의 조절이론Regulation Theory 간의 대립으로 전개됐다.

다양한 형태의 이윤압박이론이 존재했지만, 그 핵심적인 주장은 호황기에 노동력 부족이 발생하거나 노동조합 세력의 강화로 임금이 상승하고 그에 따라 낡은 설비가 빠르게 폐기되고 새로운 기술이 도입되면서 과잉생산이 나타나 이윤몫이 줄어들기 때문에 이윤율이 하락한다는 것이었다.[3] 이와 달리 근본주의자들은 마르크스가 《자본론》 3권 3편에서 제시한 이윤율 저하경향을 현실 자본주의에 충분히 적용할 수 있다고 주장했다. 이들에 따르면 자본축적은 끊임없는 기술진보와 그에 따른 노동생산성의 증대, 그리고 자본의 유기적 구성의 상승을 동반하며, 유기적 구성의 상승이 잉여가치율 상승에 의해 상쇄되지 못한다면 이윤율은 하락하게 된다.[4]

이와 달리 조절이론은 위기를 축적과 제도 사이의 모순으로 인해 발생한다고 보았다. 조절이론에 따르면 자본주의의 황금기가 종말을 고한 것은 내포적 축적체제를 근간으로 한 '대량생산과 대량소비의 선순환'이 깨어졌기 때문이다. 조절이론가들은 이를 '포드주의의 위기'로 규정했고, 노동생산성 증가율의 정체와 계급대립의 악화가 위기로 이어졌다고 주장했다.[5]

이러한 논쟁은 1970년대 초반에 발생한 전 세계적인 위기를 해석하는 데 마르크스의 이론을 어떻게 적용할 것인가를 둘러싼 첨예한 대립구도 속에서 이루어졌다. 논쟁에 참여한 사람들은 대부분 위기가 이윤율의 저하로 인해 일어난다는 주장을 공유하고 있기는 했지만 이윤율 저하의 원인을 어디서 찾을 것인가에 대해서는 다양한 견해를 보여주었다.

그러나 이 논쟁은 장기불황에 따른 자본주의의 구조적 위기를 설명하겠다는 문제의식에 부합하는 수준의 설명을 충분히 내놓지는 못했다. 즉, 이 논쟁의 과정에서 개진된 이론들은 자본주의 호황기가 어떻게 종말을 고했는가는 각기 나름대로의 방식으로 설명했지만 '구조적 위기가 왜 이렇게 오래 지속되는가' 라는 의문에는 별 다른 설명을 제시하지 못했다.

예를 들어 이윤압박이론은 "노동에 대한 초과수요 상태에서 이루어지는 자본축적은 단기에는 이윤압박을 가져올 수 있지만 장기간의 체계적인 경기침체를 일으킬 수는 없다"는 비판에 대해 별다른 해명을 제시하지 못했다. 이윤압박론자들은 무엇보다도 경제위기의 책임을 노동자에게서 찾는 듯하는 태도를 취하고, 근본적으로 중요한 생산의 영역보다 분배의 영역을 더 강조한다는 점에서 문제가 있었다. 그런가 하면 근본주의자들은 '이윤율 저하의 근본원인'과 '이윤율 저하의 경향과 이를 상쇄하는 반경향 사이의 모순'을 충분히 분석하지 못했으며, 왜 이윤율의 점진적인 저하가 갑자기 위기로 폭발하게 되었는지에 대한 설명도 부족했다.

두 번째 논쟁은 '자본간 경쟁'으로 이윤율의 하락과 장기침체를 설명한 로버트 브레너R. Brenner의 연구에 의해 촉발되었다.[6] 브레너는 전후에 전쟁의 폐허를 극복하고 빠른 경제성장을 이룩한 일본과 독일 같은 후발 선진국이 시장을 지배하고 있던 미국과 경쟁하게 되면서 1970년대부터 장기침체가 나타났다고 주장했다. 그는 후발국의 값싼 상품이 세계시장을 잠식하고 미국의 경쟁력이 하락하는 상황에서 미국이 투자를 새로운 산업으로 적절히 이동하지 못하고 가격경쟁을 통해 일본과 독일을 따돌리려 했기 때문에 과잉생산과 과잉설비가 재생산되면서 이윤율의 장기적인 하락을 초래해 장기불황이 일어났다고 주장했다.

또한 과잉생산과 과잉설비의 문제가 해결되지 않은 상황에서 미국이 환율조정을 통해 미국 제조업의 상대비용을 줄이려 했기 때문에 이윤율 하락이 일본과 독일로 확산되어 장기침체가 지속되었다고 브레너는 주장했다. 다시 말해 재정적자와 무역수지 적자로 고통 받던 미국은 1985년 '플라자 합의Plaza Accord'를 통해 '약한 달러' 정책을 유지함으로써 미국기업의 경쟁력을 향상시킬 수 있었지만, 일본이나 독일은 이 합의로 인한 미국과의 환율 조정으로 경쟁력이 약화되었다. 따라서 전 세계적으로는 장기침체가 지속되었다는 것이다.

이러한 브레너의 주장은 열띤 논쟁을 일으켰다. 브레너를 옹호하는 입장에 선 사람들은 그의 연구가 1970년대 이후의 장기침체에 대한 탁월한 저작이며 기존 이론의 오류를 반박한 '명쾌한 분석'이라고 찬사를 보냈다. 반면 비판적인 입장에 선 사람들은 브레너의 연구가 기존의 연구에서 크게 벗어난 것은 아니며 이론적으로나 실증적으로 많은 오류를 가지고 있다고 지적했다.[7] 특히 국제경쟁에 직면한 부문의 이윤율 하락은 크지 않았으며, 생산과정의 동학을 분석하지 않고 자본 간의 경쟁으로 위기를 설명하는 것은 한계가 있다는 반박이 제시된 바 있다.

3. 뒤메닐과 레비의 구조적 위기이론

1970년대 이후 구조적 위기를 둘러싼 논쟁은 이윤율 저하를 어떻게 설명할 것인가와 왜 이것이 오랫동안 지속되었는가를 두고 벌어진 것이었다. 이러한 맥락에서 뒤메닐과 레비의 《자본의 반격-신자유주의 혁명의 기원 Capital Resurgent: Roots of Neoliberal Revolution》은 1970년대 이후 구조적 위기에 대한 논쟁에 새로운 시사점을 제시하고 있다.

뒤메닐과 레비는 근본주의자와 유사한 관점에 서서 1970년대 이후 구조적 위기에 대한 실증적 분석을 제시한다(이 책의 2부 '위기와 실업'을 참조하라). 두 사람에 따르면 이윤율은 자본주의 발전에 가장 중요한 변수로 자본축적과 경제성장을 결정하는 요인이며, 거시경제의 변화와 자본주의의 역사적 동학을 이해하는 데 가장 중요한 요인이기도 하다.

뒤메닐과 레비의 연구는 '자본의 유기적 구성 고도화에 따라 이윤율이 하락한다'는 마르크스의 '이윤율 저하경향'을 적용하여 1970년대에 나타난 이윤율의 하락경향을 실증적으로 엄밀하게 분석한다. 이들은 이윤율이 주로 기술과 임금에 의해 결정된다고 파악하고, 그 분석 과정에서 노동생산성과 자본생산성, 실질임금, 자본의 기술적 구성(자본-노동 비율) 등에도 초점을 맞춘다. 이들의 분석은 1970년대 이후 나타난 구조적 위기는 1960년대 이후에 주로 기술진보의 둔화로 인해 이윤율이 지속적으로 하락했기 때문이며 임금상승의 둔화도 그로 인한 결과임을 상세하게 보여준다. 이 시기에는 자본생산성의 하락, 실질임금 상승률의 둔화, 자본의 기술적 구성의 급격한 상승, 자본축적의 둔화, 투자의 정체가 나타났으며 이로 인해 대량실업이 발생함으로써 구조적 위기가 지속되었다.

이러한 위기는 경기의 확장, 후퇴, 수축, 회복의 주기적 순환에서 나타나는 위기가 아니라 자본주의 체제의 내적 모순이 발전함에 따라 일어나는 구조적 위기다. 이처럼 뒤메닐과 레비는 위기를 보다 장기적이고 역사적인 시각으로 바라보며, 실제로 이 책에서 역사적으로 나타난 위기들을 비교 분석하여 보여준다. 두 사람에 따르면 1970년대 이후 나타난 구조적 위기는 역사적으로 처음 발생한 사건이 아니다. 19세기 말에서 20세기 초까지의 시기에도 이윤율 하락, 자본생산성 하락, 노동생산성 증가율과 실질임금 상승률의 둔화, 자본의 기술적 구성의 급격한 상승으로 구조적 위기가 발생했다. 즉 1970년대 이후와 19세기 말~20세기 초는 이들 변수가 거의 동일하게 변화하며 이윤율이 하락한 구조적 위기의 시기였다. 뒤메닐과 레비는 이 두 시기의 지배적인 추세가 '마르크스가 자본주의의 기본적 경향으로 인식한 것'과 같다는 의미에서 두 시기를 '마르크스가 분석한 궤적 trajectory à la Marx'을 따른 '마르크스의 시기period à la Marx'라고 불렀다.

결국 이윤율에 초점을 맞추며 1970년대 이후의 구조적 위기를 역사적으로 분석한 뒤메닐과 레비의 노력은 구조적 위기가 자본주의에 내재한 것이며 자본주의의 역사적 경향에 대한 마르크스의 분석이 일관되게 자본주의 역사에 적용될 수 있음을 잘 보여준다.

4. 금융이 주도한 신자유주의에 대한 뒤메닐과 레비의 분석

뒤메닐과 레비의 분석이 지닌 또 다른 특징은 이윤율의 저하 경향과

제도 및 정책의 변화를 결합했다는 것이다. 즉 그들은 이윤율의 장기 하락으로 인해 나타나는 구조적 위기를 극복하는 과정에서 새로운 제도와 정책이 출현하여 자본주의 발전의 새로운 경로가 나타난다고 주장한다(이 책의 4부 '역사적 교훈'을 참조하라).

제도 및 정책의 변화와 관련해서 뒤메닐과 레비는 자본주의 발전을 세 시기로 구분한다. 첫 번째 시기는 19세기 말에서 20세기 초의 구조적 위기를 극복하는 과정에서 나타난 소유와 경영의 분리를 바탕으로 경영혁명과 관리혁명, 그리고 현대적 금융이 출현한 시기다. 19세기 말에서 20세기 초까지는 이윤율이 하락하고 구조적 위기가 나타난 시기였다. 구조적 위기가 발생하자 위기를 극복하기 위한 자본의 대응이 신속하게 이루어졌고, 이 과정에서 법인혁명과 관리혁명, 현대적 금융이 출현했으며, 자본은 기술과 분배의 장기적인 역사적 경향을 이윤율 상승의 방향으로 변화시켰다.

두 번째 시기는 20세기 초의 구조적 위기 극복 이후 1950년대까지, 즉 뉴딜정책과 케인스주의가 출현한 시기다. 뒤메닐과 레비에 따르면 이 시기는 노동생산성이 급등하고 자본생산성도 상승했으며, 자본의 기술적 구성이 상당히 완화되고 실질임금의 증가율이 상대적으로 높았지만 이윤율도 상승한 시기였다. 물론 이 시기에는 대공황과 2차 세계대전으로 인해 거시적 불안정이 나타났지만 법인혁명과 관리혁명과 함께 뉴딜정책과 케인스주의와 같은 또 다른 제도적 장치가 마련되었고, 이를 바탕으로 전후에 장기호황이 실현될 수 있었다.

특히 이 시기의 중요한 특징은 케인스주의 국가개입이다. 케인스주의 정책은 사적 창의력을 인정하고 생산수단에 대한 사적 소유권을 보장하며, 금융의 헤게모니를 제한하고 거시적 안정을 위해 경제

상황에 따라 경기안정화 정책(통화정책이나 재정정책)을 이용하여 총수요를 조절하는 것이었다. 또한 케인스주의 정책은 노동자와의 계급타협을 통해 일자리의 보장, 노동조건의 보호, 구매력의 증가뿐만 아니라 사회보장의 강화도 추진하도록 했다. 이러한 케인스주의 정책으로 인해 이 시기에 장기호황이 나타났던 것이다.

자본주의 발전의 세 번째 시기는 1970년대의 경제위기 이후 등장한 신자유주의 시기다. 이 시기는 두 번째 시기가 끝난 뒤에 곧바로 나타나지는 않았는데, 이는 케인스주의의 강력한 경기안정화 정책과 베트남 전쟁에 따른 재정지출로 1960년대에 이윤율 하락이 저지되었기 때문이다. 뒤메닐과 레비는 이를 '케인스주의(와 인플레이션을 이용한) 유예'라는 표현으로 설명했다. 그러나 이러한 지연은 일시적인 현상이었으며, 1960년대 말부터는 이윤율이 하락하면서 새로운 구조적 위기가 나타났다. 이 시기는 첫 번째 시기와 마찬가지로 이윤율 하락, 자본생산성 하락, 노동생산성 증가율과 실질임금 상승률의 둔화, 자본의 기술적 구성의 급격한 상승이 나타난 시기였다. 이러한 구조적 위기가 자본의 새로운 대응을 야기했고, 마침내 신자유주의가 등장했다.

뒤메닐과 레비에 따르면 신자유주의의 핵심은 케인스주의 시기에 억압되어 있던 금융의 권력이 회복된 데 있다(이 책의 3부 '금융의 지배'를 참조하라). 신자유주의 시대에 나타난 금융권력의 회복은 정치적 성격을 띤 사건이며 계급투쟁의 직접적인 표현이다. 1970년대 이후 구조적 위기가 발생하자 금융권력은 자신의 수익을 회복하기 위해 과거의 제도와 정책을 자신의 이익에 맞게 바꾸려 했다. 이 과정에서 뒤메닐과 레비가 말한 '1979년 쿠데타', 즉 1979년에 일어난 통화정책의 변화가 결정적인 역할을 했다. 인플레이션이 심각한 상황에서 이를 막기 위한 수단으로 급격한 금리인상이 추진되었고, 이를 선동한 금융권력은 수익을 회복하고 자신에 맞는 제도와 정책을 만들어냈던 것이다.

그러나 금리인상만으로 금융의 권력이 완벽하게 회복된 것은 아니었다. 따라서 금융권력은 한편으로는 신자유주의 정책을 더욱 강제했고, 다른 한편으로는 금융세계화를 통해 자본의 국제적 이동을 촉진했다. 금융권력이 추진한 신자유주의 정책은 제로에 가까운 인플레이션, 주식시장의 활성화, 배당의 증가를 중심으로 한 기업지배구조의 개혁, 임금압박과 노동시장의 유연화, 복지국가의 해체, 규제완화와 민영화, 연기금의 사유화 등으로 나타났다. 또한 금융세계화는 금융이 국내 중앙은행의 통제를 효과적으로 피하기 위해 자국 밖에서 활동할 수 있게 해주는 '유로마켓Euromarket'을 성장시켰다. 유로마켓은 1970년대 초에 브레튼우즈 체제가 붕괴되면서 환율제도가 고정환율제에서 변동환율제로 바뀌면서 크게 성장했다. 이러한 상황에서 금융권력은 금융세계화를 이용하여 국제적 자본이동을 활성화하고 전 세계적으로 금융이익이 관철될 수 있는 조건을 만들어냈다.

그러나 뒤메닐과 레비의 분석에 따르면 이러한 신자유주의를 통한 금융권력의 회복은 자본주의의 역사적 발전에 부정적인 영향을 주고 있다. 신자유주의는 금리인상과 배당지불의 증가를 이용해 구조적 위기를 연장시켰다. 1980년대 이후에는 자본생산성의 상승과 이윤몫의 증가로 이윤율이 회복되었음에도 불구하고 급격한 금리인상으로 인한 기업의 부채 증가로 기업의 수익성은 큰 압박을 받았으며, 배당지불의 증가로 기업의 유보이윤은 회복되지 못했다. 금리의 급격한 인상으로 기업의 부채뿐만 아니라 정부의 공공부채도 눈덩이처럼 불어났으며, 구조적 위기로 나타난 대량실업, 고용불안에 직면해 있던 노동자들의 소득이 감소하고 이자 지불 부담의 증가로 가계부채도 크게 증가했다. 더욱이 금융세계화가 급속도로 추진되는 과정에서 전 세계의 거의 모든 나라들이 금융위기를 겪었다. 미국, 일본, 프랑스, 영국 스칸디나비아 나라들과 같은 거의 모든 주요 선진국들이 금융위기를 겪었으며 남미, 동아시아 등 수많은 개도국들도 급격한 금융자유화의 영향으로 심각한 금융위기를 겪었다.

결국 지배계급은 금융부문을 통해 이윤을 뽑아내고 세금을 통해 수입을 늘리고 이자와 배당의 증가를 통해 그들의 소득을 회복했다. 이것은 뒤메닐과 레비의 표현을 빌리자면 범죄에 해당되는 것이며, 이 범죄로부터 이득을 취한 집단은 소수의 특권적인 금융집단이었다. 그리고 그 반대편에는 사회적 불평등의 심화, 선진국과 후진국의 국가 간 격차의 확대로 인해 지구상에 사는 대다수의 사람들이 빈곤, 가난, 질병, 사회적 배제를 경험해야 했다. 이것이 1970년대 이후 구조적 위기에 대한 대응으로 나타난 금융주도 신자유주의의 실망스런 성적표이다.

5. 뒤메닐과 레비의 이론에 대한 비판적 논평

그렇다면 뒤메닐과 레비의 이론은 어떤 장단점을 갖고 있을까? 두 사람의 이론을 앞서 간략하게 이야기한 1970년대 구조적 위기를 설명하는 다른 이론들을 비교하는 방식으로 그 장단점을 간략히 살펴보도록 하자.

1970년대 구조적 위기를 설명하는 대부분의 다른 이론들은 위기가 발생한 원인을 대체로 명확하게 설명하고 있다. 예를 들어 이윤압박 이론은 자본과 노동 간 계급투쟁에서 나타나는 임금상승이 이윤율을 저하시켜 구조적 위기가 발생했다고 주장하며, 브레너는 자본 간 경쟁으로 인해 나타나는 가격경쟁과 과잉생산이 이윤율 저하를 가져와 구조적 위기가 발생했다고 본다.

그러나 뒤메닐과 레비의 이론은 이윤율 저하와 위기 발생의 메커니즘을 명확하게 제시하고 있는 것 같지 않다. 이들은 이윤율을 기술진보와 임금이라는 두 측면으로 나누어 설명하면서 주로 기술진보의 정체가 이윤율의 저하를 가져왔다고 설명하지만, 어떠한 요인이 기술진보의 둔화를 가져왔는지에 대해서는 뚜렷한 분석을 제시하지 않는다. 즉 이들의 연구는 이윤율, 기술진보, 노동생산성, 자본생산성, 자본의 기술적 구성의 역사적 변화를 실증적으로 분석하고 제도와 계급정치의 변화도 이에 기초해서 설명하는 강점을 가지고 있지만, 이러한 분석은 여전히 사후적이며 역사에 대한 묘사에만 그친다는 한계가 있다. 특히 기술변화와 분배를 둘러싼 여러 변수들은 계급갈등과 밀접한 연관을 가지고 있음에도 불구하고 두 사람은 자본주의 자체의 역사적 동학과 계급관계로부터 그런 변수들의 변화를 설명하지 않는다. 따라서 이들의 이론에서 이윤율 저하로 나타난 구조적 위기는 몇 가지 변수들의 역사적 변화를 통해 실증적으로 확인될 수 있을 뿐이다.

그리고 뒤메닐과 레비의 분석은 구조적 위기 이후에 나타난 제도 및 정책의 변화에 대한 설명에서도 그렇지만 그런 변화와 계급투쟁의 관계에 대한 설명에서도 한계를 보여준다. 두 사람의 관점에서 보면 계급투쟁은 역사의 원동력이며 제도 및 정책의 변화를 결정짓는 중요한 요인이다. 예를 들어 19세기의 경영혁명은 노동자에 대한 회유에 기초하여 대기업이 주도했던 계급타협의 산물이며, 1970년대 이후 등장한 신자유주의 시대의 금융권력 부상은 노동계급이 철저하게 패배한 이후 억눌려 있던 금융계급이 격렬한 계급투쟁을 통해 재등장한 것이다.

이러한 계급투쟁 분석은 1970년대 위기논쟁에서 중요한 역할을 했다. 즉 이윤압박이론은 노동계급의 격렬한 계급투쟁으로 인해 위기가 발생했다고 설명했고, 조절이론도 계급투쟁의 결과로 자본과 노동의 사회적 타협이 황금기의 안정적인 축적체제를 만들어 냈으며 이후 노동계급의 저항이 이러한 안정적인 축적체제를 불안하게 하는 요인이었다고 지적했다. 반면 브레너는 자본 간 경쟁이 위기를 가져왔다는 상반된 시각을 가지고 있었다.

그러나 뒤메닐과 레비는 구조적 위기는 경제변수들의 변화로 설명하고 그 이후의 제도 및 정책의 변화는 계급투쟁의 결과라고 설명함으로써 구조적 위기와 계급투쟁의 관계를 명확하게 해명하지 않는다. 결국 계급투쟁은 제도 및 정책을 변화시키는 주요 요인임에도 불구하고 여전히 그들의 분석에서 중심적인 위치를 차지하는 것 같지는 않으며 단지 끼워 넣어졌다는 인상을 남긴다. 한편, 금융계급이 자신의 소득과 권력을 회복하기 위해 위기를 이용했다는 주장은 위로부터의 계급투쟁을 강조하여 신자유주의의 폭력적인 성격을 잘 보여주지만 '1979년 쿠데타'와 같은 특정한 사건을 너무 강조하고 있다. 따라서 구조적 위기와 이에 대응하는 계급투쟁 간의 복잡한 상호작용이 더욱 자세히 분석될 필요가 있을 것이다.

마지막으로 살펴볼 것은 뒤메닐과 레비가 말하는 '구조적 위기의 종언'이다. 구조적 위기 때 나타나는 이윤율의 하락만을 고려한다면 구조적 위기는 이미 끝났다고 말할 수 있다. 두 사람은 최근 들어서 이윤율 상승이 나타나고 있으며 위기 이전의 수준에 육박하고 있다고 본다. 이들은 "1970년대의 위기가 극복된 것은 이윤율의 상승에서 뚜렷이 알 수 있다. 그 이면에서 임금비용의 정체와 자본생산성의 상승이 함께 작용해 고정자본(건물과 기계)의 절약을 촉진한 것이 중요했다. 특히 자본생산성의 상승이 가장 중요했으며 이로 인해 이윤율 하락이 역전되어 새로운 성장의 길로 들어설 수 있었다"라고 언급하고 있다. 그러나 역시 이 과정에서도 기술변화와 자본생산성 상승 자체의 변화와 체제의 작동에 대해 보다 내생적인 분석이 필요할 것이다.

한편 뒤메닐과 레비는 1990년대 후반의 축적률 회복에도 불구하고 이윤율의 상승경향이 자본축적의 회복과 일치하지 않는다는 평가를 내린다. 이러한 평가는 금융권력이라는 요소를 생각해 보면 쉽게 이해할 수 있다. 신자유주의 시기에는 금융계급이 금융부문을 통해 이윤을 뽑아내고, 세금을 통해 수입을 늘리고, 이자와 배당의 증가를 통해 그들의 소득을 회복했던 것이다. 금융은 실물경제를 위해 자금을 조달해주기보다는 금리지불과 엄청난 배당을 통해 기업이 사용할 수 있는 자금을 오히려 줄였다. 따라서 이윤율의 회복에도 불구하고 기업의 투자를 위해 보다 중요한 유보이윤율이 감소했고, 분배상황은 악화되었으며, 금융 불안정이 심각한 상태에 이르렀다. 따라서 금융계급이 자신들만의 이익을 추구하는 과정에서 구조적 위기가 종언된 것이 아니라 새로운 불안정이 확대되고 있다고 그들은 평가한다.

그렇다면 앞으로는 어떤 체제가 도래할 것인가. 뒤메닐과 레비는 여전히 미래의 열려 있는 가능성, 계급갈등, 정치의 중요성을 강조하면서도, 미국의 경우 금융자본가와 스톡옵션을 부여받은 상층부 관리자 등의 연합에 기초한 새로운 체제의 도래를 조심스럽게 전망하는 듯하며 프랑스에서도 유사한 변화가 나타날 가능성이 있다고 지적한다.[8] 물론 그러한 체제의 아킬레스건은 현재의 미국 사회가 보여주듯이 양극화의 심화와 불안정, 그리고 국제적인 불균형 등일 것이다.

6. 새로운 마르크스주의 위기이론의 발전을 위하여

위에서 1970년대 이후 구조적 위기와 신자유주의에 대한 뒤메닐과 레비의 이론을 살펴보았다. 뒤메닐과 레비의 주장은 다음과 같이 요약할 수 있다. 두 사람은 마르크스의 이윤율 저하경향을 적용하여 구조적 위기를 분석하고, 그 분석을 위기 이후 등장한 제도 및 정책의 변화와 연관지어 자본주의의 장기적인 발전과정을 설명한다. 이들은 19세기 말의 구조적 위기와 마찬가지로 1970년대 이후 자본주의의 구조적 위기도 이윤율의 하락, 자본생산성의 하락, 노동생산성 증가율과 실질임금 상승률의 둔화, 자본의 기술적 구성의 급격한 상승으로 인해 발생했다고 분석하고, 이 시기를 '마르크스가 분석한 궤적'을 따르는 '마르크스의 시기'로 규정했다. 또한 두 사람은 구조적 위기가 새로운 제도와 정책을 창출한다는 관점에서 1970년대 이후 나타난 자본주의의 새로운 체제를 '위기를 이용해 특권적인 소수의 금융계급이 주도한 계급투쟁의 결과로 발생한 금융주도의 신자유주의'로 파악한다. 마지막으로 그들은 이러한 금융주도 신자유주의가 국내외적으로 부정적인 결과를 가져왔다고 주장한다.

이러한 뒤메닐과 레비의 이론은 마르크스주의 위기이론의 새로운 발전에 도움이 되는 많은 시사점을 던져준다. 무엇보다도 두 사람의 분석이 자본주의 발전의 역사적 경향을 통해 1970년대 이후 나타난 구조적 위기를 해명하고자 한다는 점이 주목된다. 이는 마르크스주의 위기이론도 1970년대 위기를 넘어서 자본주의의 역사적 발전에 대한 장기적인 시각을 발전시킬 필요가 있음을 보여주는 것이다. 또한 대부분의 다른 위기이론이 금융부문과 구조적 위기의 연관을 뚜렷하게 분석하지 못하고 금융이나 외환부문을 간과하는 것과는 달리, 뒤메닐과 레비의 이론은 부분적으로나마 구조적 위기와 금융의 연관을 분석하고 있다는 점에서 마르크스주의 위기이론이 해명해야 할 새로운 과제를 제시하고 있다.

그러나 대부분의 다른 이론들처럼 뒤메닐과 레비의 이론도 오늘날 세계 자본주의를 해명하는 데 필수적인 세계화나 초국적 기업, 그리고 금융자본의 운동을 세계 자본주의의 위기와 관련해서 자세히 해명하고 있지는 못하다. 이러한 변화는 위기의 한 산물로서 설명되기는 하지만, 이것이 구조적 위기와 맺는 복잡한 상호작용에 관해서는 보다 발전된 이론적이고 역사적인 분석이 제시되어야 할 것이다.

가장 근본적으로는 역시 이윤율 변화에 중요한 역할을 하는 기술 변화로 인한 자본생산성의 변화 자체에 대한 분석이 자본주의의 동학이나 계급투쟁과 관련지어 보다 풍부하게 발전되어야 할 것이다. 또한 앞으로 발전될 위기이론은 세계 자본주의의 역사적인 전개에서 나타나는 주기적인 위기와 구조적 위기의 연관을 해명하고, 각국에서 발생하는 주기적인 위기의 고유한 특성과 이러한 위기가 발생하는 독특한 맥락과 정책의 효과 등에 대해 분석해야 할 것이다. 특히 금융세계화와 함께 빈발하고 있는 외환금융위기와 미국의 거시적 불균형, 나아가 국제적 불균형과 같은 위기의 새로운 조건에 대해서도 더 많은 연구가 이루어져야 할 것이다.[9]

이러한 측면에서 뒤메닐과 레비의 이론을 한국에 처음으로 소개하는 이 책이 국내의 위기이론 연구에도 새로운 시사점을 던져주고 이론의 발전에 작은 보탬이나마 될 수 있기를 바란다. 오역이 있다면 모두 역자들의 책임이다. 하지만 이 책을 읽고 1970년대 이후의 구조적 위기와 신자유주의에 대해 보다 깊은 안목을 갖게 될 것인지 여부는 독자들의 몫일 것이다.

2006년 정초
이강국, 장시복

주석

1부 위기와 신자유주의

1장 이상한 변화의 동학
1) United Nations Development Program, *Human Development Report 1997* (New York: Oxford University Press, 1997), p. 3.
2) United Nations Development Program, *Human Development Report 1999* (New York: Oxford University Press, 1999), p. 3.
3) 이와 동시에 미국에서는 세기말의 경기침체가 발생하기 이전까지 신경제new economy를 찬양했다. Council of Economic Advisers, *Economic Report of the President* (Washington, D. C.: Government Printing Office, 1999)를 보라. 언론은 미국의 경제성장, 부 등에 관해 칭찬을 퍼붓는데 혈안이 되었다.
4) 사회적 배제라는 개념을 사용하는 이유는 자본축적의 동학과 관계없는 과정에 대해 말하려는 것이 아니라 마르크스가 '궁핍화의 지옥hell of pauperism'이라고 부른 개념 속에 살아 있는 산업예비군층에 주목하기 때문이다. Karl Marx, *Capital* (1867: New York: Vintage, 1977), Vol 1. Chap. 25, 김수행 옮김, 《자본론》(비봉출판사, 2004), 1권(하), 25장.

2장 경제위기와 사회질서
1) 가장 급진적인 시도들은 남미의 경우처럼 극단적인 폭력을 사용한 직접적인 행동으로 인해 무력화 되었다.
2) 예를 들어 J. Weinstein, *The Corporate Ideal in the Liberal State, 1900-1918* (Boston: Beacon Press, 1968)의 서문을 보라.

2부 위기와 실업

3장 1970년대와 1980년대의 구조적 위기
1) 자료의 부족으로 인해 유럽은 독일, 프랑스, 영국 세 나라만으로 분석을 제한한다. 1995년 이들 세 나라의 생산은 미국이 생산한 것의 70.2퍼센트와 같았는데, 이 중 독일이 33.5퍼센트, 프랑스가 21.2퍼센트, 영국이 15.5퍼센트를 차지했다.
2) 앞에서 언급한 것처럼, 출처와 계산은 부록 B에 소개했다. 우리는 이윤율 하락의 분석에 다양한 노력을 기울여왔다(부록 A). 또한 다음의 저작들을 보라. F. Moseley, *The Falling Rate of Profit in the Postwar United State Economy* (New York: St. Martin's Press, 1992), F. Moseley, "The Rate of Profit and the Future of Capitalism," *Review of Radical Political*

Economics 29 (1997): 23-4; A. Shaikh, "The Falling Rate of Profit as the Cause of Long Waves: Theory and Empirical Evidence," in *New Findings in Long Wave Research*, ed. A. Kleinknecht, E. Mandel, and I. Wallerstein (London: Macmillan Press, 1992), pp. 174-195; E. Wolff, "Structural Change and the Movement of Rate of Profit in the USA," in *International Perspectives on Profitability and Accumulation*, ed. F. Moseley and E. Wolff (Aldershort: Edward Elgar, 1992), pp. 93-121; R. Brenner, "The Economics of Global Turbulence," *New Left Review*, 229 (1998): 1-264, 전용복 · 백승은 옮김, 《혼돈의 기원》, (이후, 2001); M. Husson, "Après l'âge d'or: Sur le troisième âge du capitalisme," in *Le marxisme d'Ernest Mandel*, ed. G. Achcar (Paris: Presses Universitaires de France, 1999), pp. 49-78.
3) 모든 증가율은 실물변수variables in volume로부터 계산했다(다시 말해 가격상승을 조정했다).

4장 기술진보는 가속화되고 있는가 정체되고 있는가?
1) 이러한 '진보'가 생활양식이나 환경에 가져오는 결과에 관해서는 여기서 언급하지 않는다.
2) 1990년에서 1995년 사이의 기간에 노동생산성 상승률이 고작 1.1퍼센트로 성과가 특히 나빴기 때문에 이 시기의 생산성 상승이 더욱 두드러져 보인다. 이 분석에서 기술변화 조건의 근본적인 개선과 노동생산성의 변동으로 나타나는 경제활동의 변동(경기과열과 경기침체)이 미치는 영향은 구분할 필요가 있다.
3) 이 논리는 〈상자 3.1〉의 끝 부분에 소개한 공식으로 뒷받침된다.
4) Séminaire Marxiste, *Une nouvelle phase du capitalisme?* (Paris: Syllepse, 2001).

5장 일자리를 창출하는 미국, 실업을 창출하는 유럽
1) 이러한 국제비교에서는, 각 나라의 특정한 추세보다 서로 다른 나라들의 상대적인 수준을 측정하는 것이 훨씬 어렵다. 어떤 사람은 지금은 유럽의 경제성장률이 미국의 경제성장률보다 높은 데 대해 의아하게 생각할지 모르겠다. 가장 최근의 수준과 추세는 의심할 여지 없이 단순한 따라잡기라기보다는 각 지역의 특성이 반영돼 있다.
2) 총노동시간을 살펴보면 유럽과 미국의 구조적 차이가 잘 이해된다. 미국에서 총노동시간은 주당 노동시간의 감소로 인해 작게 증가했다. 유럽 세 나라에서는 사적 부문의 총 노동시간이 1974년 1,050억 시간에서 2000년 920억 시간으로 크게 감소했다.
3) 1990년대 공공부문에 고용된 인원은 유럽에서는 민간고용의 대략 20퍼센트를, 미국에서는 민간고용의 15퍼센트를 기록했다.
4) 일자리의 이러한 증가는 유럽에 비해 미국에서 인구의 자연적인 증가가 더 컸기 때문에 나타났다. 1999년 미국의 출생률은 1,000명 당 15명이었고 사망률은 1,000명 당 9명이었다. 유럽의 세 나라에서는 이 수치들이 다음과 같다. 독일 출생률 1,000명 당 10명, 사망률 1,000명 당 10명, 프랑스 12명, 9명, 영국 12명, 10명.

5) 만일 미국과 유럽의 자본축적률이 동일하다면, 자본 대 노동 비율의 증가가 고용창출(고용은 자본을 자본 대 노동 비율로 나눈 것과 같다)의 차이를 그대로 반영할 것이다. 축적률이 서로 같지는 않지만(〈그림 3.2〉), 고용창출이라는 말로 표현되는 모든 변화를 설명해주는 것은 역시 기술변화의 속도이다.

6장 노동비용의 억제와 복지국가에 대한 고삐 죄기
1) 프랑스와 같은 나라에서, 노동자를 고용하는 것은 포괄적으로 '사회복지'로 불리는 체제 안에서 일련의 편익(퇴직연금, 건강보험, 가족수당과 실업수당)을 누리는 데 필요한 사회적 조세의 지불로 이어진다.
2) 〈그림 6.1〉에서는 1990년대 후반의 미국의 노동비용의 증가가 눈에 띈다. 이 현상의 원인은 실업의 하락과 일자리의 증가와 관련이 있고, 그 결과는 노동생산성 증가율의 약간의 상승과 이윤율의 하락과 관련이 있다.
3) 100을 버는 피고용자는 142의 비용을 고용주에게 발생시킨다. 따라서 사회적 조세는 피고용자가 받는 것의 42퍼센트이고 고용주가 지불하는 총액(142)의 29퍼센트가 된다.
4) 이것은 1980년대 초와 1990년대에 뚜렷해진다.
5) 복리후생비의 일부는 사회보장세로 충당되지 않는다. 그 비율이 1999년에는 약 14퍼센트였다.
6) 전후 수십 년간의 번영으로 인한 상대적인 풍요가 어느 정도 낭비를 가져왔다는 것은 여기서 논의하지 않는다. 그러나 이러한 과잉은 다른 형태의 소비(예를 들어 자동차와 옷)에 의해 가능해진 과잉과는 다른 방식으로 측정되어야만 한다.

7장 실업은 피할 수 없는 일이었나?
1) 다른 모든 사정이 일정하고, 매년 0.5퍼센트 비율로 일자리가 증가한다면 20년 동안 약 10퍼센트의 더 많은 일자리를 만들어 낼 것이다(20년 동안의 증가율은 대략 다음과 같이 계산된다. 0.5퍼센트 × 20 = 10퍼센트).

8장 위기는 끝났는가?
1) 최근의 제한적인 증가에도 불구하고 자본스톡의 성장률이 둔화한 것은 미국의 투자가 회복되었다는 현실과 모순 되는 것처럼 보인다. 여기서 언급된 투자는 총투자이다. 즉 자본의 감가상각은 고려하지 않았다. 주택을 제외한 순사적투자의 비중으로 본다면 이러한 투자의 회복은 단지 1980년대에서 1993년까지의 하락을 따라잡은 것에 지나지 않는다. 1990년대 후반에 도달한 수준은 낮지는 않지만 그리 높지도 않은 것이다. '총' 투자와 '순' 투자의 구별이 중요하다. 총투자는 (소비 다음으로) 수요를 구성하는 요소이다. 수요창출과 관련한 경기순환을 연구할 때는 총투자가 설명요인으로 적절할 것이다. 그러나 현재 논의의 경우처럼 생산능력의 변화를 다루기 위해서는 순투자를 고려해야 한다. 순투자는 총투자에서 자본의 감가상각을 제한 것이다.

3부 금융의 지배

9장 금리충격과 배당의 부담

1) 왜 경제주체가 화폐금융 자산으로 부채를 갚지 않는가에 대해서는 여러 설명들이 있다. 어떤 경우에 금융자산은 (고객에 대한 신용과 같이) 사업에서 필수적일 수 있다. 다른 경우에는 투자가 부채의 비용보다 더 많은 이득을 주고 기업이 그로부터 이윤을 얻을 수도 있다(이 경우 금융자산의 기능은 금융중개financial intermediary 수단이다). 또한 유동자산을 보유하는 것이 현재의 거래에 필요할 수도 있다.
2) 3장에서 사용된 이윤율(《그림 3.1》)은 기술과 임금의 영향을 연구하기 위해 조정된 것이다. 이 평가는 이윤을 (산출에서 총노동비용을 뺀) 아주 넓은 의미에서 보고 계산해서(즉 산출에서 노동비용을 뺀 것을 이윤으로 보고 계산해서) 그 결과를 (건물, 설비 등의) 고정자본으로 나눈 값이다. 여기서는 이윤율을 기업이 실제로 수취하는 것과 비슷하게 계산한다. 이전의 이윤율과는 두 가지 차이가 있다. 첫째, 자본은 더 이상 고정자본이 아니고 고정자본, 재고, 화폐금융 자산에서 부채를 뺀, 기업의 자산인 순자산net wealth으로 측정된다. 다시 말해 이는 차입되지 않은 기업의 자본이다. 둘째 세금과 순이자는 이윤에서 차감되고 부채와 화폐금융 자산의 차이인 순부채의 가치하락은 이윤에 더해진다(주식과 배당의 계산은 부록 B에 제시되어 있다).
3) 이러한 관계는 계량경제학 연구의 결과에서도 뚜렷이 나타난다. 프랑스, 독일, 일본에 관해서는, L. Bloch and B. Coeuré, "Profit-abilité, investissement des entreprises et chocs financiers: France, Allemagne, États-Unis, et Japon, 1970-1993," *Économie et Statistiques*, nos. 268-269(1993): 11-30을 참조하라.
4) 직접적인 설문이나 계량경제학 방법에 기초한 연구들은 모두 부채비율을 줄이려는 노력이 투자와 성장을 정체하게 만든 요인이었음을 보여준다. P. Artus, "Les entreprises françaises vont-elles rcommencer à s'endetter?" *Revue d'économie financière* 46 (1998): 143-162; H. Michaudon and N. Vannieuwehnhyze, "Peut-on expliquer les évolutions récentes de l'investissement?" *Notes de conjoncture de l'INSEE*, March 1998. 부채비율의 감소는 소기업들에게는 더욱 어려운 일이었다. B. Parangue, "Compétitivité et rentabilité des entreprises industrielles," *Banque de France*, Paris, 1995.
5) 미셸 위송은 프랑스에서 나타난 이윤율과 축적률의 이러한 괴리를 논의하면서 이를 자본주의가 시장을 확장하는 데 실패했기 때문이라고 설명한다. Michel Husson, "Après l'âge d'or: sur *Le Troisième âge du capitalisme*, in *Le marxisme d'Ernest Mandel*, ed. G. Achcar (Paris: Presses Universitaires de France, 1999), p. 74. 또한 M. Husson, *Les ajustements de l'emploi: Pour une critique de l'èconomètrie bourgeoise* (Lausanne: Page deux, 1999)를 참조하라.

10장 케인스주의 국가의 부채와 가계부채

1) 프랑스에서 이 비율이 높게 나타났다는 것이 퇴직연금이나 의료보험의 비용이 다른 나라

보다 높았음을 의미하는 것은 아니다. 하지만 사회적 세금의 형태로 모든 고용주들이 사회보장제도에 지불해야만 하는 비중은 확실히 높았다.

2) *Revue d'économie financière* 46 (1998)의 논문들과, J. J. Hyest and P. Loridant, "Surendettement, prévenir, et guérir," *Rapport d'information 60*, Sénat (1997)를 참조하라.

11장 세계 각국으로 번진 금융위기

1) 이 장에서 우리는 연방 저축보험공사의 *History of the Eighties: Lessons for the Future* (Washington, D. C.: Federal Deposit Insurance Corporation, 1997)에 많이 의존할 것이다.
2) 여기서 우리는 이러한 사건들의 정치적인 측면에 대해서는 논의하지 않을 것이다. 이는 이 책의 목적을 넘어서는 것이다. 이에 관해서는 Eric Toussaint, *La Bourse ou la vie, la finance contre les peuples* (Brussels: CATDM, 1998), 9장을 참조하라. 이 책은 외채증가를 공산주의에 대항하는 로버트 맥나마라Robert McNamara의 계획이라는 관점에서 파악한다.
3) 이에 관해서는, J. Lambert, J. Le Cacheux, and A. Mahuet, "L'épidémie de crises bancaires dans les pays de l'OCDE," *Observations et diagnostics économiques* 61 (1997): 93-138를 참조하라.
4) 가장 충격적인 파산은 1984년 콘티넨털 일리노이 내셔널 뱅크Continental Illinois National Bank와 신탁공사Trust Corporation의 파산이었다.
5) 12장의 미국 헤게모니에 관한 논의기 이러한 분석의 근거가 되는데, 우리는 이러한 환율 변동에 대해서 구체적으로 살펴볼 것이다(《그림 12.1》).
6) United Nations Conference on Trade and Development (UNCTAD), *Trade and Development Report* (New York: United Nations, 1999), p. 101. 제임스 토빈James Tobin 의 아이디어는 상당히 오래된 것이지만 국제적 자본이동에 대해 세금을 매기겠다는 토빈세가 새로이 관심을 끌고 있다. F. Chesnais, *Tobin or not Tobin?* (Paris: L'esprit frappeur, 1998).

12장 세계화와 미국금융의 헤게모니

1) 이러한 상황으로 인해서 제국주의에 관한 분석이 새롭게 인기를 끌고 있다. G. Duménil and D. Lévy, eds., *Le triangle infernal: Crise, mondialisation, financiarisation* (Paris: Presses Universitaires de France, 1999), part 2를 참조하라. 그리고 신자유주의 세계화에 대한 다음과 같은 여러 연구들을 참조. S. Amin, *Les défis de la mondialisation* (Paris: L' Harmattan, 1996); M. Husson, *Misère du capital: Une crituge du néolibéralisme* (Paris: Syros, 1996), part 2; F. Chesnais, ed., *La mondialisatin financière: Genèse, coût, et enjeux* (Paris: Syros, 1996), 서익진 옮김, 《금융 세계화》, (한울, 2002), 그리고 *La mondiasation du capital* (Paris: Syros, 1997), 서익진 옮김, 《자본의 세계화》, (한울, 2003); M. C. Esposito and M. Azuelos, eds., *Mondialisation et domination économique: La dynamique*

agnlo-saxonne (Paris: Économica, 1997); J. C. Delaunay, ed., *La mondalisation en question* (Paris: L' Harmattan, 1999).
2) 이것은 헬라이너Eric Helleiner의 유명한 책, *States and the Reemergence of Global Finance: From Bretton Woods to the 1990s* (Ithaca, N. Y.: Cornell University Press, 1994)의 핵심적 주장이다.
3) Actuel Marx, *L' hégémonie américaine*, vol. 27: dossier prepared by Gilbert Achcar, 2000.
4) B. Hoekman and M. Kostecki, *The Political Economy of the World Trading System: From GATT to WTO* (Oxford: Oxford University Press, 1996)에 실린 그림을 참조하라.
5) 수출된 재화가격과 국내총생산의 가격은 큰 차이를 보였다. 〈그림 12.1〉에 나온 것과 같이, 달러화에 대한 엔화가치는 미국과 일본 경제의 경쟁력의 상황을 충분히 정확하게 반영하지 않는다. 달러로 표시된 일본 수출품의 상대가격은 1990년대까지는 유지되었지만 그 이후 환율이 절하되었다. 이러한 변화를 평가하는 데 있어, 어떠한 기술발전과 이윤마진의 변화가 각각 나타났는지 고려해야 할 것이다.
6) 조셉 스티글리츠의 관점을 참조하라(〈상자 22.1〉).
7) 특히 자세하고 비판적인 논의는 Peter Gowan, *The Global Gamble: Washington's Faustian Bid for World Dominance* (London: Verso, 1999), 홍수완 옮김,《세계 없는 세계화》, (시유시, 2001)를 참조하라.
8) R. Altbach, "The Asian Monetary Fund Proposal: A Case Study of Japanese Regional Leadership," *Japan Economic Institute Report*, 47A (1997).
9) 돌이켜보면, 1974년 석유가격의 상승에 관해서도 몇몇은 미국이 그 경쟁자들, 특히 일본을 약화시키기 위한 의도적인 개입으로 파악한다. Gowan, *The Global Gamble*도 그와 같은 주장들 중 하나이다.
10) 저축은 일반적으로 엄격한 의미에서는 소득과 소비의 차이로 정의되는데 이는 여기서 사용된 정의보다는 광범위한 정의이다. 예를 들어, 가계는 보통의 의미의 저축을 가지고 그들의 주택구입에 사용하며 이는 소비의 일부는 아니다. 우리의 정의는 가계에 적용되면 이는 금융저축이다.
11) 조세회피가 가능한 조세낙원fiscal paradise의 확산이 이러한 구조를 모호하게 만든다. R. Palan, "Trying to Have Your Cake and Eating it: How and Why the State System Has Created Offshore," *International Studies Quarterly* 42 (1998): 625-644.
12) R. Hilferding, *Finance Capital: A Study of the Latest Phase of Capitalist Development* (1910; London: Routledge and Kegan Paul, 1981), 김수행·김진엽 옮김,《금융자본》, (새날, 1994); V. Lenin, *Imperialism: The Highest Stage of Capitalism* (1917; Peking: Foreign Language Press, 1973), 남상일 옮김,《제국주의론》, (백산서당, 1988).

13장 금융화, 신화인가 현실인가?

1) 프랑스의 경우, *sociétés d' investissement à capital variable* (SICAV)나 다른 *fonds communs de placement* (FCP)와 같은 기관투자가와 다른 금융기관들을 구분할 필요가 있다.

2) 펀드가 보유한 증권의 비율은 약 37퍼센트 정도인데 이는 주식가격의 변동을 반영해 상당히 변동했지만 1950년대 이래 상당히 안정적으로 유지되고 있다.
3) 로베르 부아예Robert Boyer의 최근 연구의 핵심적인 주제는 현대 자본주의의 다양성이다. 금융화를 분석한 그의 연구, "Deux enjeux pour le XXIe siècle: Discipliner la finance et organiser l' internationalisation," *Techniques financières et développement* 53 (1998): 8-19 에서 그는 국가 간의 차이를 강조하며, "미국경제의 금융화 정도가 가장 예외적으로 크다"라고 주장한다. 그가 1997년에 대해 보여준 그림은 우리가 보여준 것보다 훨씬 더 큰 차이를 보여준다. 그의 자료에 따르면, 소득에서 주식과 채권이 차지하는 비중은 미국에서는 1.45인 반면 프랑스에서는 0.20에 불과하다.
4) 이 그래프는 1997년에 끝난다. 이 장에서 분석된 주제에 관한 더 장기적인 통계분석은 현재 진행 중이다. A. Friez and P. Branthomme, "Les tableaux d' opérations financières, 1995-1998," *Banque de France*, Paris, 2000.
5) 〈그림 15.4〉는 주식가격을 보여준다. 〈그림 13.3〉에 볼 수 있듯이 1990년대 후반의 주가상승이 프랑스에서는 뚜렷하지 않다는 것은 놀라운 일이다. 그 이유는 프랑스의 가계가 점점 더 적은 주식을 보유하게 되었기 때문인데, 이는 흔히 말해지는 '대중적' 혹은 '임금노동자의 주식보유'와는 반대의 현상이다. 프랑스의 경우 비금융기업과 해외펀드의 주식보유가 크게 늘어났다.
6) N. Chabanas and E. Vergeau, "Explosion du nombre de groupes d' entreprises," *Les notes bleues de Bercy* 130 (1997): 1-8.
7) 국민계정에서 이러한 방식은 기업세정에서이 합병회계 처리consolidation와 같은 것인데, 이는 뭔가를 이중계산하는 것을 방지하기 위한 것이다. 그 기본적인 생각은 한 기업이 다른 기업의 일부를 보유한다고 해서 그 기업이 소속된 부문이 더 부유해지지는 않는다는 것이다.
8) 기업의 순부채가 아니라 총부채만 가지고 기업부채를 계산하는 것은 정확하지 않다. 이러한 혼란으로 인해 기업의 총부채 수준이 높아졌다고 해서 부채수준이 위험할 정도로 높다고 이야기할 수도 있지만 이는 틀린 것이다.
9) 몇몇 대규모 비금융기업들은 이제 은행과 같이 크레디트 카드 사업도 하고 있다.

14장 금융이 경제에 자금을 조달하는가?
1) 이러한 분석은 기업 전체를 대상으로 한 것이므로 어떤 기업으로부터 투자된 자본이 다른 기업의 발전에 기여하는 다양한 이질성을 간과할 수 있다. 이런 경우, 금융은 자본의 재분배 역할을 하며, 이는 전 세계적 축적에 대한 금융의 부정적인 영향과는 대비된다. 위험자본의 발전은 이런 이동성을 보여주는 하나의 지표이다.
2) 우리는 이미 이러한 다양한 변화를 보여주었다. ① 비금융기업에게 제공된 신용을 다른 투자와 구분하기는 불가능하지만 가계가 보유한, 주식 이외의 증권은 증가했다(〈그림 13.3〉과 〈그림 13.4〉). ② 미국가계의 차입은 증가했다(〈그림 10.4〉). ③ 재정적자도 증가했다(〈그림 10.1〉과 〈그림 10.2〉). ④ 미국의 자본수출도 증가했다(〈그림 12.3〉). ⑤ 금융

기관의 순자산은 급증했다(〈그림 13.1〉).
3) 은행 혹은 비은행 금융기관들은 신용과 통화를 동시에 창출한다.

15장 범죄로부터 이득을 얻는 사람들

1) 1990년대 후반의 주가급등은 여기에 나타나 있지 않다. 이는 주가상승에도 불구하고 프랑스 가계가 보유한 주식가치가 정체했기 때문이다(13장).
2) 두 나라 모두 가계의 금융자산의 보유는 〈그림 13.3〉과 〈그림13.4〉에 나와 있다.
3) United Nations Development Program, *World Report on Human Development* (Brussells: De Boeck, 1999), p. 39.
4) F. Arrondel, F. Guillaumat-Taillet, and D. Verger, "Montants du patrimoine et des actifs: Qualité et représentativité des déclarations des ménages," *Économie et Statistiques*, nos. 296-297 (1996): 145-164.
5) E. Wolff, Top Heavy (New York: New Press, 1996); and Wolff, "Who Are the Rich? A Demographic Profile of High-Income and High Wealth Americans," University of Michigan Business School, Working Papers series, no. 98-6 (1997). 또한 D. Henwood, *Wall Street* (London: Verso, 1998), 2장, 이주명 옮김, 《월스트리트 누구를 위해 어떻게 움직이나》 (사계절, 1999), 2장을 참조하라.
6) Wolff, "Who Are the Rich?" p. 11.
7) Institut National des Statistiques et Études Économiques, "Revenus et patrimoines des ménages," *Synthése*, no. 28 (1999): 81-94; S. Lollivier and D. Verger, "Patrimoine des ménages: Déterminants et disparités," *Économie et Statistiques*, nos. 296-297 (1996): 13-31.
8) F. Berthuit, A. Dufour, and G. Hatchuel, *Les inégalités en France: Évolution 1980-1996* (Paris: CREDOC, 1996).
9) Alain Bihr and Roland Pfefferkorn, *Déchiffrer les inégalités* (Paris: La Découverte et Syros, 1999)는 프랑스의 사회에서 나타난 불평등의 격차를 한편으로 1960년대와 1970년대의 그리고 다른 한편으로 신자유주의 시대를 대비하며 잘 보여준다. 임금격차는 1968년 5월 이후 줄어들었지만 신자유주의 시대에 증가했다. 실업에 직면했을 경우의 사회적 격차도 비슷한 모습을 보여준다. 또한 J. P. Fitoussi and P. Rosanvallon, *Le nouvel âge des inégalités* (Paris: Seuil, 1996)을 참조하라. Michel Pinçon and Monique Pinçon-Charlot, *Grandes fortunes* (Paris: Payot, 1998), 특히 1장은 이례적으로 부유층과 그 자산의 소유를 분석한 사회학적 연구이다.

4부 역사의 교훈

16장 역사적 선례, 19세기 말의 위기

1) 이러한 변화는 미국에만 한정된 것이 아니었다. 역사가들은 유럽, 특히 프랑스에서 1873

년에서 1895년 사이의 기간 동안 발생한 주요한 불황에 대해서 기록하고 있다. 하지만 자료부족으로 인해 이것이 미국에서처럼 이윤율 하락에 기인한 것인지 알기는 어렵다.
2) 힐퍼딩은 이러한 관계를 금융자본이라는 개념으로 분석했다. Hilferding, *Finance Capital: A Study of the Latest Phase of Capitalist Development* (1910; London: Routledge and Kegan Paul, 1981).
3) H. B. Thorelli, *The Federal Antitrust Policy: Organization of an American Tradition* (Baltimore: Johns Hopkins University Press, 1955).
4) A. D. Chandler, *The Visible Hand: The Managerial Revolution in American Business* (Cambridge, Mass.: Harvard University Press, 1977).

17장 구조적 위기 이후, 20세기와 19세기의 유사성

1) 에르네스트 만델Ernest Mandel은 자본주의의 역사적 역동성의 이러한 측면의 중요성을 강조했다. 그의 *Long Waves of Capitalist Development: The Marxist Interpretation* (Cambridge: Cambridge University Press and Éditions de la Maison des Sciences de l'Homme, 1980)을 참조하라.
2) 이 문제에 관해서, 우리는 G. Duménil and D. Lévy, *La dynamique du capital: Un siècle d'économie américaine* (Paris: Presses Universitaires de France, 1996)의 20장에서 명확한 결론을 내리지 않고 역사적인 비교만 했다. "너무 낙관적인 결론을 내리는 것은 시기상조인 것으로 보인다. 그러나 19세기 후반과 20세기 초반의 경험이 보여주듯 그 변화의 초기 단계에서는 그런 변화를 감시하기기 무척 어렵기 때문에 우리는 신중해야만 한다."
3) 노동조건과 그 전환에 대한 분석에 관해서는, S. Beaud and M. Pialoux, *Retour sur la condition ouvrière: Enquête aux usines Peugeot de Sochaux-Montbéliard* (Paris: Fayard, 1999)를 참조하라.
4) "컴퓨터 시대는 어디서든 볼 수 있지만 생산성 통계에서만 나타나지 않는다." R. Solow, "We'd Better Watch Out," *New York Times*, July 12, 1987, Book Review, 36.
5) 그러나 이미 노동규율은 작업장 수준에서 강력했고 낡은 경영관행은 엄격한 규칙, 반복되는 작업, 고된 속도의 노동을 해야만 하는 노동자를 이미 필요로 하고 있었다.
6) F. M. Scherer and D. Ross, *Industrial Market Structure and Economic Performance* (Boston: Houghton Mifflin, 1990).
7) 마이크로소프트의 사례가 보여주듯, 이러한 변화에 한계가 없는 것은 아니다.

18장 금융 헤게모니의 두 시기, 20세기 초와 20세기 말

1) 〈그림 15.6〉에 나온 통계는 전체 가계가 보유한 자산 중 최상층 1퍼센트 가계가 보유한 자산의 비중을 보여주는데 이것은 1920년대와 전후 기간 사이의 부의 분배의 변화를 수량적으로 보여줄 수 있는 유일한 자료이다. 이는 엄밀하지는 않지만 금융억압의 개념의 수량적인 차원을 보여준다. 이 1퍼센트 집단이 보유한 부는 대공황과 2차 세계대전 이후 크게 감소했다. 이 단순한 기준에 따르면 1970년대의 약화 이후 신자유주의는 2차 세계대전

이후 처음 몇십 년간에 지배적이었던 분배구조를 새로이 변화시켰는데, 이는 대공황 이전의 구조보다는 덜 집중된 것이었다.
2) "이 계획에 대한 주요한 반대는 은행가들, 특히 뉴욕의 대은행들로부터 나왔으며 이들은 다른 계획을 제시했다. 이 반대는 우선 전통적으로 대은행들이 지니고 있었던 통화정책에 대한 강력한 영향력을 유지하려는 욕구와 너무 자유로운 통화정책은 전후의 인플레이션으로 이어질 수도 있다는 우려에 기초한 것이었다." G. W. Domhoff, *The Power Elite and the State: How Policy Is Made in America* (New York: Aldine de Gruyter, 1990), p. 178.
3) 국제결제은행은 중앙은행들의 은행이다. 이 기관은 중앙은행들이 환율을 안정화시키기 위해 협조하는 것과 국제적 상거래를 발전시키는데 기여한다. 이는 또한 논의와 정보를 공유하는 장이다.
4) 이는 로버트 브레너에 의해 최근 다시 주장되었던 이론인데, 그는 미국과 전 세계 이윤율 하락이 제조업 경쟁의 심화로 인한 것이라고 설명한다. Robert Brenner, "The Economics of Global Turbulence," *New Left Review*, no. 229 (1998): 1-264.
5) 미국경제를 부양하기 위한 최후의 주요한 노력은 1974~1975년 경기침체 이후 지미 카터가 취한 정책이었다.
6) 그들은 거의 변화될 수 없는 준칙에 따라 통화량을 조절하는 정책을 지지하고 불균형에 신속히 대응하는 정책에 반대했다.
7) 이는 분명히 완전한 것은 아니었다. 1897년에서 1914년 사이의 기간 동안 인플레이션은 연간 평균 1.5 퍼센트였다. 이는 물론 제로는 아니었지만 무척 낮은 것이었다.

19장 1929년 위기가 남긴 교훈

1) 19세기 후반의 위기와 대공황의 본질적인 차이를 생각하면 우리는 장기파동의 관점을 무척 신중하게 해석해야 한다. 이러한 해석에 대해서는 P. Dockès and B. Rosier, *Rythmes économiques, Crises et changement social: Une perspective historique* (Paris: La Découverte/Maspero, 1983)를 참조하라.
2) T. F. Bresnahan and M. Raff, "Intra-Industry Heterogeneity and the Great Depression: The American Motor Vehicles Industry, 1929-1935," *Journal of Economic History* 51 (1991): 317-331.
3) 대공황의 원인으로는 흔히 수요창출과 관련된 조건이 언급된다. 이러한 관점에는 여러 가지가 있다. 공황의 원인에 관한 이론들 가운데 공황 그 자체의 역사만큼이나 오래된 이론인 동시에 아직도 프랑스에서 가장 대중적인 이론은 임금에 비해 이윤의 수준이 상대적으로 높은 것과 관련이 있는 소비부족 이론이다. M. Leven, H. G. Moulton, and C. Warburton, *America's Capacity to Consume* (Washington, D.C.: Brookings Institution, 1934); M. Aglietta, *A Theory of Capitalist Regulation* (London: New Left Books, 1979), 성낙선 외 옮김,《자본주의 조절이론》, (한길사, 1994) 등을 참조하라. 아이작 조슈아는 최근의 연구에서 우리와 마찬가지로 이 이론을 비판했다. 1920년대에 이윤이 그렇게 높지는 않았다는 것이다. I. Joshua, *La crise de 1929 et l'émergence américaine* (Paris: Presses

Universitaires de France, 1999)를 참조하라. 이 이론에 대해 조슈아는 자본주의의 구조적 특징의 발전과 관련이 있는 수요의 불안, 다시 말해 수요가 점점 시장과 고용에 의존하게 되었다는 이론을 제시한다. 우리는 이러한 변화와 그것이 초래한 불안정을 부정하지는 않지만, 우리가 보기에는 화폐금융 메커니즘의 폭발이 더욱 중요한 역할을 했다. 우리는 '불안정화의 경향' 이론의 일부로 수행한 다른 연구에서 자본주의 내에는 불안정이 심화되며 이는 불안정 심화로의 역사적 추세가 있으며 제도의 발전과 그것을 교정할 수 있는 정책에 의해 관리되어야만 한다고 주장했다. 우리는 이러한 조정이 1920년대에 충분히 이루어지지 않았다고 주장했다.

4) J. A. Miron and C. D. Romer, "A New Monthly Index of Industrial Production, 1884-1940," *Journal of Economic History* 50 (1990): 321-337.
5) H. Stein, *The Fiscal Revolution in America* (Chicago: University of Chicago Press, 1969).
6) C. P. Kindleberger, *The World in Depression, 1929-1939* (Berkeley: University of California Press, 1973), 박명섭 옮김, 《대공황의 세계》, (1998, 부키).
7) 현재 나타나고 있는 미국의 압도적인 지배도 불안정을 심화시키는 것으로 해석될 수 있다 (12장).
8) M. Friedman and A. Schwartz, *A Monetary History of the United States, 1867-1960* (Princeton: Princeton University Press, 1963).

20장 자본이동과 주식시장 열풍
1) 이 식에서 주식의 시장가치는 분모이다. 이 값이 이윤이나 배당보다 더 변동이 심하기 때문에 두 비율은 위기의 기간에는 높고 2000년에는 낮다.
2) W. A. Brown, *The International Gold Standard Reinterpreted* (New York: NBER, AMS Press, 1940).
3) 케인스는 사적 주체들이 차입하는 것에 동의하는 한, 그리고 아마도 은행 시스템이 대출을 할 용의가 있는 한 통화정책이 거시경제 안정의 주요한 결정요인이라 생각했다. 재정 적자는 어떤 상황에서도 사용될 수 있지만 위험이 높거나 금리가 낮아서 사적 주체들이 신용을 충분히 빌리지 않거나 은행 시스템이 대출을 해주려 하지 않는 상황에서는 재정적자가 특히 중요하다. 이런 문제에 관해서는, J. M. Keynes, *The Means to Prosperity*, in *The Collected Writings of John Maynard Keynes* (London: Macmillan, St. Martin's Press for the Royal Economic Society, 1933), 11: 335-366을 보라.

21장 금융 헤게모니의 두 시기 사이의 간기, 번영의 30년
1) 여기서 우리는 '영광의 30년'으로 가능하게 된 결과와 무엇이 그것을 가능하게 했는가를 구분해야만 한다. 우리는 임금상승을 번영의 여러 조건 중 하나로 생각하지는 않는다. 반대로 우리는 이 번영이 성장을 침해하지 않고 임금상승을 가능하게 한 조건을 창출했다고 믿는다. 이는 조절이론가와의 차이점인데, 이들은 전후 몇십 년간의 번영은 1920년대와 다르게 노동생산성과 임금의 동시적인 상승 덕분이라고 설명한다. R. Boyer, *The*

Regulation School: A Critical Introduction (New York: Columbia University Press).
2) 예를 들어, A. D. Chandler, *The Visible Hand: The Managerial Revolution in American Business* (Cambridge, Mass.: Harvard University Press, 1977); J. K. Galbraith, *The New Industrial State* (London: Penguin Books, 1969), 최황렬 옮김, 《새로운 산업국가》, (홍익사, 1979).
3) 핵심적인 참고문헌은 A. Berle and G. Means, *The Modern Corporation and Private Property* (London: Macmillan, 1932).
4) Galbraith, *The New Industrial State*.
5) F. Bloch-Lainé, *Pour une réforme de l'entreprise* (Paris: Éditions du Seuil, 1963).
6) 프랑스에서는 '혼합경제' 혹은 '제3의 길'이라는 단어가 사용되었다.
7) C. Johnson, *MITI and the Japanese Miracle: The Growth of Industrial Policy, 1925-1975* (Stanford: Stanford University Press, 1982); C. Sautter, *Les dents du géant: Le Japon à la conquête du monde* (Paris: Oliver Orban, 1987) 등을 참조하라.
8) 앨리스 앰스덴은 기술직 관료 그리고 기술자의 핵심적인 역할을 강조한다. Alice Amsden, *Asia's Next Giant* (Oxford: Oxford University Press, 1989), 이근달 옮김, 《아시아 다음 거인: 한국의 후발공업화》(시사 영어사, 1990)를 참조하라. 따라서 그녀의 분석은 앞서 지적한 관료의 자율성이라는 관점에서 이해될 수 있다.
9) A. Begounioux and B. Manin, *Le régime social-démocrate* (Paris: Presses Universitaires de France, 1989); G. M. Olsen, *The Struggle for Economic Democracy in Sweden* (Aldershot: Avebury, 1992).

5부 전진하는 역사

22장 케인스주의 해석

1) J. Crotty, "On Keynes and Capital Flight," *Journal of Economic Literature* 21 (1983): 59-65; J. M. Keynes, *National Self-Sufficiency*, in *The Collected Writings of John Maynard Keynes* (1933; London: Macmillan, St. Martin's Press for the Royal Economic Society, 1972), 21:233-246.
2) "세계는 사적 이해와 사회적 이해가 언제나 일치하는 방식으로 위로부터 지배되지는 않는다. 세계는 아래로부터 현실에서 그들의 이해가 일치하는 방식으로 관리되는 것도 아니다. 경제학의 원칙이 사적 이해가 언제나 공적 이해에 맞게 작동하도록 가르치는 것은 아니다." Keynes, "The End of Laissez-Faire" (1926), *Essays in Persuasion*, in *Collected Writings of Keynes*, 9: 287-288.
3) 이 광범위한 타협은 여러 점에서 볼 때 20세기 초반 나타난 타협을 확장한 것이다(《상자 16.1》).
4) Keynes, *The Means to Prosperity*, in *Collected Writings of Keynes*, 11:335-366; J. M.

Keynes, *The General Theory of Employment, Interest, and Money* (London: Macmillan, 1936), 조순 옮김,《고용, 이자 및 화폐의 일반이론》, (비봉출판사, 1985).
5) 케인스는 특별히 국제거래에 세금을 매기는 것을 주장하지는 않았지만 시장거래에 세금을 매기는 것을 제안해 토빈세의 기원이 되었다(Keynes, *General Theory*). 이러한 금융시장의 불안정은 금융기관과 관련한 구조적인 불안정으로 확대되었다. H. Minsky, *Stabilizing an Unstable Economy* (New Haven, Conn.: Yale University Press, 1986)을 참조하라.

23장 자본의 동학을 넘어서
1) 소농, 장인, 상인 등 과거 중간계급과 대비되는 새로운 중간계급.
2) 다른 이들은 새로운 노동계급이란 단어를 선호하거나 여전히 프롤레타리아트라고 부르기를 선호한다.
3) 벌과 민스의 중요한 고전A. Berle, G. Means, *The Modern Corporation and Private Property*, (London, Macmillan, 1932)를 참조하라.
4) 이것이 알랭 비르가 이 단어를 사용하는 방식이다. Alain Bihr, *La reproduction du capital. Prolégomènes à une théorie générale du capitalisme* (Lausanne: Page deux, 2001).
5) Karl Marx, "The Eighteenth Brumaire of Louis Bonaparte", *Marx and Engels Collected Works, Vol. 11, 1851-53*, (Moscow: Progress Publishers) 1979c p. 186 최인호 옮김, 〈루이 보나빠르뜨의 브뤼메르 18일〉, 김세균 감수,《칼 맑스 프리드리히 엥겔스 저작 선집 2》, (박종철 출판사, 1992).
6) 비록 한 요소일 뿐이지만, 1980년대 초반 인플레이션에 대응한 싸움은 이를 특히 잘 보여준다. 재규제와 연준의 권력강화(《상자 18.5》)가 규제완화라는 현실 이면에 숨어 있었다.
7) 〈상자 11.3〉은 1980년대 초반 은행과 저축대부조합의 위기 시에 나타난 국가개입을 보여준다.
8) M. Soref, M. Zeitlin, "Finance Capital and the Internal Structure of the Capitalist Class in the United States", in M. Mizruchi, M: Schwartz eds., *Intercorporate Relations. The Structural Analysis of Business*, (Cambridge: Cambridge University Press, 1987), pp. 56-84. 우리가 알기로는 이 오래된 연구는 아직 주목받지 못하고 있다.
9) E. Helleiner, *States and the Reemergence of Global Finance, From Bretton Woods to the 1990s*, (Ithaca: Cornell University Press, 1994), p. 115 이후를 참조하라.
10) 여기서 우리는 마르크스주의 국가분석의 두 가지 측면을 발견한다. 이는 내부모순을 상대적으로 자유롭게 표현하는 지배계급의 내부적 민주주의와, '민주적'이라 불리지만 실은 어떤 방식으로 다른 계급들에 대한 권력이 행사되는가 하는 것을 포함하는데 후자는 경제, 정치적 타협의 표현이다. 민주주의의 이러한 두 가지 사용은 특정한 관계(제도적 그리고 법적인)와 관련이 있다. 독재는 이 두 요소에 대한 부정이며 두 요소를 특정한 방식으로 변형한다.
11) 이런 의미에서 토머스 퍼거슨은 필요한 역사적 관점과 기록문서에 기초해 신자유주의

도래의 기초에 대해 무척 광범위하게 묘사한다. T. Ferguson, *Golden Rule, The Investment Theory of Party Competition and the Logic of Money-Driven Political Systems*, (Chicago: The University of Chicago, 1995)을 참조하라.
12) 18장을 참조하라.
13) 예를 들어, M. Useem, *The Inner Circle, Large Corporations and the Rise of Business Political Activity in the U.S. and U.K.*, (Oxford: Oxford University Press, 1984), 특히 5장을 참조하라.
14) T. B. Edsal, "The Changing Shape of Power: A Realignment in Public Policy", in S. Fraser, G. Gerstle eds., *The Rise and Fall of the New Deal Order, 1930-1980*, (Princeton: Princeton University Press, 1989), pp. 269-293. 유권자들의 이러한 태도변화를 자발적 의견의 변화로 표현하는 것은 순진한 일이다. 그들은 선거운동이 벌어질 때 기업계에서 한 투자의 산물이다. T. Ferguson, J. Rogers, *Right Turn, The Democrats and the Decline of American Politics*, (New York: Hill and Wang, 1986), 그리고 T. Ferguson, *Golden Rule*, op cit. 11)을 참조하라.
15) Blackburn R., 1999, "The New Collectivism: Pension Reform, Grey Capitalism and Complex Socialism", *New Left Review*, Vol. 233, pp. 3-65.
16) 미국의 경영자이론은 생각보다는 훨씬 더 활발하다. 경영자가 자본주의를 넘어설 것이라는 생각은 미국에서 무척 유명한 저자인 피터 드러커의 핵심적인 주장이다. Peter Drucker, *Post-capitalist Society*, (Oxford: Butterworth-Heinemann, 1993), 이재규 옮김, 《자본주의 이후의 사회》, (한국경제신문사, 2002); *The Pension Fund Revolution, 1976*, (New Brunswick: Transaction Publishers, 1996). 드러커는 그의 경영자주의를 마르크스에 대한 부정으로 규정하지만, 계급개념을 채용하는데 주저하지 않는다. 1960년대의 경영자주의 이론가들처럼 그는 자본주의의 종언을 축하하는 데 약간은 앞서갔다. 신자유주의에 관해 우리가 비판하는 점에 대해 그는 이미 지나간 1980년대의 광증이라고 표현한다. 투자펀드는 이제 이윤을 극대화하는 것을 신경 쓰지 않으며 자본을 운용한다고 하지만 우리는 이를 깊이 의심한다.

역자 후기

1) 마르크스의 위기이론이 형성되는 과정에 대해서는 S. Clarke, *Marx's Theory of Crisis* (London: Macmillan, 1994)를 보라.
2) 제2인터내셔널의 위기논쟁에 대해서는 조복현, 〈마르크스주의 공황이론의 발전〉, 신정완·김수행 편, 《현대 마르크스경제학의 쟁점들》, (서울대학교 출판부, 2002)를 보라. 또한 제2인터내셔널의 마르크스주의에 관해서는 강신준, 〈제2인터내셔널 시기의 마르크스주의〉, 《이론》 3호, (1992)와 정성진, 〈제2인터내셔널의 마르크스주의〉, 신정완·김수행 편, 《현대 마르크스경제학의 쟁점들》, (서울대학교 출판부, 2002)를 보라.
3) 이윤압박 이론에 대해서는 P. Armstrong et al., *Capitalism since 1945* (London: Blackwell, 1995; 김수행 옮김, 《1945년 이후의 자본주의》, (동아출판사, 1995)를 참조하라.

4) David Yaffe, *The Marxian Theory of Crisis*, Capital and the State, Economy and Society (1972)Vol. 2, No. 2, pp. 186-232.
5) Michel Aglietta, *Regulation et Crises du capitalisme: L'experience, des Etats-Unis*, 성낙선 외 옮김, 《자본주의 조절이론》, (한길사, 1994).
6) 브레너의 주장에 대해서는 Robert Brenner(1998), "The Economics of Global Turbulence" *New Left Review* No. 229, 전용복·백승은 옮김, 《혼돈의 기원》, (이후, 2001)와 Robert Brenner, *The Boom and the Bubble: The US in the World Economy* (Verso, 2002), 정성진 옮김, 《붐 앤 버블》, (아침이슬, 2002)을 보라.
7) 브레너 논쟁에 대한 소개는 《혼돈의 기원》의 한국어판 서문을 보라.
8) 2005년 10월 일본 교토대학교 리츠메이칸 대학교에서 열린 강연과 토론에서.
9) 1997년 한국의 외환금융위기에 대해서도 마르크스주의 학자들은 이윤율의 하락을 그 근본적인 원인으로 지적한다. 하지만 이윤율의 점진적인 하락으로 위기의 폭발을 설명하기는 쉽지 않으며, 성급한 자본자유화나 국제금융 자본의 이동 등 여러 요인들을 함께 고려해야만 할 것이다. 한국에서 서구와 같은 금융화가 진전되고 있는 것 같지는 않지만, 뒤메닐과 레비의 관점에 따라 위기 이후에 전개된 한국의 계급구성과 제도의 변화를 분석해보는 것도 큰 의의가 있을 것이다.

찾아보기

가계대출액의 변화 119
가계부채 118-123
가계와 펀드 154-155
가계지출 120
개발도상국의 금융위기(1980년대) 126
개발도상국의 실질금리 변화 125
경기침체(2000년대) 241-242
경영직 노동자계급 281
경영혁명 197-208
경제위기(1970-1980년대) 123
계급 280
계급투쟁 282
계층간 불평등 184-185
고금리 정책 104
고용수준의 변화 65
고정환율과 변동환율의 결합 134
고정환율제 216
공공지출의 증가 113-115
공급 측 경제학 268
공적 서비스 부문 282
구매력 평가 90, 142
구조적 위기 41, 305-306, 311
구조적 위기(1970년대와 1980년대) 29, 44
구조적 위기(19세기 말) 26
구조조정과 금융 102, 252-253
국가개입 247
국가와 계급 283
국가의 역할 265
국제 금융위기 291
국제 통화금융 위기 269
국제 통화금융 체제의 불안정 239-240
국제결제은행 215
국제분업 7

국제적 개입의 필요성 267
국제통상산업성(일본) 247
국제통화기금 254
권력구성 273
규제완화와 재규제 129
금리인상(1979) 12, 30, 102, 124, 221
금리인상이 주변부 나라들에 미친 영향 139
금리상승과 기업의 수익성 104
금본위제 212
금융 32
금융 권력의 확립 33
금융 헤게모니 138, 210
금융 헤게모니(19세기 말) 289
금융 헤게모니(신자유주의 시대) 260, 290-291
금융과 중앙은행 268
금융권력과 중산층과의 타협 292
금융권력을 제한한 조치들 214
금융부문의 성장 133, 152-154
금융세계화 314-315
금융시장의 불안정성 136
금융위기(1907) 211
금융위기(1980년대) 126-127
금융의 성장(20세기 초) 229-231
금융화 152-163
금융화와 자본이동의 자유화 292
급부금 74-75
기계화 56-58
기술진보와 실업 51-58
기술진보와 이윤율 316
기술진보와 임금 61
기업 지배구조 246
기업의 자금조달 원천 164-171

기업의 자금조달 원천(일본) 250
기업집중 207
노동비용 70-72
노동생산성 43, 52-54, 244
노동시장 13
노동자와 노동 관계의 변화 278
뉴딜정책 226-227, 290
다국적기업(신자유주의 시대) 292
달러의 지위와 역할 139-146
대공황 226-231
대공황의 교훈 232
대량실업 78-80
대자적 계급과 즉자적 계급 285
대중투쟁(19세기 말) 197-198
동아시아 경제위기 131
라틴 아메리카의 금융위기 269
러시아의 위기 131
렌-마이드너 모형(스웨덴) 248
로널드 레이건 294
로버트 브레너 308
마르크스주의 역사이론 276
마르크스주의 위기이론 304
멕시코 외채지불 정지선언 124
멕시코 금융위기 130, 269
뮤추얼펀드와 펜션펀드 152-153
미국 금융자본가의 구성 287
미국 내 직접투자(외국인에 의한) 147-150
미국의 국제수지 불균형 8, 148
미국의 은행위기 129
미국의 해외 직접투자 147-149
민간부문 총고용(미국과 유럽) 66
배당 분배의 변화 109
변동환율제의 등장 142
부채비율 108
붕괴이론 305
브라질의 위기 131
브레튼우즈 체제 216, 254

브레튼우즈 협정 213
브레튼우즈의 초기구상 269
사무직 노동자계급 281
사회세력으로서의 경영자 287-288
사회세력으로서의 금융 285-287
사회적 세금 74, 115-118
산출 증가율 추이 88-90
생산관계 277
생산관계와 계급 280
세계의 통화체제(1990년대) 134
세계통화 139-140
세계화 14, 23, 253-254
셔먼 반독점법 196-197
소유관계와 전환과 뮤추얼펀드/펜션펀드 295
소유와 경영의 분리 278
소유주와 최상층 경영자의 연합 292
스웨덴의 사회민주주의 정부 248
신경제 202
신자유주의 12-13, 30, 31
신자유주의 긴축정책 86
신자유주의 세계화 123, 151, 294
신자유주의 쇼크 249
신자유주의 타협 291
신자유주의 국가 283
실업 67-69, 78-87
실업의 측정 80-81
실질금리의 상승(1980년대) 124
아르헨티나의 위기 131
아시아의 금융위기 315
영광의 30년 101
외채위기 129
외환거래 관리 134
외환시장의 불안정성 136
외환통제 216
위기의 관리 32-35
위기의 연장 314

유럽의 금융위기 127
유럽의 실업 83
유럽 중앙은행 268
유럽 통화제도 143
유로마켓 218
유로마켓과 변동환율제 314
유보이윤율 110-112
유보이윤율의 감소 318
유엔개발계획 보고서 271
은행위기 129
이사회 282
이윤압박이론 307-308
이윤율 42
이윤율 저하 경향 59, 275, 305-310
이윤율 저하와 위기 44-45, 275
이윤율 하락의 결과 47
이윤율과 실업 47-50
이윤율과 축적률 47-50, 110-111
이윤율의 변화(미국과 유럽) 44, 106
이중경제(생산시스템의 이질성) 224-231
일본 비금융기업의 자금조달 250
일본경제의 신자유주의화 251
일본과 미국의 성장률 비교 250
일본의 경제성장률 249
일본의 경제위기(1990년대) 249
일본의 경제정책(전후) 245-249
일본의 금융위기 269
일본의 금융제도 249
임금 71-73
임금통제 100
자본 대 노동 비율 65, 245
자본생산성 43, 56-58, 245
자본생산성과 이윤몫 57
자본스톡 증가율 추이 88-89
자본수익성 42
자본수익성의 하락(1970년대) 22
자본수입과 자본수출 151

자본시장 13
자본의 국제화(전후) 245-246
자본의 세계화(신자유주의 시대) 134-135
자본이동의 자유 134-135
자본주의에 대한 케인스주의 설명 259, 263-264
자본집중(19세기 말) 197
장기신용의 금리변화 103
재정적자와 금리인상 115-118
저축과 투자의 비율(미국) 147
저축대부조합의 위기 128-129
전국은행체제(미국) 212
전후 국가의 역할 245-247
전후 기업경영상의 특징 245-246
정보혁명 205
조립라인 278
조절이론 307
조지프 스티글리츠 270
존 케네스 갈브레이스 246
주가폭등 234
주가폭락 234
주변부 나라들의 외채 269
주변부 나라들의 외채위기 129
주식시장 13
주식시장의 역할 168
중간계급의 성장 28
중심부 22
중앙은행 268
체제의 전환과 위기 25
총수요 관리 266
최상층 경영자 291
축적률(미국과 유럽) 52
케인스주의 거시경제 관리정책 266
케인스주의 경제정책 244
케인스주의 국가 27
케인스주의 이론 264-269
케인스주의 이론의 등장 263

케인스주의 정책 13
케인스주의 타협 12, 264-265, 290
케인스주의 타협국가 283-284
케인스주의와 국제기구 266
케인스주의의 한계 260
터키의 위기 131
통산성(일본) 247
통화정책의 변화(1979) 102
투자구성의 변화 203-204
펀드의 성장 154
펜션펀드 171-172
폴 볼커 221
프랑스 내 직접투자(외국인에 의한) 150
프랑스의 해외직접투자 149-150
한국의 금융정책(전후) 247
한국의 금융위기 131-132, 269
한국의 실업률 132
한국의 주가지수 132
혼합경제 27, 280
화폐금융 정책(20세기 초) 225
화폐금융시스템(미국, 대공황 이전) 212
환율의 변화 141-142
힐퍼딩 151

자본의 반격
– 신자유주의 혁명의 기원

지은이 | 제라르 뒤메닐, 도미니크 레비
옮긴이 | 장시복, 이강국

1판 1쇄 펴낸날 | 2006년 2월 20일
1판 4쇄 펴낸날 | 2009년 9월 25일

펴낸이 | 이주명
편집 | 문나영
표지디자인 | 전태호
출력 | 문형사
종이 | 화인페이퍼
인쇄 | 한영문화사
제본 | 한영제책사

펴낸곳 | 필맥
출판등록 | 제300-2003-63호
주소 | 서울시 서대문구 충정로2가 184-4 경기빌딩 606호
홈페이지 | http://www.philmac.co.kr
전화 | 02-392-4491
팩스 | 02-392-4492

ISBN 89-91071-29-5 03320

잘못된 책은 바꾸어 드립니다.
값은 뒤표지에 있습니다.

이 도서의 국립중앙도서관 출판시도서목록(CIP)은 e-CIP홈페이지(http://www.nl.go.kr/cip.php)에서 이용하실 수 있습니다. (CIP제어번호 : CIP2006000223)